国学经典 | 典藏版

六韬 鬼谷子

徐玉清　王国民　郭孟春　注译

中州古籍出版社
·郑州·

目 录

六 韬

前言

一、《六韬》托名作者姜太公其人其事 —— 3

二、《六韬》的作者和成书年代 —— 19

三、《六韬》的著录和版本 —— 27

四、《六韬》的主要内容及主要军事思想和对军事理论的主要贡献 —— 31

五、《六韬》对后世和世界的影响 —— 35

六、有关本书注译的几点说明 —— 39

卷一 文韬

文师 —— 45

盈虚 —— 51

国务 —— 53

大礼 —— 55

明传 —— 57

六守 58
守土 61
守国 63
上贤 65
举贤 69
赏罚 70
兵道 71

卷二　武韬
发启 74
文启 77
文伐 80
顺启 83
三疑 84

卷三　龙韬
王翼 87
论将 91
选将 93
立将 95
将威 97
励军 99
阴符 100
阴书 102
军势 103
奇兵 106
五音 109
兵征 112
农器 114

卷四　虎韬

- 军用 ... 117
- 三阵 ... 123
- 疾战 ... 124
- 必出 ... 126
- 军略 ... 128
- 临境 ... 130
- 动静 ... 132
- 金鼓 ... 134
- 绝道 ... 135
- 略地 ... 137
- 火战 ... 140
- 垒虚 ... 141

卷五　豹韬

- 林战 ... 143
- 突战 ... 144
- 敌强 ... 146
- 敌武 ... 148
- 乌云山兵 ... 150
- 乌云泽兵 ... 151
- 少众 ... 154
- 分险 ... 155

卷六　犬韬

- 分兵 ... 157
- 武锋 ... 158
- 练士 ... 160
- 教战 ... 161

均兵	163
武车士	165
武骑士	166
战车	167
战骑	169
战步	172

鬼谷子

捭阖第一	181
反应第二	190
内揵第三	198
抵巇第四	206
飞箝第五	213
忤合第六	220
揣篇第七	227
摩篇第八	234
权篇第九	241
谋篇第十	250
决篇第十一	260
符言第十二	264
转丸第十三（佚）	272
胠箧第十四（佚）	272
本经阴符七篇	273
持枢	289
中经	292

六　韬

前 言

一、《六韬》托名作者姜太公其人其事

《六韬》是中国古代著名兵书，分为《文韬》、《武韬》、《龙韬》、《虎韬》、《豹韬》、《犬韬》，所以叫作《六韬》。由于该书是以周文王、武王与姜太公对话的形式写成的，《隋书·经籍志》记载为"周文王师姜望撰"。经历代学者考证，都认为无论就书中内容还是文字结构而论，均不是殷周之际的作品，而是后人依托。尽管如此，此书还是继承了姜太公吕望的一些思想。这里有必要将托名作者姜太公其人其事作一番交代。

姜太公是中国历史上是一位全智全能的人物，也是中国文艺舞台上一位"高、大、全"的形象，还是中国神坛上一位居众神之上的神主。作为历史人物，历代典籍都公认他的历史地位，儒、道、法、兵、纵横诸家皆追他为本家人物，尊为"韬略鼻祖，百家宗师"。作为文艺形象，他在诗赋、小说、戏剧中均有一席之地，被誉为大智大勇的英雄。作为宗教的神仙，他是武神、智神，被奉为"太公在此，百无禁忌"的护佑神灵。

但姜太公又是中国历史上一位谜一样的人物，其姓名、籍贯、功业、年龄、死后葬于何处等都存在着广泛的争论。

1. 姜太公的族姓及称谓

中国皮藏丰富的历史典籍中，有大量关于姜太公的事迹和论辩。根据这些史料，当今学术界大致可以认可：姜太公为炎帝族，为四岳之后，姜姓、吕氏、名望，被尊为师尚父，号太公。

《尚书》称"师尚父"、"吕望"，《逸周书》称"尚父"，《诗经》称"师尚父"、"太公"，《孙子》称"吕牙"。《左传》、《国语》、《礼记》、《竹书记年》、《荀子》、《孟子》、《墨子》、《庄子》、《鬼谷子》也称"吕望"、"吕尚"、"太公"。《尉缭子》、《吕氏春秋》、《淮南子》、《战国策》又称"太公望"。《史记·齐太公世家》对姜太公的姓氏有专门记叙："太公吕望者，本姓姜，从其封姓。故曰'吕尚'。"三国时的谯周称姜太公"姓姜，名牙"。唐代的司马贞称"'牙'是字，'尚'是其名。后武王号为'师尚父'，则'尚父'，官名"。自太史公以后人们多从《史记》之说。至元代始有"子牙"一说。出现在元代的《武王伐纣平话》中称姜太公为"姜子牙"。在平话基础上写成的《封神演义》使姜子牙的大名有口皆碑。明代隆庆年间归有光有《子牙子评点》，并引用了方初庵的话说："子牙子可谓战胜庙堂，折冲樽俎者。"明代万历年间刊行的《三才图会》又述曰："太公姓姜，名子牙，又曰'吕尚'。"清代的朱墉在《武经七书汇解》中称："太公姓姜，名尚，字子牙。……共先封于吕，故曰'吕尚'，文王曰：'吾先公望子久矣'，故又号曰'太公望'。"

清代的崔述专门对姜太公的姓氏加以考辨："盖望，其名也；尚父，其字也；吕，其氏也；姜，其姓也；师，其官也；公，其爵也；太公，齐人之追号也。是时，诸侯尚未有谥，而太公为齐始封君，故号之曰'太公'。……师尚父者，连官与字而称之者也…太公望者，连号与名而称之者也……吕尚者，连氏与字称之，而省文者也。……'牙'之名，'尚父'之官，皆不见于经传，盖由不知'望'之即名，'尚父'之即字，而妄为之说者也。"今人韩玉德、李永先、郑杰文诸先生亦有论述或从太史公，或从崔东壁（崔述字东壁），各有卓论。

崔氏之说考辨甚详，居众说之首，但其对太公名"牙"的否定似有偏颇，崔氏说"谯周遂谓太公名牙"，其实太公名"牙"的说法最早并不出于谯周，而是《孙子》，其文称："周之兴也，吕牙在殷。"而且银雀山出土的汉简本，亦称"吕牙"。崔氏在考辨齐太公时广征博引，而没有提及《孙子》"吕牙在殷"之说，大手笔亦可能有疏忽之处。"吕牙"之说绝不可简单地称之为《史记》之后的"妄为之说"，而是古以有之。"牙"之名不见经传的原因，可能与"牙"字不像"尚"、"望"那样含有褒扬之义有关，因此说"牙"或许是姜太公未仕周之前就有的名字，是其最初的名字。

2. 姜太公的里籍

姜太公作为一位传奇式的历史人物，其里籍在何处，一直带几分神秘色彩，史籍中也有着不同记载，其说主要有四种。

第一种是河内汲县（今卫辉市）说。《孙子》称"吕牙在殷"，《尉缭子》称其"屠牛朝歌"，"卖食孟津"。《吕氏春秋》亦称其为"河内人也"。西晋太康十年（289）汲县县令卢无忌所立《齐太公吕望表》称："齐太公吕望者，此县人也。"《水经注·清水》载："（汲县）故汲郡治，晋太康中立。城西北有石夹水，飞湍浚急，人亦谓之磻溪，言太公尝钓于此也。城东门北侧有太公庙，庙前有碑。碑云：'太公望者，河内汲人也。'县民故会稽太守杜宣白令崔瑗曰：'太公本生于汲，旧居犹存。君与高、国同宗太公，载在《经》、《传》，今临此国，宜正其位，以明尊祖之义。'于是国老王喜，廷掾郑笃，功曹邠勤等，咸曰：'宜之。'遂立坛祀，为之位主。城北三十里，有太公泉。泉上又有太公庙，庙侧高林秀木，翘楚竞茂，相传云：太公之旧居也。晋太康中，范阳卢无忌为汲令，立碑于其上。"

第二是冀州说。此说源于东汉人撰写的《列仙传》卷一："吕尚，冀州人。生而内智，预知存亡，避纣乱，隐居辽东三十年，西适，隐于南山，钓于卞溪……"此说实际与第一种说法相同。河内郡汲县旧时属冀州。

第三种是东海说。此说源于西汉司马迁撰写的《史记·齐太公世家》："太公望吕尚者，东海上人。其先祖尝为四岳，佐禹平水土，甚有功，虞夏之际封于吕。或封于申，姓姜氏。夏商之时，申、吕或封枝庶子孙，或为庶人，尚其后苗裔也。本姓姜氏，从其封姓，故曰吕尚。"与此相关的论述有：

《孟子·离娄上》及《孟子·尽心上》均曰："太公辟纣，居东海之滨。"

《战国策·秦策》："太公望，齐之逐夫，朝歌之废屠，子良之逐臣，棘津之雠不庸，文王用之而王。"

《荀子·君道》云："（文王）举太公于州人而用之……行年七十有二。"

《吕氏春秋·首时》："太公望，东夷之士也，欲定一世而无其主，闻文王贤，故钓于渭以观之。"

《后汉书·郡国志》记载琅邪国有西海县。刘昭引《博物记》："太公吕望所出，今有东吕乡，又钓于棘津，今浦尚存。"

以上征引史料可以大体表明战国以迄西汉及魏晋人对姜太公里籍的意见。他们均认为姜太公的里籍在齐国，而且近海。按照以上说法，其里籍大体在今山东省东部黄海之滨的日照、安丘、莒县、诸城、胶南等县市范围。齐国不行郡县制，汉人对齐人的里籍往往不能确指。

第四种是陕西宝鸡说。《史记正义》引《括地志》云："兹泉水源出岐州岐山县西南凡谷。《吕氏春秋》云：'太公钓于兹泉，遇文王。'郦（道）元云：'磻溪中有泉，谓之兹泉……即太公钓处，今谓之凡谷。'"磻溪的所在地，据《读史方舆纪要》卷五十五凤翔府宝鸡县载："县东南有磻溪谷，岩谷深邃，磻溪石及石室在焉，太公垂钓处也。北流入岐山县南。"磻溪以西40公里的宝鸡市南约3.5公里处有姜水城，今名姜城堡。城南有姜水，又名清姜河，发源于玉皇山，北流到宝鸡市入渭水，相传神农氏妃有蹻氏曾居于此。这里是姜太公的祖宗世代居住的地方。《礼记·檀弓》："太公封于营丘，比及五世，皆反葬于周。"又为姜太公是陕西宝鸡说提供一佐证。现代著名史学家吕思勉、孙作云等都认为姜太公绝不是什么东方人、东海滨人，更非东夷人，那是后来受封东方而附会的，而是西部之人，亦即今宝鸡磻溪人。

第五种是河南新蔡或安徽临泉说。《新蔡县志》、《新蔡县人物志》记载：约公元前21世纪，炎帝裔孙伯夷佐禹治水有功封为吕侯，以今新蔡县地建立吕国。吕历夏、商、西周世有国土，春秋初为宋国所并。今古吕镇东北尚有大吕亭、小吕亭、吕都城等遗址，都是伯夷封国于新蔡的标志。伯夷的裔孙尚，以国为姓，称吕尚，字子牙，因世居姜寨（今属安徽临泉），又称姜子牙。周文王时，拜为军师，协助周武王伐纣，建立西周。后封于营丘（今山东淄博），是春秋姜氏齐国的始祖。从古今文献考证，认为伯夷封国在新蔡的很多。《后汉书·郡国志》载：汝南郡新蔡有大吕亭，刘昭《补注》："新蔡，故吕侯国。"《元和郡县志》卷九载："新蔡县，西北至一百五十里，本汉旧县，古吕国也。"《新唐书·宰相世系表》载："吕氏出自姜姓。炎帝裔孙为诸侯，号共工氏，有地在弘农之间，从孙伯夷，佐尧掌礼，使遍掌四岳，为诸侯伯，号太岳。又佐禹治水有功，赐氏曰吕，封为吕侯。吕者膂也，谓能为股肱心膂也。其地蔡州新蔡是也。历夏商，世有国土，至周穆王，吕侯入为司寇，宣王世改'吕'为'甫'，春秋时为强国所并，其地后为蔡平侯所居。吕侯枝庶子孙，当商、周之际，或为庶人。吕尚字子牙，号太公望，封于齐。"这段百余字的短文，不仅明确提出新蔡是吕侯伯夷的封国，也道出吕尚是伯夷的后裔。《竹书纪年·西周地形都邑图》载："吕在新蔡北。"类似的记载还有《太平寰宇记》、《舆地广记》、《资治纲鉴补》、《河南通志》、《汝宁府志》、《通典》、《路史·国名记》，等等。

此外，还有今河南南阳说、许州（今河南省许昌市）说。南阳说的依据是，《史记·正义》引《括地志》载："故吕城，在邓州南阳县西三十里，吕尚先祖封。"郦道元《水经注》载："梅溪又径宛西吕城东。《史记》曰：吕尚先祖为四岳，佐禹治水有功，虞夏之际，受封于吕，故因氏为吕尚也。"许州说认为：姜太公姓姜名尚，字子牙，号飞熊，许州人。《汲冢书》又称姜尚为"魏邑人"。也有说得十分具体的，如《博物志》称其"出于东吕乡，东吕里"。《汲县志》载："太公旧居在县西北二十五里太公泉上。"从这些史籍的记述来看，离太公生活时代越近的文献记述得越模糊，而离其越久远的文献汇述得越详细，这显然有后人追述的原因。在某种意义上说，越是具体的说法越不可信。

姜太公故里在何处，已无从确考，从逻辑上说"河内说"更近情理。姜太公的才能及对商周局势的了解和预测，都说明他长时间受到相应环境的影响和刺激。其出生及早年生活的地方不会离殷商首都朝歌（今河南省淇县）太远。再有周人喜用老人，喜访世外高人。因此当时的有志之士也常有投其所好，神秘其事、自称年长、故弄玄虚。吕望当年就有可能是一位这样的高智之人，因此，所谓"八十而遁"、"东海上人"，很可能是为神秘其事而设的虚言。而河内汲县与朝歌、孟津相邻，说姜太公出于河内与他的才能和经历更为吻合。

3. 姜太公的早年活动

关于姜太公早年活动，史载各异，众说纷纭，且又被蒙上浓厚的神秘色彩。因而，更令人觉得扑朔迷离，模糊难辨，难怪清代著名史学家、先秦史专家马骕为此感叹道："太公出处自史迁已不能定矣。宜诸说之纷纷也。"（《绎史》卷十九）这些传说主要有"渭川坐钓"、

"屠牛朝歌"、"卖食孟津"等。

其中仅渭川坐钓就有多种说法。《尚书》、《吕氏春秋》、《符子》、《说苑》、《列仙传》、《史记》的记述各不相同。在岐山周原出土的西周早期甲骨刻辞有："王其□兹用既吉，渭渔。"看来史籍所载"周王曾在渭滨渔猎"是可信的。甲骨文所说的"渭渔"或许与吕尚的钓于渭川有关。可见史籍中所载关于太公的一些事迹是有所本的。此外还有钓于东海和钓于汲的说法。

"屠牛朝歌"也有不同的说法。王逸注《楚辞·天问》："吕望鼓刀在列肆，文王亲往问之，吕望对曰：'下屠屠牛，上屠屠国'，文王喜，载与俱归。"《尉缭子·武议》载："太公望年七十，屠牛朝歌，卖食孟津，七年余而主不听，人人谓狂夫也，及遇文王，则提三万之众，一战而天下定。"还有的史籍记载姜太公种过田，"田不足以尝种"；又说他做过庸人，"求售与人为庸"。这些传说不可能都是史实，但是又无法找到比这更可靠的史料。司马迁为姜太公作传也是根据这一类的传说来整理的。现在我们考察姜太公的早期活动，只能作一种特殊的探索，只能追求与历史真实及艺术真实均有所区别的特殊的真实，即"传说"真实。

现在我们要了解姜太公早年活动的历史情况，就得滤去传说材料中后人所加的色彩，将传说材料与其他史实相互印证，可以做如下推论：姜太公早年曾出仕过商纣王，钓过鱼，在殷都朝歌及附近当过屠夫、小贩和庸人。尽管这些传说不可能全部是事实，但是他们都反映了姜太公的早期活动非常复杂，阅历极为丰富，是一位饱经磨难的人物。坎坷的生活经历造就了他的才识、胆略和毅力。

4. 姜太公在伐纣灭商过程中的功绩

司马迁对姜子牙伐纣灭商的功绩作了客观的评价："周西伯昌之脱羑里归，与吕尚阴谋修德以倾商政，其事多兵权与奇计，故后世之言兵及周之阴权皆宗太公为本谋……天下三分，其二归周者，太公之谋计居多。"

太公是西周王朝的开国功臣，因他"功冠群公，缪权于幽"（《史记·太史公自序》），武王"封功臣谋士，而师尚父为首封"（《史记·周本纪》）。他在辅周翦商阶段的功绩是多用兵权与奇计"阴谋修德以倾商政"，主要表现在以下诸方面：

其一，吕望早年曾为周王行间于殷。《孙子·用间》有："周之兴也，吕牙在殷。"《鬼谷子》、《尚书大传》等都有相关记述。当然这些传说和记述未必都真实，但说姜太公曾为周王提供过情报，也为周王贿赂过商朝，从事过瓦解殷商的活动，则是可能的。

其二，以美女奇物献于商纣，救文王脱羑里之囚。当周文王被商纣王拘于羑里而不得解救时，姜太公以其在殷都的经历，对纣王沉湎于女色奇物之事了如指掌，因此献上以美女奇物进献纣王而救文王谋略。此计一出，果然见效。

其三，辅佐周文王形成"天下三分，其二归周"的局面。在文王被商纣释放后，即与太公"阴谋修德以倾商政"。其谋略主要表现在：政治与军事并进，在政治上运用权谋结好各地诸侯，怀柔西南方民族；在军事上一面稳定后方，一面攻略战略要地，以控制进出今河南省及山西省东征之出路，对殷都形成包围之态势。

其四，牧野决战，"师尚父谋居多"。牧野决战是姜太公协助周武王指挥的中国历史上空前规模的大战，共分两个阶段：观兵孟津，进行总动员；甲子伐纣，一举灭殷，在这场决战中充分表现了太公高超的组织才能和军事指挥才能。周文王死后，姜太公继续辅佐周武王，继承文王兴周翦商大业。他帮助武王坚定伐纣的决心。《鼠璞》、《北堂书钞》、《意林》都记载，当武王对伐纣有疑虑时，太公认为："且天与不取，反受其咎，时至不行，反受其殃。"《史记》载在牧野之战前两年，在孟津与诸侯会盟以观兵，诸侯不期而至者八百。孟津观兵，在于试探和验证一下周在诸侯中的号召力和影响力，在这次重要活动中,"师尚父左仗黄钺,右把白旄以誓",是主角。在甲子伐纣之役中,姜太公既是周师的统帅,又是作战的主将。他帮助武王制定了谋略作战的方略,取得了在战前、战中战略战术的主动权,使得牧野之战成为中国历史上以少胜多的样板。而且,太公在战斗中,身先士卒,冲锋陷阵,鼓舞了士气。《诗经·大雅·大明》形象地描述到:"牧野洋洋,檀车煌煌,驷骠彭彭。维师尚父,时维鹰扬。凉彼武王,肆伐大商,会朝清明。"

关于姜太公助周灭商的史料和传说是比较可信的,特别是《逸周书》、《尚书》、《诗经》的记载更为可信。此外在出土的金文中也有对此事的记载。《利簋》铭文有:"武王征商,唯甲子朝……"这些铭文为姜太公助周伐纣的历史提供了有力的证据,令人确信无疑。

5. 姜太公在兴周治国过程中的贡献

姜太公不仅协助武王灭亡了殷商,还为周朝的建立和巩固出谋划策,功绩卓著,对周天子一统天下及后世的发展产生了重大影响。主要表现在:

其一,告诫武王小心谨慎,收揽民心,倡导爱民之道。

其二,教武王以治国之法,主张以"三宝(指大农、大工、大商)"安定国家。

其三,创立九府圆法。九府是周代管理财政的九个部门,圆法即货币制度。九府圆法的创立,对周初恢复生产发展经济起到了重要作用。

其四,平息战乱,安定民心。此外姜太公还就举贤、礼义、赏罚等方面提出许多重要主张并辅佐武王加以实行。为建立和巩固周朝的大一统天下起到了重大作用。

6. 关于姜太公封齐就国及对齐国的影响

武王灭殷,还丰镐,"封诸侯,班赐宗彝,作'分殷之器物'……于是封功臣谋士,而师尚父为首封,封尚父于营丘,曰齐"(《史记·周本纪》)。《孟子·告子》也提到"太公封齐地"。看来太公封齐是有其事的。但是对于太公是否就国则说法不一。往往叙述朝廷大事时，则多称其在朝；而叙齐国事时，则多称其在齐。在诸说之中似以受封而未就国之说更为有力。

姜太公虽然没有就封，但作为齐国的第一代封君，以其雄才大略和开明的姿态，制订了各项重要政策，从而建构了齐国社会的基本发展框架，对齐国的建立和治理产生了长远的影响。主要表现在：

其一，建立和巩固政权。齐国建国伊始，太公通过急风暴雨的方式，迅速地排除了三大障碍，建立和稳固了新生的政权。

其二，政治措施。在政权基本稳定后，在治理方面，太公采取了"因其俗，简其礼""修道术、尊贤智、赏有功"的十五字政治措施。

其三，经济政策。太公因地制宜，随事而化，采取"通商工之业，便渔盐之利"，劝女工"极技巧"、"宜桑麻"等经济政策，又推行曾在周王室实行过的九府圆法。由于政策对头，本来经济基础不好的齐国很快成为经济强国。

其四，军事扩张。周成王时，他参加了周王朝的东征，姜太公乘机进行对外军事扩张，由此从周天子处取得了代为征伐的权力。

7. 姜太公的年龄

姜太公是殷周交替时的一个关键人物。以往，有关他的享年，从八九十岁到一百三四十岁，什么说法都有。

春秋以前的史料，如《尚书》、《易经》、《诗经》、甲骨文、金文等，没有明确涉及太公年龄的内容。战国至两汉的著述，多把初见周文王时的姜太公，说成是一位老者，尽管在形容老的程度上各有不同。如《荀子》和《韩诗外传》里就说：初见文王时的太公是"夫人行年七十有二，浑然而齿堕矣"。《尉缭子》里说："太公望"年过七十"及遇文王"。《孟子》说：太公和叔齐"二老者，天下之大老也"。《楚辞》说："太公九十乃显荣兮，诚未遇其匹合。"《史记》说：

"盖太公之卒,百有余年。"今本《竹书纪年》说:"(康王)六年,齐太公薨。"如果姜太公在渭水边遇文王时是70岁,则他的享年当在一百三四十岁。《淮南子》说:"吕尚使老者奋,项托使婴儿衿。以类相慕。"《说苑》里有太公望"七十而相周,九十而封齐",等等。

现代著名史学家顾颉刚的《太公望年寿》认为,古文献中记载的姜太公年寿数,都是战国时代齐国游士的妄谈。"太公"原意为"老太爷",但后人误以为太公是长寿之意,正好像彭祖名字中有"祖",老子姓名中有"老",就误以为彭祖、老子是年逾八百岁(似应为八十岁)的老人。而且从《诗经·大明》"牧野洋洋,檀车煌煌,驷骤彭彭,维师尚父,时维鹰扬"中所描写的战争场面和搏击的迅勇情况看,九十岁的老人是做不到的。所以顾颉刚推测,姜太公在牧野之战时,年约三十,终于八十岁左右。近人李白凤认为,周公东征时,姜太公就已经死了。他根据1929年于洛阳马坡村出土的矢令簋上铭文有"丁公文报"认为:"乃丁公遗矢报祭于齐太公之庙。太公以八十遇文王,至成王五年,齐太公应有百余岁。"焦安南、李建义的《姜太公传》(泰山出版社1998年版)拟订的太公享年是"约公元前1155～前1045年",即110岁;郭庆良等六人合著的《军事家、政治家姜太公》(姜太公故里实业开发公司印赠本)拟订的是公元前1160～前1021年,即139岁。前书的作者为山东日照人,后书的作者为河南卫辉人,均言其家乡为太公故里。另据卢美松编著《中华姓氏谱·卢姓卷》(现代出版社、华艺出版社2002年版)称:"据《古本竹书纪年》载:'周康王六年(前1073),齐太公望卒。'故有人推算,姜太公出生约在殷王庚丁六年或七年(前1212)。"由此,对太公享年的认识,可见一斑。

要想确定姜太公的享年,必须解决三个关键问题:一是太公前往西岐投靠文王时的那一年,年龄是多大?二是那一年是公元前的哪一年?三是太公卒于何年?

《荀子·君道篇》、《韩诗外传》、《史记·滑稽列传》都认为太公见文王时的年龄是72岁。尤其是荀况，虽为赵人，但曾三作"稷下领袖"，其言必定源自齐人或齐典。类似记载还有《说苑》、《尉缭子》等典籍。太公投靠文王的具体年份，就是文王被从羑里放归到其卒年，即公元前1056～前1050共七个年头的初年或次年。太公投靠文王之年，最大的可能应是文王从羑里回归的初年，即公元前1056年。这年他是72岁，72加上1056，姜太公应生于公元前的1128年。而关于太公的卒年，相关的史料主要也是两种。一是《史记·齐太公世家》里说："盖太公之卒，百有余年。"一是《古本竹书纪年》记有"周康王六年，齐太公望卒"；《今本竹书纪年》记有"周康王六年，齐太公薨"。不难看到，司马迁的说法是"盖"字当头，无从追索；而《竹书纪年》的记载却是定位明确，毫不含糊。

　　众所周知，出土于西晋汲郡（今卫辉市）古冢的《竹书纪年》，宋代时已经亡佚。今天所流行的本子，无论是"今本"还是"古本"，都是后人依据西晋以后的各种史籍汇集而成，难免真伪互见，参差不齐。不过，所幸的是，有关太公卒年的记载，却是实证仍在，而且来路明确的。所谓实证，就是著名的"齐太公吕望表"碑文，碑文中有："（晋）太康二年，县之西偏有盗发冢而得竹策之书，藏书之年，当秦坑儒之前八十六岁……其《纪年》曰：'康王六年，齐太公望卒。'参考年数，盖寿百一十余岁。"文中的"康王六年，齐太公望卒"，正是今、古二本汇集之源。原碑虽已丢失，但"下真迹一等"的拓片，各大博物馆均有收藏。立碑人卢无忌，应是在京都洛阳的秘府，亲自目验了记载太公卒年的那支（或为两支）"四十字"的牍简。《汲冢书》确是在地下埋了近六百年的战国真迹；周"康王六年，齐太公望卒"，至少确是战国时期，约略与荀子同时的魏国人的看法。

　　查核夏商周断代工程年表，周康王六年是公元前1015年，太公的享年应为公元前 1128 年~前 1015 年，即 113 岁。它和"齐太公吕望表"中所说的，"盖寿百一十余岁"也是相应而不悖的。此外，还可以参照《吕氏家谱》、太公故里（今卫辉市太公泉镇）人对始祖太公的祭祀，续加说明：太公的诞辰是农历八月初三，冥诞是农历十月二十。一生经历了商武乙、文丁、帝乙、帝纣和周武王、成王、康王等七代王朝，服务了包括殷帝乙、纣王和周文王在内的五位帝君。可以说，不但在中国历史上，而且在世界历史上，也是绝无仅有的。

8. 姜太公归葬何处

姜太公死后葬在哪里，也有不同的说法。《史记·齐太公世家》集解引《礼记》曰："太公封于营丘，比及五世，皆反葬于周。"郑玄曰："太公受封，留为太师，死葬于周，五世之后乃葬于齐。"李吉甫《元和郡县志》记载：姜太公墓在陕西咸阳县东北十里。但也有的说：太公墓在山东临淄。三国成书的《皇览》记载："吕尚冢在临淄县城南，去县十里。"太公东就齐国受封后，又西返任周太师，死葬于周。至于临淄的太公墓，恐是后人修筑的衣冠冢一类的坟墓，供后人祭祀。今河南省卫辉市太公泉镇吕村西北地的山冈上有封土高大的姜太公墓，墓前矗立有墓碑，是清朝康熙二十年（1681）卫辉知府伍仲春所立，上刻："周姜太公茔葬处。"此墓当与临淄姜太公墓类似。

9. 姜太公的历史地位

姜太公一生坎坷多磨而又轰轰烈烈、神秘莫测，确实称得上是奇人、奇事、奇男子。综观太公一生的建树，无论从军事、政治、经济、思想等方面，都有卓越贡献，其中尤以军事最著，所以太史公言"后世之言兵及周之阴权皆宗太公为本谋"，称得上兵家之鼻祖，军事之渊薮。作为一位满腹韬略的贤臣和非凡的政治、军事家，姜太公一直受历代统治者崇尚。

历史上的姜太公曾被作为武神、武圣人来朝拜，在唐玄宗时代达到了顶峰。

唐太宗即位后，外夷相侵，内患未除，政局动乱，国家面临着百乱待治、百废待兴的情况，为了达到"安人理国"的目的，便自称他是姜太公的化身，便在磻溪建立太公庙，他用这一举动告诉人们，他要像周文王访贤并重用像姜太公那样的贤臣良将，他后来果然得到了一大批治世理国的人才，终于实现了"贞观之治"。唐玄宗为求国内安宁，需要像姜太公那样披肝沥胆、呕心沥血、忠贞不贰的勤勉事主的人才，便于开元十九年（731）敕令天下诸州各建一所太公庙。并要求以张良配享，在春秋仲秋月上戊日祭祀。每当发兵出师或各将领及文武举人应诏，都要先去太公庙拜谒。天宝六年（747）又规定"乡贡武举人上省，先令谒太公庙。每拜大将及行师克捷，亦宜告捷"。肃宗上元元年（760）姜太公被追封为武成王，"有司依文宣王（即孔圣人）置庙"。这时的姜太公显然成了武圣人。在宋真宗大中祥符元年（1008），姜太公又被加谥昭烈武成王，并置武学于武成王庙或庙侧。宋神宗熙宁五年（1072）为抵御外寇入侵，下令要求各军事将领必读《太公兵法》。由于时代的变迁，神仙也在易位，姜太公的武神宝座已不见了，但是在民间还有不少人信奉太公的佑护，常常可以见到"太公在此，百无禁忌"、"姜太公在位，众神回避"的牌位。

可见姜太公的地位之高，影响之深。

作为艺术形象的姜太公，其影响远远超过了历史上的姜太公。诗经、楚辞、汉赋、唐诗、宋词、元曲、明清小说无不涉猎姜太公这一题材，成语典故、俗语、歇后语及民间楹联也常借太公之名、太公之事。《诗经·大明》颂姜太公"牧野洋洋，檀车煌煌"，"维师尚父，时维鹰扬"。把一个威风凛凛的师尚父置于一个开阔的战场之上和雄壮的军阵之中。《楚辞·天问》也有："师望在肆昌何识，鼓刀扬声后何喜。"又把一个志高意远的吕望及其不同凡响的举动描绘出来。

在《金柜》、《符子》、《搜神记》、《列仙传》等志怪小说中姜太公被塑造成一位奇人，并由奇人变为神仙。民间传说太公早期万事不顺，饱经磨难，又传姜太公封神时忘了封自己，只能做神上神。宋元时期话本小说流传，《武王伐纣平话》经民间艺人反复推敲，丰富了姜太公这一人物形象。以后又出现《渡孟津武王伐纣》杂剧，明代隆庆、万历年间《封神演义》问世，姜太公成了中心人物，在民间的影响更为普遍。为此，清代的顾家相称："今三尺童子，皆知姜太公。"在近代以来京剧、地方剧都借《封神演义》为题材。京剧《三山关》、《进妲己》、《渭水河》、《百子图》都取材于《封神演义》。姜太公胸有成竹地直钩钓鱼，和目空一切的列肆卖肉等故事深深地印在人们的脑际。"姜太公钓鱼——愿者上钩"，"姜太公做买卖——一样样赔本"等成语、歇后语常常挂在人们的嘴边。

10. 姜太公著作的真伪及其价值

《汉书·艺文志》道家类载："《太公》二百三十七篇，《谋》八十一篇，《言》七十一篇，《兵》八十五篇。"兵家类注文中有"省伊尹、太公、管子"等二百五十九篇。《隋书·经籍志》著录有：《太公六韬》、《太公阴谋》、《太公阴符钤录》、《太公金柜》、《太公兵法》、《周吕书》、《周书阴符》、《太公伏符阴阳谋》、《太公三宫兵法》、《太公书禁忌立成集》、《太公枕中记》、《太公杂兵书》、《太公阴谋解》。《旧唐书·艺文志》又著录有《太公兵书要诀》、《太公阴谋三十六用》。《清史稿》中又有《太公兵法逸文》，此外见于其他典籍的还有：《太公丹书》、《太公阵法》、《太公军镜要术》、《九府圆法》、《子牙子》、《奇门遁甲太公兵法真诠》、《黄帝太公兵法》、《黄帝太公三宫法要诀》、《吕望秘书》、《当敌》、《太公对敌权变逆顺法》、《太公履车轼法》、《太公望七略》、《集太公兵法》、《太公六韬粹言》、《太公阴符神书》，等等。这些五花八门的著述，产生的时代不同，内容不同，风格不同，不可能都出自太公之手，多数为后人伪托，其中著录较早的有《六韬》、《太公金柜》、《太公阴谋》等。

在文字与书写工具、材料还不发达的古代，某人的思想主张的保存和传播，主要还靠口耳相传，同时可能有简要记录。随着时代的发展，逐渐改口传资料为文字资料。当然在这流传和记录过程中，肯定会有删削或增补，也要加进记录人的主观色彩。我们在今天要判别哪些内容是某个时代某个人的思想必须通过过滤，还要打些折扣。但是要真正判定准确已不可能，我们只能用"模糊"的方法去体会其主体思想，去抓住精神实质。此外任何一种好的主张，一个高级的智谋，都不会是一个孤立的个人的发明创造，往往是一群人的共同积累。

就是姜太公本人也不会是无师自通的，也不能简单地想象集于他名下的韬略都是他个人发明的。在姜太公以前也一定有某些"世外高人"，专门传讲古圣人的智略，反复讲述，背诵如流。姜太公除自己的经验以外也要接受这些"高人"所传授的前人成果。对于古人的谋略水平及其悠久的历史是不可低估的。姜太公之后，追随者代不乏人，经后人的充实完善，"六韬"、"三略"已远远超出发明者本人的智慧，已成为一个专门的智慧宝库，并有普遍的实用性。被集于太公名下的韬略，涉及面极宽。其中不但讲用兵，又讲为政、理财，不但讲选人用人，还讲辅主事君，其内容十分广泛。清代学者朱墉称："历代兵书，大抵言武略者多，言文谋者少。武略仅血气之勇，霸者恃以图功，文谋则深远之思，王者操为胜算。"今天我们把以《六韬》为基础内容的太公韬略作为一种思想体系来对待，来研究，就是要不苛求字句，不拘泥"真伪"、取其精华去其糟粕，古为今用。

姜太公的思想，至今已有两千多年的历史。在这两千多年中，世界发生了天翻地覆的变化，但是事物的哲理及各种竞争的战略并不像技术和战术变化那样显著。两千多年前的韬略在今天仍有很强的生命力和广泛的实用性。

二、《六韬》的作者和成书年代

1. 《六韬》的真正作者已不可考

《六韬》旧本题作周吕望撰。该书最早见诸著录的是《隋书·经籍志·兵家》，内有《太公六韬》五卷，谓"周文王师姜望撰"。《旧唐书·经籍志·兵家》和《唐书·艺文志·兵家》均著有《太公六韬》六卷，以后各代因之。

从吕望所处的时代和《六韬》的内容来判断，这部兵书的作者显然不可能是吕望。首先，商末周初的战争实践，还局限在一定的范围之内，没有形成系统的、完整的军事体系。其次，当时的文字条件还不完备，即使有所记述，也难以如此完整地保存下来。古代虽有所谓"左史记言，右史记事"（《汉书·艺文志》）的说法，但从未发现《六韬》这样的长篇文献，何况是镌刻于青铜器上。第三，从叙述方式看，也不像吕望一人之作。以问答形式探讨问题，可以说是我国古代的一种传统。按照一般说法，《论语》是孔子的著述，《孟子》是孟轲的著述，《管子》是管仲的著述，《吴子》是吴起的著述，而这些书的篇首都冠以"某子曰"，因此实际上都是他们的弟子当时的记录，或后人整理辑成的。从体例上看，《六韬》也属于这一类。第四，《六韬》不少内容，不是当时而是后世才出现的。如"凡国有难，君避正殿"（《龙韬·主将》），"战骑"（《犬韬·战骑》），以及《虎韬·军用》中所提到的"铁蒺藜"、"委环铁杙"、"铁械锁"、"环利铁索"等器械，在殷末周初是不可能存在的。第五，《六韬》开始杂取儒、道、法、墨等家的思想，这种思想开始走向融合和统一的趋势，只能发生在战国以后，不可能在春秋之前。第六，《六韬·武韬·兵道十六》引有"黄帝曰"，黄帝的传说最早出现于《左传》、《国语》、《逸周书》，这三部古籍均为战国时作品，尽管依据的材料可能会早一点，但黄帝的传说流行却在战国尤其是战国中期以后。所以，引用黄帝之言的书只能是战国以后。根据以上分析，《六韬》不会是殷末周初时的吕望所撰，很可能是后世托名吕望编撰的，而编撰者的真实姓名却无从查考了。

自宋代以来，许多辨伪学家对《六韬》的作者和编撰年代，进行了长期而认真的探讨，都认定《六韬》是伪书。宋代的何去非、叶适、陈振孙、黄震，明代的宋濂、胡应麟、焦竑、张萱，清代姚际恒、姚鼐、崔述，近代的梁启超，现代的黄去眉等均断为伪书。宋代的叶适说："……然周嫚侮为方术者，而不悟《六韬》之非伪，何也？盖当时学术无统，诸子或妄相诋訾，或偶相崇尚，出于率尔，岂足据哉？"（《习学记言》） 南宋藏书家陈振孙说："武王、太公问答，其辞鄙俚，世俗依托也。"（《直斋书录解题》） 南宋黄震说："《韬》、《略》，世谓出太公，虽李卫公亦云。以愚观之，伪书尔。"（《黄氏日抄》） 明代胡应麟说："《六韬》称太公，厥伪了然。"（《四部正讹》） 清代姚际恒说："其辞悝鄙，伪托何跋。"（《古今伪书考》）。究竟伪在何时，也有不同意见：一为周末说，"《六韬》言骑战，其书当出于周末"（王应麟《困学记闻》卷五）；二为楚汉说，"今所传《六韬》、《三略》，乃楚汉间好事者所补"（张萱《疑耀》卷二）；三为汉以后说，《六韬》为"汉以后人伪撰"（梁启超《中国近三百年学术史》）；四为魏晋说，"考《汉志》有《六弢》，初不云出太公，盖其书亡于东京之末，魏晋下谈兵之士，掇拾剩余为此，即《隋志》《六韬》也"（胡应麟《四部正讹》）。

随着考古出土和文献研究的不断发现，现在人们觉得仅是断为伪书，过于简单化，提出：托古之作不能都判为伪书。银雀山、定州出土的汉简证明：《六韬》至晚在战国后期已经成书。其内容与传世文献相合，印证《六韬》是一部成书于先秦的古籍。

那么，《六韬》的真正作者究竟是谁？他是什么年代的人？现有的材料还难以回答这个问题。而且像《六韬》这样一部篇幅很大、内容庞杂的书籍，也不像是出于一人之手。举一个突出的例子，对热衷于用术数指挥战争的兵阴阳家，《六韬》中就存在着明显的矛盾。如《群书治要》卷 31 引《龙韬》，称天道、望气、龟筮、日月、鬼神和背向等均"无益于兵胜"，"顺天道不必有吉，违之不必有害"，主张"战不必任天道，饥饱、劳逸、文武最急，地利为宝"，这无疑是异常可宝贵的军事唯物主义思想，并对《尉缭子》等书产生了直接影响。但书中兵阴阳家文字也相当不少。如《龙韬·五音》说："律音之声，可以知三军之消息"；《兵征》说望气以知敌可攻不可攻；《群书治要》卷 31 引《六韬》，大谈"人主动作举事善恶，有福殃之应、鬼神之福"，其他怪力乱神之言亦复不少。这种矛盾，足证《六韬》不是一人一时所著之书。这一点，它和《管子》也是相似的。

陈青荣在《〈六韬〉作者与成书过程》（《姜太公全书》，学苑出版社 1996 年版）一文中认为：《六韬》作者既非吕尚亲著，也非后人所托，而是齐桓公时期齐官府依据周代原始档案整理而成的，所以最初名为《金版六弢》，又因为档案是周史官所记实录，亦称之为《周史六弢》。

刘庆在《〈六韬〉与齐国兵学》（《姜太公全书》，学苑出版社 1996 年版）认为《六韬》是齐国兵学著作，是战国时期由尊崇姜太公的兵学家们整理出来的。他认为：太公兵论最初可能是以"著于金版"的方式流传下来。只是到了战国，才由一些尊崇太公的兵学家们根据有关旧闻整理出成书，"著于竹帛"。从今本《六韬》来看，其理论内容呈现出十分复杂的面貌。对书中这种前后不统一的现象只有一个合理的解释：汉代以前根本不存在一部内容基本固定的《六韬》，而是存在着一个奉太公为思想鼻祖的兵学流派。他们为了光大本派学说，对前辈传承下来的论兵篇什不断加以改造、充实和扩展，将自己对战争实践活动的理论总结也掺杂其中，甚至为了完善兵学体系，将他人论兵著述的内容整段或整句移植过来。

徐勇在《〈六韬〉通解》（《先秦兵书集解》，天津人民出版社2002年版）也提出《六韬》是齐国著作的可能性很大，作者与齐国稷下学派有关。他认为：《六韬》托名太公，而把《太公兵法》授给张良的黄石老人，自称是济北谷城山（今山东平阴西南）下的黄石，他授书的下邳（今江苏睢宁西北），离齐地也非常近，故而他极可能是齐国人。这些都反映《六韬》和齐国关系密切。从内容看，《六韬》道法结合和兼容博采的特色，与当时齐国的思想潮流和《管子》一节非常相近，有些文字具有明显的齐国色彩。如《六韬·六守》与《管子·小匡》非常相似，实与齐国传统一脉相承。又《六韬》中阴阳五行文字很多，也与当时海岱间方士众多、阴阳学盛行的风气相一致。所以《六韬》是齐国著作的可能性最大。先秦古籍中，有关太公的记载和传说颇为不少。在《六韬》成书以首，已有一些记述或托名太公的论政论兵文字出现，如《周书》中的一些篇章即是。这些文字，可以视为是《六韬》和《太公》的源头。至战国中后期，又陆续有人将其加以整理和创作，才逐渐形成了《六韬》等书。如果一定要将作者范围缩小一些的话，他可能与战国中后期的齐国稷下学者有关。齐国本有兵学传统，这些人中的许多人都具有著述兵书的知识和才能，故这一时期齐国兵书创作整理出现高潮，《司马法》和《孙膑兵法》等兵书可能都编成或定型于这一时期。宣王时期著名的稷下人士中，邹衍是阴阳家，慎到、田骈、接予、环渊"皆学黄老道德之术"，淳于髡"学无所主"，出入礼、法，说明当时齐国的主流意识形态是黄老兼杂阴阳，这正与《六韬》思想相合。考虑到前述的时间因素，《六韬》的基本作者可能是威王以后稷下学者中的某些人。当然，这只是一个非常大概的推测，究竟真相如何，还有待于今后发现新的史料来加以研究。

根据中国学术文化发展的历史来看，《六韬》一书只能说是战国后期由某些人托姜望之名撰写成的。这是因为：首先，周朝发展到春秋战国时期，铁器的使用，促进了经济文化的大发展。人们不再把字刻到龟甲或竹木简上，而是用硬度较大的铁制的"刀笔"书写在简牍上。这应该算是出现了镌刻《六韬》这样长篇著作的客观物质条件。第二，战国是大国争霸和兼并战争的时代，频繁的战争需要人们继承和整理古代一切有关战争的经验和文献。第三，战国时期由于社会的大变革和阶级关系的变化，学术界形成了许多流派，各派互相辩争，因而出现了百家争鸣的局面。在此情况下，诸子蜂起，议论纷纭，产生了儒、墨、道、法、兵、农、杂、阴阳、纵横各家。因此，百家争鸣的盛况，对当时军事学术的发展同对整个学术文化的作用一样，有极大的推动作用。

2. 《六韬》很可能是战国后期的作品

《六韬》的作者虽然尚难搞清，但只要大体分清它是什么时代的作品，也就不难探讨它的学术价值和资料价值。对这个问题，历史上和当前学术界大体有以下四种看法：

第一，春秋说。刘歆的《七略》和班固的《汉书·艺文志》载有《周史六弢》六篇。二人都认为是"惠、襄之间，或曰显王时，或曰孔子问焉"。即认为是产生于周惠王与周襄王时，也就是春秋鲁僖公、鲁文公之际，或者是鲁昭公、定公、哀公时。从历史上看，这大约是春秋晚期，最迟也不会晚于战国中期。

第二，战国说。认为《六韬》成书不会在《吕氏春秋》等书之前。理由是：《文韬》中的《文师》，《武韬》中的《发启》、《顺启》等篇及《逸文》中，反复出现"天下非一人之天下，乃天下人之天下"的文句，似出自《吕氏春秋·贵公篇》；《龙韬·将威》中的"杀一人而三军震者杀之，赏一人而万民悦者赏之"，似出自《尉缭子·武议篇》；《六韬逸文》中"冠虽弊礼加于首，履虽新法以践地"，似出自《韩非子·外储篇》。

第三，秦代说。认为《史记·留侯世家》中圯上老人以《太公兵法》授张良，《文韬》记太公论兵；还认为张良反秦，同《六韬》反暴政是吻合的。圯上老人谓张良："读此则为王者师。"《文韬·文师》专言王者师的治国安民之道、反暴政之道，据此认为《六韬》成书的时代背景与秦代这段历史是契合的。近人张烈的（《论〈六韬〉的成书及其内容》）则断定为"秦始皇在位时写成"（《历史研究》1981年第3期）。

第四，秦汉之际说。宋代的罗泌在《路史·发挥·论太公》中说："要之楚汉之际好事者之所撰。"清代的崔述在《丰镐考信录》中也称："必秦汉间人之所伪撰。"罗、崔二人虽没举出可靠的根据，但他们的看法基本上是一致的。《中国军事史》编写组撰《武经七书注译》，依据《汉书·艺文志》载《六韬》"或曰周显王时（公元前368~前321年）"，又依据1972年山东临沂银雀山汉墓出土简书《六韬》，判定《六韬》成书年代："上限不早于周显王时，下限不晚于秦末汉初。"

根据历代著录及出土文物，目前最普遍的是第二种看法，即认为《六韬》成书于战国后期。其理由是：

首先，从历代有关著录来看。《六韬》最早的著录是《隋书·经籍志·兵家》，《旧唐书·经籍志》、《新唐书·艺文志》兵家亦因之。其实，《汉书·艺文志·兵家》虽不见有《六韬》著录，但在该志儒家中有《周史六弢》六篇。据古籍记载，汉代以来《六韬》一书一直在流传着，东汉中期的许慎还曾作《六韬注》（《太平御览》卷三百五十七）。《六韬》书名的出现不晚于汉初，《庄子·徐无鬼》："横说之则以《诗》、《书》、《礼》、《乐》，从说之则以《金板》、《六弢》。""弢"、"韬"同源字，可通。《淮南子·精神训》："故通许由之义，而《金縢》、《豹韬》废矣！"高诱注："《金縢》，《豹韬》，周公、太公阴谋图王之书也。"这表明《六韬》曾独立流传。然而《史记·留侯世家》载黄石老人授张良《太公兵法》，不叫《六韬》；刘向父子和班固则以《太公》总名著录该书，下为"谋"、"官"、"兵"三部分，刘向的《说苑》也提及《太公兵法》，则东汉以前《六韬》之名并不流行。据推测，战国以来，社会上已有多种托名太公的著作流传，《六韬》（可能即《太公兵法》）即为其中之一。西汉成帝河平间（公元前28～前25年），刘向、刘歆父子受命领校中秘书，《六韬》经汇校整理和其他太公书被整合汇入《太公》的整体中并著录于《七略》。刘氏父子校书，均汇集多本，"除重复"而"定著"，故至此《六韬》有了一个较权威的定本。《六韬》或《太公兵法》和《太公》的关系，当类似《轻重》诸篇之于《管子》，既是独立的著作，又可从属于后者的整体之中。余嘉锡先生《四库提要辨证》指出："特是《六弢》、《豹韬》之名，见于《庄子》、《淮南》，则是战国秦汉之间本有其书，汉人仅有所附益，而非纯出于伪造。周秦诸子，类非一人之手笔，此乃古书之通例，又不独《六韬》为然。"其意在于阐明，早在战国时就有《六韬》这部书了，后人说法不同，只不过是有所"附益"罢了。"是则《六韬》之书已盛行于后汉，不始于三国"，其说非常正确。因此，不能只看汉志兵家没有著录就否定它在汉以前已存世了。

其次，再从《六韬》的内容看。古代兵书是反映和总结其所处时代及其以前的战争实践的，它绝不会脱离或超越时代而反映尚未出现过的事物。春秋时期的《孙子兵法》和《司马法》并不曾言骑战，《灵子·励士篇》始言骑战。汉刘向说："战国有骑，无骑射。骑射，胡兵也，赵武灵王用之。"《六韬》用了很多的文字谈骑兵，详细规定了选拔骑士的条件，阐述骑兵作战的战术，以及如何与步兵、车兵配合等等。赵武灵王在位的时间为公元前325至299年，由此可见，《六韬》之所以能总结出如此系统丰富的骑兵作战经验，肯定是在赵武灵王"胡服骑射"之后，但又不会离此时太远。

再说车战，商周是我国古车战的极盛时代。春秋以后逐渐衰弱，战国秦汉时已比较少用了。特别是由于战国时期铁兵器的使用，步战地位日益重要。这就使得战国时期，特别是战国中后期，出现了骑、步、车并用的时代。《六韬·犬韬》详细阐述了"战车"、"战骑"、"战步"及其相互关系，正是战国后期所普遍采用的战术原则的反映。车战于战国时期开始衰弱，但真正让位给骑兵和步兵，还是秦汉以后的事。因此，《六韬》将车、骑、步并列，说明它既不是成书于春秋之时，也不是成书于秦汉之后。

《六韬》大量提及铁制兵器及其使用方法，而铁兵器的广泛使用也在战国中期以后。《六韬·虎韬·军用》提到"铁蒺藜"、"铁械锁"、"环利铁索"、"方胸铁杷"、"方胸两枝铁叉"、"委环铁杙"、"方胸铁叉"等十来种铁制军器，说明《六韬》不可能成书于战国之前。因此，《六韬》一书大约产生于这时前后。

第三，从文风土看。大体与《六韬》同时成书的兵书及其他各家的著作很多，诸如《尉缭子》、《孙膑兵法》、《吕氏春秋》、《庄子》、《荀子》等，它们在思想内容、表达方式和语言特点等方面，都有很多相似之处，甚至一些语句完全相同。例如，《龙韬·论将》有"贪而好利者，可赂也"一句，《孙膑兵法》则说"将败，四曰贪于财"，《尉缭子·十二陵》则称"祸在于好利"。这些例子，虽然难以断定谁先谁后，但有一点可以肯定，就是《六韬》一书大致与这些书出于同一时代，而不是相距很远。

第四，从所反映的当时的军事情况来看。《六韬》所反映的军事情况，在不少方面与其他同时代书籍所反映的情况基本上是一致的。例如，《犬韬·教战》与《尉缭子·勒卒令》所说基本相同。当时军队的训练情况，在两本书中得到大体一致的反映，说明成书的时代也是大体相同的。再如，关于阴阳五行说，自战国以后开始运用到军事学术领域。同《六韬》一样，在《孙膑兵法》、《墨子》等书中，都有大体一致的反映。

第五，从出土文物资料来看，1972年山东临沂银雀山西汉前期古墓中出土的汉人手书竹简中，有《六韬》及《孙子兵法》、《孙膑兵法》、《尉缭子》、《管子》、《墨子》等书。其中有关《六韬》的竹简有《文韬》、《武韬》、《龙韬》等内容，与传世本《六韬》基本相同（见许获《略谈临沂银雀山汉墓出土的古代兵书残简》，《文物》1974年第2期）。1973年定县（今河北定州）汉墓出土的竹简中，也有《六韬》的内容。这两处具有十分重要的资料价值和学术价值的文献，充分证明了《六韬》早在西汉初期已有定本，并已广泛流传。

总之，历史文献和出土文物都可证明，《六韬》是战国后期的作品，可称之为古本《六韬》。

三、《六韬》的著录和版本

1. 《六韬》的著录

《六韬》在西汉最重要的发展，当是在流传过程中逐渐编定并最终汇入《太公》的整体中。银雀山所出《六韬》抄本多有重复，但宣帝时期的"定具本"已经篇目井然，到刘向时又作了汇校整理工作。因为刘向校书均汇集多本，"除重复"而"定著"，故《六韬》至此有了一个较权威的定本。

东汉以来，《六韬》逐步独立流行，学者多有治此书者。从后来《太公阴符》、《太公阴谋》和《太公金匮》等书也独立流传看，庞杂的《太公》一书，东汉就逐渐解体和散失。东汉前期的王充在《论衡·自纪篇》中说："按古太公望，近董仲舒，传作书篇百有余。"这个数字较班固著录少了很多，耐人寻味。但从篇目数考察，《六韬》除《太公》的"兵"外，当还有其他部分的文字加入。东汉以来的《六韬》，可称为中古本《六韬》。

此后直到唐宋，《六韬》除了在《隋书·经籍志》、《旧唐书·经籍志》、《新唐书·艺文志》、《宋史·艺文志》等史书和晁公武《郡斋读书题解》、郑樵《通志·艺文略》、陈振孙《直斋书录解题》等目录书中均有著录外，其内容还被许多古书特别是兵书、类书和注疏所引用，可谓流传有序。从中可见，宋以前的《六韬》仍然较为庞杂，篇数和内容要超出今本很多。但在近千年的流传过程中，该书也有所改变。如晋司马彪注《庄子》，所说的顺序是文、武、虎、豹、龙、犬六韬，就与唐代类书和今本不同，各种文本的篇目顺序也不尽相同。且与今本颇有差异，内容也有所散佚。据《宋史·选举志》载，北宋熙宁八年（1075），"以《六韬》非全书"而只以《孙子》、《吴子》考选武举。尽管如此，中古时代《六韬》大体上仍然应是较为完整的。因为唐代太公地位甚高，京师和诸州立太公尚父庙，以名将十人配享，肃宗更封其为武成王，地位近于孔子。五代、宋因之，并于庙内设武学。因此，《六韬》一直是武学经典，版本甚多。南北朝隋唐书籍对本书广泛著录和征引，敦煌写本的存在，尤见其在民间的普及。这一时期，研读《六韬》的人是很多的，唐人注疏多用其文，是文人在读；武人读其书的同样不少，文书中例子屡见不鲜。如名将李光弼曾抄入所著《李临淮武记》，宋初名将曹翰有诗云："三十年前学《六韬》，英名常得预时髦。"太宗雍熙四年（987）还曾手书《六韬》文字赐给武将。一种有如此之多的人在学习和使用的名著，大量散失的可能性很小。

北宋元丰年间，宋神宗下诏校定刊行《孙子》、《吴子》、《六韬》、《司马法》、《三略》、《尉缭子》、《李卫公问对》七书，是为《武经七书》（一般认为《武经七书》之名始于此，但宋初修撰的《太平御览》引用书目中已经有《兵法七书》，且《太平御览》多抄北齐《修文殿御览》和唐代《艺文类聚》等书，说明将七种主要古兵书合编起来的时间要早得多）。现在看到的《武经七书》本《六韬》即是今本，说明校定者何去非曾做过重大的整理工作。由于编集

《武经七书》主要是用于武将的教育和选拔，同时从仁宗庆历后武举不得学习"阴阳诸禁书"（《宋会要辑稿》114册，《选举十七》），所以比较中古本和今本《六韬》文字可以发现：今本的篇数减少，篇目有所调整，并且大量删除与军事关系较少和神怪色彩较浓的内容，文字亦大为简练。臃肿、涣散和多语怪力乱神的中古本《六韬》，变成了逻辑整齐、文字简练、内容精当的今本《六韬》。至此，《六韬》的成书过程才算最后完成，并直接导致了中古本《六韬》的消失。有学者注意到，南宋郑樵《通志》既著录了"《太公六韬》五卷"，又著录了"《改正六韬》四卷"，认为前者为未经改动的中古本。如果此说不错的话，那么中古本《六韬》在南宋尚存，此后再未见到了。

2. 《六韬》的版本

在历代的著录中，《六韬》的篇目分合不定，版本多有变化。现在世人能看到的《六韬》，大致上有三个系统的版本。一是《武经七书》系统，亦即今本，从《武经七书》开始至今有存世版本二十多种。著名的除何去非校定的《武经七书》本，还有宋元丰间朱服校刊《武经七书》本、民国二十四年上海涵芬楼《续古逸丛书》影印宋刊《武经七书》本、明嘉靖十年（1531）施德刊《校正武经七书》本、明嘉靖二十三年（1544）翁氏刊《武学经传三种》本、明嘉靖四十年（1561）临海陈锡刊《武经七书》本、清乾隆年间《四库全书》抄本，民国八年上海商务印书馆《四部丛刊》影印本和扫叶山房石印《百子全书》本、民国二十五年缩印本、清光绪间刊《武经三子全书》本等。此外还有施子美《六韬讲义》、刘寅《六韬直解》、李清《重镌六韬集注》、沈津《太公六韬类纂》、张居正《增订六韬直解》、黄献臣《武经开宗六韬》、朱墉《六韬汇解》等。这个系统的各种《六韬》版本，保存有近两万文字，一般均有6卷60篇，最为完整，是今人注释、研究《六韬》的主要基础。但这个系统实际上历经改变,与古本和中古本的原来面目是有距离的。二是来源于宋代的《武经七书》成书以前的各种古书中节抄的《六韬》文字,可以称为引文系统。主要有唐代的《北堂书钞》、《群书治要》、《意林》、《艺文类聚》和宋代的《太平御览》等书中节引的《六韬》,此外还有一些古籍中也有零星片断的文字。该系统虽不如今本系统完整,但保留有许多不见于今本的重要内容,将它们和今本及唐代写本对照研究,可以大略看出中古时期《六韬》的面貌。三是来源于文物考古发现的竹简帛书系统。已知包括有三个系统,即山东临沂银雀山和河北定州所出竹简《太公》中的《六韬》以及敦煌藏经洞所出唐代写本《六韬》残卷(《敦煌残书》伯3454号)。这三个版本除唐写本外,都是西汉时期写成的,历史最久,最为接近古本,惜已残缺不全。

  本书在译说时以影印宋本为底本。为什么以宋本为底本呢?因为今日所能见到的《六韬》存本,有不少已经失去了其原来的面貌。用今存本《六韬》与《群书治要》、《太平御览》等类书中有关《六韬》内容稍加核对,就可看出二者的内容有许多处是不同的。这说明今存本《六韬》已经不是汉、隋、唐各志所著录的《六韬》了,而是宋元丰年间所改的定本。既然找不到宋以前的本子,又没法肯定《群书治要》本的可靠性,那就只好选定宋本了。

  本书作者既然决定选用宋本为底本,那就有必要把宋本的有关情况作一简要介绍。宋仁宗时,始建武学,设武举。神宗时,专门选拔熟谙兵法的教授,把《孙子》、《吴子》、《六韬》作为教授和考试的内容。熙宁八年(1075),又以《六韬》不完整而被废去。元丰二年(1080),神宗下诏校定《孙子》、《吴子》、《六韬》、《司马法》、《三略》、《尉缭子》、《李卫公问对》,未刊行,这就是所谓旧《武经七书》。校定者为何去非,他是我国第一位武学博士,他确实学识渊博,精通兵法。据其子何薳在《春渚纪闻》中记载,其父任武学博士并受命校正《武经七书》时，曾怀疑《六韬》和《李卫公问对》是否伪托，并将此事报告任国子监司业的朱服。朱服表示："此书行之已久，未易遽废也。"从此以后，这七部兵书便按《孙子》、《吴子》、《司马法》、《李卫公问对》、《尉缭子》、《三略》、《六韬》的顺序固定了下来。今存影宋刊本《武经七书》，就是按这个顺序排列的。

南宋孝宗时刊行的《武经七书》，又把《六韬》由第七位移到第四位。光宗时刊行的本子又把《六韬》提前到《孙子》、《吴子》、《司马法》之前，即第一位。明代刘寅作《武经七书直解》时，又恢复朱服校定的次序，使《六韬》居尾。《六韬》在《武经七书》中前后位置的变化过程，反映出它成书时间没有定论的实际状况，但这对它的学术价值并不构成大的影响。

四、《六韬》的主要内容及主要军事思想和对军事理论的主要贡献

1.《六韬》的主要内容

《六韬》"规模阔大，本末兼该"（清朱墉《武经七书汇解》），内容非常丰富。《汉书·艺文志》著录古本《六韬》共85篇，今本即宋代删定的"《武经七书》本"共60篇，二者相差25篇。现在所能看到的两种汉简本和唐写本残卷中的篇题和内容，即与今本有相同的，也有不同的。不同的篇题，如汉简中的《葆启》、《治国之道第六》、《以礼义为国第十》、《国有八禁第三十》，唐写本中的《利人》、《趋舍》、《礼义》、《大失》、《动应》等。这些与今本不同的篇章内容当是60篇之外的25篇内容，或者为流传过程中失传，或者为宋廷颁定"武经"时删掉。现存《六韬》近2万字，分6卷，60篇。

卷一，文韬。包括有文师、盈虚、国务、大礼、明传、六守、守土、守国、上贤、举贤、赏罚、兵道共12篇。这些内容是讲治国安民的韬略。介绍在作战之前，怎样充实国家的实力和作好战争的准备。如对内先要将自己的国家治理的国强民富，对人民进行教育训

练，使万众一心，方向一致；对外要了解别国的情况，但对自己国家内部事务要尽力保守秘密，这样才可以立于不败之地。

卷二，武韬。包括发启、文启、文伐、顺启、三疑共5篇。主要讲对敌斗争的韬略。如作战前必须先把敌我的优劣势进行比较，要以我之长攻敌之短，才可克敌制胜。要有明确的战略目标，采取正确的斗争策略。

卷三，龙韬。包括王翼、论将、选将、立将、将威、励军、阴符、阴书、军势、奇兵、五音、兵征、农器共13篇。主要讲军队的指挥和兵力部署的韬略。指出在战争中要指挥调动敌人，选择将帅，严明纪律，然后确定怎样发号令，通信息。此外指出要注意天时、地利和物资供应等。

卷四，虎韬。包括军用、三阵、疾战、必出、军略、临境、动静、金鼓、绝道、略地、火战、垒虚共12篇。主要讲在宽阔地作战中应当注意的问题。

卷五，豹韬。包括林战、突战、敌强、敌武、山兵、泽兵、少众、分险共8篇。主要讲和敌人在狭隘地作战时，应当注意的问题。

卷六，犬韬。包括分兵、武锋、练士、教战、均兵、武车士、武骑士、战车、战骑、战步共10篇。主要讲各兵种如何配合协同作战，以发挥军队整体威力。

总的来看，《六韬》各卷正如《后汉书·何进传》章怀太子评说的："太公《六韬》篇：第一《霸典》，文论；第二《文师》，武论；第三《龙韬》，主将；第四《虎韬》，偏裨；第五《豹韬》，校尉；第六《犬韬》，司马。"这就扼要地点明了《六韬》各篇的内容和特点。用现在的话说，《六韬》第一、二卷，主要阐述的是战略问题，及战前的各项准备工作。第三、四、五、六卷，则重在阐述战争指导的一些重要原则，是战争过程中所遇到的战术上的一些问题。这些观点，对我们今天仍有所启示。

2. 《六韬》的主要军事思想

《六韬》继承了以往兵家的优秀思想,又兼采诸子之长,所以思想内容很丰富。

在政治战略思想方面主张"同天下"、"天下同利",反复强调"天下非一人之天下,乃天下人之天下","同天下之利者则得天下,擅天下之利者则失天下";"重民"、"利民",认为天下是属于民众的,因此取天下必须得到民众的拥护,强调"国之大务"在于"爱民",其实质是轻徭薄赋,要求君主清静寡欲,不与民争利。

在军事方面,主张"伐乱禁暴","上战无与战",强调"知彼知己"、"密察敌人之机"、"形人而我无形"、"先见弱于敌"。要求战争指导者"行无穷之变,图不测之利",机动灵活地运用各种战略战术。它认为作战中最重要的是奇正变化,"不能分移,不可语奇"。对于攻城,它认为最好的办法是围困打援,迫敌投降。它重视地形、天候对战术的影响。总结了步、车、骑兵种各自的战法及诸兵种的协同战术。它重视部队的编制和装备,详细记述了古代指挥机关的人员组成和各自的职责,提出了因士兵之所长分别进行编队的原则。它认为"凡三军有大事,莫不习用器械",详细记述了古代武器装备的形制和战斗性能。重视军中秘密通讯,记述了古代军中秘密通信的方式方法。它还重视将帅修养和选拔,认为"社稷安危,一在将军",要求将帅不仅要谙熟战略战术、知进退攻守、出奇制胜的谋略,而且要懂得治乱兴衰之道,要能与士卒同甘苦,共安危,并提出了考察将帅的八条方法,即所谓"八征"。

在军事哲理方面,《六韬》具有朴素的唯物主义思想。它一方面反对巫祝卜筮迷信活动,把它列为必须禁止的"七害"之一,另一方面又主张用天命鬼神去迷惑敌人。它具有朴素的辩证法思想,初步认识到了矛盾的对立和转化,提出了"极反其常"的重要辩证法思想,是对古代辩证法思想的重要贡献。它的许多军事思想都是建立在这一思想基础之上的,如"夫存者非存,在于虑亡;乐者非乐,在于虑殃","大智不智,大谋不谋,大勇不勇,大利不利","太强必折,太张必缺","无取于民者,取民者也",等等。

3. 《六韬》对军事理论的主要贡献

刘庆在《〈六韬〉与齐国兵学》一文(《姜太公全书》,学苑出版社 1996 年版)认为:"《六韬》一书最能够体现齐国兵学兼收并蓄、广纳博采的特点。儒家之仁义、道家之无为、墨家之尚贤、法家之赏罚乃至阴阳五行诸说在书中都有明显体现。或许从哲学体系上说,这个特点给人以杂芜繁乱的感觉。但在军事理论上却对齐国兵学有完善补苴之效,功莫大焉。""《六韬》广纳博采的最直接结果,是形成了一套完整详尽的兵学理论体系。它作为先秦兵学的集大成者,举凡战略进攻、战略防御、军事训练、统帅部构成、特殊地形(林地、山地、岸边)下的作战原则、步骑兵的相互配合、战场通讯、武器装备以及用间等皆有详细论列,堪称一部古代的政治军事百科全书。"

他认为:尽管《六韬》引用了大量其他兵书中的有关言论,但这并不意味着它只是一部前人兵论的资料汇编。事实上它也提出了许多新的理论观点:

一是关于全胜战略。《孙子》提出"不战而屈人之兵"的全胜战略。《六韬》在伦理观上赞同《孙子》的观点。《发启》篇言:"全胜不斗,大兵无创。"《军势》篇言:"上战无与战。"《文伐》篇提出"文伐十二节","文伐"的谋略思想,是《六韬》政治大战略的主要组成部分之一。它与施行仁政,争取民心和富国强兵的主张一起,有如车之两轮,成为"全胜无斗、大兵无创"的"全胜"谋略两个基本手段,从而发展了《孙子》所提出的"不战而屈人之兵"的军事手段。

二是关于战机选择。《孙子》对作战取胜诸方面条件的概括,采用了"势"的概念,但并不涉及巧妙捕捉战机问题。《六韬·守土》、

《六韬·军势》对战机的重要性阐述的非常清楚，同时它还要求将帅耐心地等待和捕捉战机，一旦战机出现，不要犹豫不决，丧失获胜机会。这种以"时"来说明作战条件成熟程度的言论在《管子》书中也可以看到，说明《六韬》等书的决策理论比《孙子》要深刻得多。

三是关于车、步骑兵的配合作战。战国中后期，车、步、骑兵的战术理论都已趋于成熟，《吴子》、《孙膑兵法》等书，对此都有述及。但详细程度则以《六韬》为最。它总结出车兵的"十害"、"八胜"，骑兵的"十胜"、"九败"，具体说明"步贵知变动，车贵知地形，骑贵知别径奇道"（《六韬·战车》）的特点，还进一步指出，各兵种作战时不能各自为政，要有机配合。

四是关于敌情判断的方法。《孙子·用间》篇对用间做了系统阐述，唯对如何排除情报中的假象，获知事物的本来面目问题没有论及。《六韬·发启》指出"天道无殃，不可先昌"诸说，对《孙子》的用间理论是极好的补充。它坚持全方位收集情报，对天道人事、阴阳内外皆予以考察，然后加以认真比照，去粗取精，去伪存真，得出恰当的结果，符合人们认识事物的一般规律。

由此观之，《六韬》在借鉴他人兵学理论，完善齐国兵学体系，丰富其思想内容方面都做了不可替代的贡献。在中国古代汗牛充栋的兵学著述中，它能跻身《武经七书》之列，与成名已久的孙吴之兵书相比肩，或许正与其丰富的思想内容和杰出的理论贡献是分不开的。

五、《六韬》对后世和世界的影响

1.《六韬》对后世的影响

孔德骐先生在《〈六韬〉对后世的影响》一文（《姜太公全书》，学苑出版社1996年版）中认为：

《六韬》的问世，标志着中国先秦军事思想的进一步发展和成熟，充实了中国古代军事理论宝库。从前面所述情况来看，它继承和发展了孙子、吴子等的军事思想，同时也吸收了先秦若干的思想精华。总之，《六韬》在前人的理论基础上又前进一步，有许多新的造诣，所以对后世的影响较大，在中国古代军事理论宝库中占有重要地位。

《六韬》是历代名将非常爱读的一部兵书，被誉为兵家始祖。司马迁说："后世之言兵及周之阴谋，皆宗太公为本谋。"（《史记·齐太公世家》）西汉"常为（指高祖刘邦）画策臣"的张良，于公元前218年，结交刺客，谋刺秦始皇于博浪沙（今河南原阳东南）未遂，后更改姓名，亡匿下邳（今江苏睢宁北），得到圯上老人授予他的一部兵书，谓之"太公兵法"。据专家研究，该书可能就是《六韬》。张良获此书，后来成为刘邦的谋士。秦末陈涉大起义时，"良数以《太公兵法》说沛公，沛公善之，常用其策"。后来刘邦感慨地说："运筹策帷帐中，决胜千里外，子房功也。"（《史记·留侯世家》）唐李靖说："张良所学，《六韬》、《三略》是也。"（王应麟《困学纪闻黄石公三略》卷十二）。东汉度辽将军徐淑"善诵《太公兵法》"（《后汉书·徐淳传》）。184年黄巾大起义时，汉灵帝刘宏命大将军何进，将兵屯京师，加强防御。不久，荥阳起义军攻打郡县，杀了中牟县令，严重威胁着东汉政权。东汉官军力量薄弱，难以抵挡，正当踌躇不前时，大将军司马许谅、假司马伍宕向何进建议："《太公六韬》有天子将兵事，可以威压四方。"（《后汉书·何进传》）何进立即接受，经汉灵帝批准后，便"大发四方兵，讲武于平乐观下"，修起了练兵场，列步兵、骑士数万人，结营为阵，大练其兵，汉灵帝赴练兵场检阅，于是官军大振。

三国时的刘备、孙权也都很重视《六韬》，常令部下研习。刘备在给他儿子刘禅的遗诏中叮嘱说："闲暇历观诸子及《六韬》、《商君书》，益人意智。闻丞相（指诸葛亮）为学《申》、《韩》、《管子》、

《六韬》一通已毕,未送,道亡,可自更求闻达。"(《三国志·蜀书·先主传》裴松之注)这说明诸葛亮对《六韬》也是很崇尚的。孙权对其部将吕蒙、蒋钦说:"孤少时,历《诗》、《书》、《礼记》、《左传》、《国语》,唯不读《易》。至统事以来,省三史诸家兵书,自以为大有所益,如卿二人意性朗悟,学必得之,宁当不为乎?宜急读《孙子》、《六韬》、《左传》、《国语》及《三史》。"(《三国志·吴书·吕蒙传》注引《江表传》)

正是由于受到《六韬》军事思想的熏陶,许多人成为一代名将。同时,由于该书在理论上和实践上具有重要价值,又为历代帝王和政府所重视。宋代元丰年间所颁布的《武经七书》中就包括《六韬》。

《六韬》还被历代兵家及其他名家视作兵经而加以引述。汉代戴德的《大戴礼记》、陆贾的《新语》、刘问的《说苑》,都有不少语句引述《六韬》。汉文帝时,贾谊在《阶级》一文里有"履虽鲜弗加于枕,冠虽弊弗以苴履"一句,实与《六韬逸文》所说"冠虽弊礼加于首,履虽新法以践地"一语雷同。王应麟认为:"贾谊之言本此。"(《困学纪闻·诸子·冠履不易用》卷十)贾谊还在《治安策》一文中引用了"日中必彗,操刀必割"的话,唐人颜师古作注:"此语见《六韬》。"(《汉书·贾谊传》颜师古注)唐人著书,如杜佑著《通典》,就有不少地方引《六韬》。曹操、杜牧、王晳、贺林等注《孙子》时亦有很多处引述,如在《谋攻篇》注解中,有"国不可从外治,军不可从中御"之语。梅尧臣明确指出:"君不知进退之宜,而专进退,是縻其军,《六韬》所谓军不可从中御。"

明代何守法著《投笔肤谈》,在《本谋第一》中开宗明义即说:"本谋者,以谋为本也。《太公传》(按:指《史记·齐太公世家》)曰:其事多兵权与奇计,后之言兵者,皆宗太公为本谋。"何良臣撰《阵记》也多处引用《六韬》。如《教练》中有"以十人学战,而教成百人；百人学战，而教成千人；千人学战，而教成万人；万人学战，而教成三军"的话。在《技用》中载有《六韬》中所说的武卫大扶胥、武翼大扶胥、大黄参连弩扶胥等器械的作用。《六韬》所说的"天阵"、"地阵"、"人阵"，也在《阵纪》中沿用，进而发展成"三才五行阵"（《阵宜》）。在《车战》中所说的车战战术，与《六韬·均兵》所说的车战战术相似，在车、步、骑的兵力配备的运用方法上，也基本相同。

在继承《六韬》这一优秀军事遗产的时候，还应该看到，该书同其他一切历史遗产一样，也有它的历史局限性和阶级局限性。在研究和继承其思想精华的同时，需要剔除这类糟粕。

2. 《六韬》在国外的影响

姜太公在国外也有很大名气。朝鲜学者崔致远（857—?）在一千年以前就有诗评论姜太公磻溪垂钓处。诗曰："刻石书纵妙入神，一回窥览一回新。况能早遂王师业，桃李总成万代春。"

托于姜太公名下的《六韬》在国外有很大影响，早在十六世纪时开始译成外文，在外国出版。日本是《六韬》传入最早的国家，刊本也最多。庆长十一年（1600），有元佶的《校定训点六韬》六卷本出版。该书以《七书讲义》本、校《武经七书直解》本，删去《讲义》、《直解》，只存正文，并加假名训点，存庆长十一年伏见古活字本、万治二年（1659）野田弥兵卫重刊活字本。后又有万治二年林道春的《六韬训点》一卷，延宝三年（1675）山鹿高祐的《六韬要证》一卷，文化五年（1808）关重秀的《六韬正义》一卷，等等。据不完全统计，从公元 1600 年至 1976 年，日本共有《六韬》译、注、解、评、点近四十种。日本战国时代的足利学校（培养军事顾问的学校）就曾把《六韬》与《三略》定为该校的主要教科书。西方第一次翻译的中国兵书共四种，合称《中国军事艺术》，于 1772 年在法国巴黎出版，《六韬》就是其中一种。此外，《六韬》还传入朝鲜、越南等国,并译成朝文和越文刊行。现今已翻译成日、法、朝、越、英、俄等多种文字。这些国家对《六韬》有很高的评价。例如,日本村山平孚先生在其译著的《中国的思想·六韬》(1976东京德间书店出版)第十卷中称"姜太公是伟大的战略家",《六韬》虽然"没有《孙子》那种独创性,也没有《尉缭子》那种一贯性,但在当时的实战中,曾发挥过相当主要的作用"。北村佳逸在其所著《兵法六韬》(1936年东京立命馆出版)中说:"《六韬》的原理以大的规律(天理)为其理论依据,因而使该书具有三千年生命力,而至今不丧失其朝气蓬勃的生机。"还认为《六韬》在战略战术上有许多特点,例如,"善于采取战略攻势","重视战斗初期的活动","善于等待战机成熟之后,再突然给敌以正面打击"等观点,都具有十分重要的军事价值。美国学者史密斯写了《如何读六韬》,从文献学的角度对《六韬》进行考据研究。日本学者王孝廉从神话与小说的角度撰文评论姜太公的文学形象。美籍华人夏志清撰文评论中国的军事小说,其中着重评介了《封神演义》的阵法。

六、有关本书注译的几点说明

历史上对《六韬》进行注释、集释、汇解者,更不乏其人。据不完全统计,自唐以后约有近百种这类著述,仅明代就有四十多种。比较有代表性的有:唐贞观五年(631)魏征的《太公六韬治要》(在《群书治要》内),节录了《六韬》中的《文韬》、《武韬》、《龙韬》、《虎韬》、《犬韬》各篇原文,并作有序言,版本见《老子知见书目》。宋元丰二年(1079)何去非的《校正六韬》六卷(在《校正武经七书》内),对《六韬》进行了校刊,并确立了《武经七书》的次序;六年以后,朱服又对《六韬》送行了校定(在《武经七书》内),无注。明洪武三十一年(1398)刘寅作《六韬直解》六卷(在《武经七书直解》内),先对篇目作一简要说明,然后顺文直解,书前有《〈六韬〉书考》一篇，存有明洪武三十一年稿本和成化二十二年（1486）保定知府赵英刊本。明天启五年（1625）归有光、文震孟的《子牙子评点》（在《诸子汇函》内），节录了《六韬》中的《文师》、《盈虚》、《大礼》等七篇原文，加以注释、圈点、眉批，并引述了刘伯温、方希古、陆贞山、解大绅、林见素诸家解说，前有《子牙子传略》一篇，版本参阅《老子知见书目》。清嘉庆五年（1800）孙星衍、孙志祖的《校定周书六韬》六卷（在《平津馆丛书》内），据明刻本加以校订，前有孙星衍作《序》一篇，称"明刻本互有脱误，与孙志祖互相雠校，并自附简注"。书末附有孙同元辑《六韬逸文》，存有嘉庆十年（1805）刊本，咸丰五年（1855）长恩书屋重刊《平津馆丛书》本，光绪十一年（1885）吴县朱氏槐庐家塾重刊《平津馆丛书》本，等等。

此次译注《六韬》，主要做了三项工作：一是标点。标点之外，适当分段，以清眉目。二是注释。对书中的难字、生僻词语以及人名、地名、官名、典章制度等都加了注释，以便读者通读原文。注文力求简明扼要。三是今译。这也是为了帮助读者理解原文，译文以忠实原文和通畅易读为原则。此次译注，得到原中州古籍出版社副总编辑、学兄郭孟良的诸多指教，中州古籍出版社康华副总编辑对本书编纂出版贡献很大，在此一并表示感谢。

古代著作的今译，常有辞不达意、有违原意之处，限于水平，在这次《六韬》译注中差错在所难免，敬请读者指正。

徐玉清　王国民
2007 年 9 月

卷一　文韬

文　师①

文王将田②，史编布卜③曰："田于渭阳④，将大得焉。非龙、非彲，非虎、非罴，兆得公侯⑤，天遗⑥汝师，以之佐昌⑦，施及三王⑧。"

文王曰："兆致是乎？"

史编曰："编之太祖⑨史畴，为禹⑩占，得皋陶⑪，兆比⑫于此。"

文王乃齐⑬三日，乘田车⑭，驾田马⑮，田于渭阳。卒见太公，坐茅以渔⑯。

文王劳⑰而问之曰："子乐渔邪⑱？"

太公曰："臣闻君子乐得其志，小人乐得其事⑲。今吾渔，甚有似也，殆非乐之也。"

文王曰："何谓其有似也？"

太公曰："钓有三权：禄等以权，死等以权，官等以权⑳。

夫钓以求得也，其情深[21]，可以观大矣。"

文王曰："愿闻其情。"

太公曰："源深而水流，水流而鱼生之，情也。根深而木长，木长而实生之，情也；君子情同而亲合，亲合而事生之[22]，情也。言语应对者，情之饰[23]也；言至情者，事之极也[24]。今臣言至情不讳，君其恶[25]之乎？"

文王曰："惟仁人能受（至）[正]谏，不恶至情，何为其然？"

太公曰："缗[26]微饵明，小鱼食之；缗调[27]饵香，中鱼食之；缗隆饵丰，大鱼食之。夫鱼食其饵，乃牵于缗[28]；人食其禄，乃服于君。故以饵取鱼，鱼可杀；以禄取人，人可竭；以家取国，国可拔；以国取天下，天下可毕[29]。呜呼！曼曼绵绵[30]，其聚必散；嘿嘿昧昧[31]，其光必远。微哉！圣人之德，诱乎独见。乐哉！圣人之虑，各归其次，而树敛焉[32]。"

文王曰："树敛何若而天下归之？"

太公曰："天下非一人之天下，乃天下之天下也。同天下之利者，则得天下；擅[33]天下之利者，则失天下。天有时，地有财，能与人共之者，仁也。仁之所在，天下归之。免人之死，解人之难，救人之患，济人之急者，德也。德之所在，天下归之。与人同忧同乐，同好同恶者，义也。义之所在，天下（赴）[归]之[34]。凡人恶死而乐生，好德而归利，能生利者，道也。道之所在，天下归之。"

文王再拜[35]曰："允哉，敢不受天之诏命乎[36]！"乃载与俱归，立为师。

[注释]

①本篇，《群书治要》本（以下简称《治要》本）亦置于全书之首，但

不属《文韬》而是序。今本置入《文韬》，当为北宋元丰年间所改。②文王：即周文王，商末周部族的领袖，姓姬名昌。生卒年不详。古公亶父之孙，季历之子。商纣时为西方诸侯之长，亦称西伯昌。在位50年，"天下三分有其二"，为周王朝建立奠定了基础。据传发明"文王八卦"，流传于世。子武王有天下后，追尊为周文王。田：通"畋"，打猎。③史编布卜：史，史官，先秦时主要掌管记事、祭祀及占卜诸项事务。编，人名。官职和名字相连，是商周时的习惯。布卜，占筮占卜，即用各种超尘世的方法来获得尘世间事物的信息或预卜凶吉祸福的迷信活动。"占"意为观察，"卜"是以火灼龟壳，认为就其出现的裂纹形状，可以预测吉凶福祸。它通过研究观察各种征兆所得到的不完全的依据来判断未知事物或预测将来。当时人们十分迷信，君主外出必须占卜，这正是史官的职责。④田于渭阳：银雀山竹简本（以下简称简本）作"田于渭之阳"；《治要》本作"文王田乎渭之阳"。渭阳：渭水北岸。渭，渭水，今名渭河，黄河最大支流。阳，水的北面。古称水北为阳，水南为阴。⑤非龙非彲，非虎非羆，兆得公侯：彲（chī），通"螭"，传说中一种无角的龙。羆（pí），棕熊，熊的一种，也叫马熊或人熊，体型较大，毛棕褐色，能爬树游水。兆：预兆。公侯：古代爵位的名称。五等爵位中第一等称公，第二等称侯。⑥遗（wèi）：赠予、致送。⑦佐昌：用以辅佐，以至昌盛。⑧施及三王：施，施惠，给予。三王，指周文王以后的三个王——武王、成王、康王。据古本《竹书纪年》记载，太公望死于周康王六年，他在文王死后又辅佐过武、成、康三王。⑨太祖：亦作"大祖"，高祖，远祖。⑩禹：亦称夏禹，戎禹，通常尊称为大禹，与尧舜并为传说中的古圣王，传说中古夏后氏部落的领袖，又相传为夏王朝的开国君主。禹于舜时为司空，治理水土。后因治水有功，被舜选为继承人。后其子启建立了我国历史上第一个王朝夏朝。禹是部落联盟阶段的最后一位英雄人物，也是世袭王权时代的第一位君主。⑪皋陶（yáo）：传说中东夷族的领袖，偃姓。相传舜时曾主管刑狱，后又辅佐禹。禹继位后按禅让制举荐皋陶为他的继承人，"且授政"（即叫他处理政务），但皋陶先于禹而亡故，未继位。春秋时期的英、六等国是皋陶的后人封地。但据《史记·五帝本纪》，皋陶在舜时已任要职。《论语·颜渊》又说："舜有天下，选于众，举皋陶。"所以有人认为上句"为禹卜"应作"为舜卜"。⑫比：类

盈虚 47

似。⑬齐：通"斋"，斋戒。古人在祭祀或举行典礼前清心洁身以示庄敬，斯时要沐浴更衣，不饮酒，不食荤，不近女色。文王在出猎前斋戒三日，是为了表示对上天命兆的恭敬和渴求贤才的诚心。⑭田车：打猎用的车，比一般的乘车和兵车形制略小。⑮田马：打猎时用以驾驶田车的马，经过专门训练，奔跑时步伐整齐，便于追逐。⑯卒见太公，坐茅以渔：太公，对老年人的尊称，此指吕尚。渔，捕鱼，此指垂钓。⑰劳（lào），慰问。⑱子乐渔邪：子，古代对男子的尊称。⑲臣闻君子乐得其志，小人乐得其事：君子，西周、春秋时对贵族的统称。小人，西周、春秋时对被统治的劳动者的称谓。春秋末年以后，"君子"与"小人"逐渐成为"有德者"与"无德者"的称谓。⑳钓有三权：权，权术、谋略。㉑情深：情指道理，深谓深刻。㉒亲合而事生之：事生，犹言事业有成。㉓饰：文饰，指外表的装饰。㉔至情：最实在、最真实的道理。极：极致，通称最高最终的境界。㉕恶：音wù，厌恶。㉖缗（mǐn）：钓丝。㉗调，通周，这里指钓丝精细适中。㉘乃牵于缗：牵，拘牵，这里指上钩被制。㉙天下可毕：毕，古时田猎用的网，此处意为取得。㉚曼曼绵绵：曼曼，同"漫漫"，指幅员广阔无际。绵绵，持续长久。曼曼绵绵用来形容事物外表上的兴旺久远。㉛嘿嘿昧昧：嘿嘿，同"默默"，寂然无声。昧昧，纯厚隐晦，不显露于外。㉜微哉！圣人之德，诱乎独见。乐哉！圣人之虑，各归其次，而树敛焉：微，精微奇妙。诱，称赞之辞。独见，指见解超群，先知先觉。圣人，指道德修养极高智慧超群的人。敛：收聚，收揽。㉝擅：专擅、独自享用。㉞天下（赴）[归]之：简本、《治要》本及《太平御览》卷四百二十一引文"赴"均作"归"，底本前后两句亦并称"天下归之"，故据改。㉟再拜：连拜两次。这是表示恭敬的礼节。㊱允哉，敢不受天之诏命乎：简本无"允哉"二字，又"不"写作"毋"。允，诚然，信然。

[译文]

周国国君文王姬昌，准备出去打猎，先命令太史编给他占卜。太史编占卜以后向他禀报说："您这次到渭河北岸打猎，将会得到巨大的收获。所获得的既不是龙，不是螭，不是虎，也不是罴（这些贵重的猎物），根据卜兆，将会得到一位公侯之才。他是上天赐给您的老师，辅佐您的事业日渐昌盛，并将施恩加惠于您三代称王的子孙后代。"

文王问:"占卜的结果当真有这么好吗?"

史编回答说:"我的远祖史畴曾为禹占卜,(卜兆预示将得到贤臣,后来果然)得遇皋陶。那次的征兆正与今天的相似。"

(为了表示对上天命兆的恭敬和渴求贤才的诚心,)文王于是斋戒三天,然后乘着猎车,驾着猎马,到渭水北岸打猎。终于见到了太公姜尚,正坐在长满茅草的河岸边钓鱼。

文王上前慰劳并询问:"您喜欢钓鱼吗?"

太公回答说:"我听说君子乐于实现自己的抱负,平凡人乐于做好自己乐意的事情。我现在钓鱼,与这个道理很相似,并不是真正喜欢钓鱼。"

文王问:"这两者之间有何相似之处呢?"

太公回答说:"钓鱼比如人事,有三种权谋:用厚禄收买人才,使尽其智能,是一种用人的权谋;用很重的奖赏招揽尽忠致死勇士,使其忘死赴难,又是一种用人的权谋;将高官授予臣僚,使其忠贞不贰,更是一种高明的用人权谋。人们但凡垂钓,目的都是为了得鱼,其中的道理十分深奥,从中可以领悟到大的道理。"

文王说:"我愿意详细倾听这深奥的道理。"

太公回答说:"水的源流深,水流就不息,水流不息,鱼类就能生存,这是合乎情理的事情。树的根须深,枝叶就茂盛,枝叶茂盛,果实就能结成,这也是合乎情理的事情。君子情投意合,就能亲密合作,亲密合作,事业就能成功,这也是合乎情理的事情。一般的言语应对,是从表面上表达情意的,能够说出最实在、最真实的真情实话,才是语言的最高境界。现在我说的都是真情实话,毫无隐讳,恐怕会引起您的反感吧?"

文王说:"只有具备仁德品质的人才能接受直率的规谏,而不厌恶真情实话。我怎么会反感呢?"

太公说:"(譬如钓鱼时,通常)钓丝细微,鱼饵可见,那些小鱼们就会上钩;钓丝适中,鱼饵味香,中等大小的鱼们就会上钩;钓丝粗长,鱼饵丰盛,大鱼就会上钩。鱼一旦贪吃香饵,就会被钓丝牵住;世人要享用君主俸禄,就得供君主驱使。所以用香饵钓鱼,鱼便可供烹食;用爵禄网罗人才,人才就得尽为您所用。这样,您以家为基础谋取一国,此国就能被据为己有;以一国为基础规取天下,天下就可全部征服。真是可叹啊!一些事物表面上繁荣兴旺,广远长久,但逃脱不了有聚必有散的规律,最终必将烟消云散;而如果默默无闻,不动声色地暗中准备,它的光芒必将普照四方。十分微妙啊!圣人的德化,就在于见解超群,先知先觉。欢乐啊!圣人所思虑的事情,就是使天下人人各得其所,从而确立起各种争取人心的办法。"

文王问道:"该制定什么办法才能使天下归服呢?"

太公回答说:"天下不是一个人独自占有的天下,而是天下所有人共有的天下。只有同天下所有人共同分享天下利益的,才能够取得天下;独占天下利益的,就会失掉天下。天有四时,地有财富,能和人们共同享用的,就是仁爱。只要实施仁爱,天下之人就会归附。凡是能免除人们的死亡,消除人们的祸患,解救人们的危急,就是恩德。恩德所在,天下之人就会归附。和人们同患难共欢乐,有共同的爱憎,就是道义。道义所在,天下之人就会争相归附。人们在世,都憎恶死亡而乐于生存,都乐于接受恩德而追求利益。能为天下人谋求利益的,就是王道。王道所在,天下之人就会归附。"

文王再拜后说:"先生讲得太好了。我怎敢不接受上天的旨意!"文王于是把太公请上猎车,一起回到国都,并拜他为师。

盈　虚

文王问太公曰："天下熙熙①，一盈一虚②，一治一乱，所以然者，何也？其君贤不肖③不等乎？其天时④变化自然乎？"

太公曰："君不肖，则国危而民乱；君贤圣，则国安而民治。祸福在君，不在天时。"

文王曰："古之贤君可得闻乎？"

太公曰："昔者帝尧之王天下⑤，上世所谓贤君也⑥。"

文王曰："其治如何？"

太公曰："帝尧王天下之时，金银珠玉不饰，锦绣文绮⑦不衣，奇怪珍异⑧不视，玩好⑨之器不宝，淫佚之乐⑩不听，宫垣屋室不垩⑪，甍桷椽楹不斫⑫，茅茨遍庭不剪⑬。鹿裘御寒，布衣掩形，粝粱之饭，藜藿之羹⑭。不以役作⑮之故，害民耕绩之时。削心约志⑯，从事乎无为⑰。吏忠正奉法者，尊其位；廉洁爱人者，厚其禄。民有孝慈者，爱敬之；尽力农桑者，慰勉之。旌别淑德⑱，表其门闾⑲，平心正节，以法度禁邪伪。所憎者，有功必赏；所爱者，有罪必罚。存养天下鳏寡孤独⑳，赈赡祸亡之家㉑。其自奉也甚薄，其赋役㉒也甚寡。故万民富乐而无饥寒之色，百姓戴㉓其君如日月，亲其君如父母㉔。"

文王曰："大哉！贤君之德也。"

[注释]

①熙熙：纷扰杂乱的样子。②盈：充满，此指富足。虚：空虚，此指贫穷。这里"盈虚"意指气运盛衰，贫富交替。③不肖：与"贤"相对，意指不贤。④其天时变化自然乎：天时，天地自然变化演衍的时序。此处意为天命。⑤昔者帝尧之王天下：《治要》本少"者"字。尧，上古传说中部落联盟

盈虚　51

的领袖，上古五帝之一，《尚书》和《史记》都说他名叫放勋。后代又传说他号陶唐，姓伊祁氏，故亦称为唐尧。尧的传说最为人们称道的，是他不传子而传贤，禅位于舜，不以天子之位为私有。王，音wàng，用作动词，指行德政而统治天下。⑥上世所谓贤君也：《治要》本"上世"后多一"之"字。上世，此指远古之世。⑦锦绣文绮：指做工精细华丽漂亮的丝织品。衣，音yì，用作动词，穿着。⑧奇怪珍异：《治要》本作"奇怪异物"。⑨玩好：供欣赏玩乐的奢侈品。⑩淫佚：亦作淫泆，纵欲放荡。乐：音乐。⑪垩：可供粉刷用的白土。此处意为粉刷。⑫甍（méng）：屋脊。桷（jué）、椽（chuán）：横排在屋梁上用以架遮顶的草或瓦的木条，方形的叫桷，圆形的叫椽。楹：厅堂前部的大柱子。斫（zhuó）：砍削。⑬茅茨遍庭不剪：茨（cì），蒺藜。茅茨，茅草屋顶。⑭鹿裘御寒，布衣掩形，粝梁之饭，藜藿之羹：鹿裘，用鹿皮做的衣服。鹿裘粗陋易得，当时属平民所服。粝（lì）梁：粗劣的粮食。藜藿（huò）：野生粗劣的菜蔬。⑮役作：征发人民从事劳役。⑯削：削弱，这里有抑制、克制的意思。"心"、"志"：此处指欲望。⑰无为：无所作为，此指顺其自然，效法天地，以清静求安定。这是道家政治哲学思想的重要命题。⑱旌别淑德：旌别，识别，甄别。淑，善良，美好。⑲闾：里巷的大门。⑳存养：保全，抚养。鳏（guān）寡孤独：泛指没有劳动力而又没有亲属供养的人。《孟子·梁惠王下》："老而无妻曰鳏，老而无夫曰寡，老而无子曰独，幼而无父曰孤；此四者，天下之穷民而无告者。"《礼记》亦有类似表述。㉑赈赡祸亡之家：赈赡，用财物救济供养。㉒赋：原指军事上车马军需的征调，后指对土地的课税，即田赋，有时还包括人头税和资产税。役，亦称徭役，即在统治者强迫下，平民从事的无偿劳动，包括力役、杂役和军役。赋役制度，中国历代王朝为巩固国家政权而向人民征课财物、调用劳动力的制度。㉓戴：尊奉，拥护。《国语·周语上》："庶民不忍，欣戴武王。"韦昭注："戴，欣也。"㉔亲其君如父母：《治要》本"亲"作"视"。

[译文]

文王向太公问道："天下纷杂熙攘，气运有时强盛，有时衰弱，国家有时安定，有时混乱，之所以这样，是什么缘故呢？是由于君主贤明与不肖所致呢？还是天命变化自然嬗变的结果呢？"

太公回答说:"假若君主不贤,则国家危亡而民众变乱;君主贤明,则国家安定而民众顺服。所以,祸福决定于君主是否贤明,而不在天命的变化。"

文王问:"古时圣贤明君们的事迹,您可以讲给我听听吗?"

太公回答说:"从前帝尧推行德政治理天下,上古的人都称赞他为贤君。"

文王问:"他是怎样治理国家的?"

太公回答说:"帝尧统治天下时,不用金银珠玉作饰品,不穿锦绣华丽的衣服,不观赏珍贵奇异的物品,不珍爱古玩宝器,不听放荡的音乐,对宫廷墙垣不加粉饰,所居宫室薨桷椽楹不予雕饰,不修剪庭院中的茅草。身穿鹿裘御寒,用粗布衣服蔽体,吃着粗糙的粮饭,喝野菜豆叶熬制的羹汤。不因派劳役修筑宫室而妨碍农时,耽误民众耕织。克制自己的欲望,抑制自己的贪念,用清静无为的观念治理国家。对待官吏,凡忠诚公正守法的就升迁其爵位,廉洁爱民的就增加其俸禄。对待民众,凡孝敬长者、慈爱晚辈的给予敬重,尽力发展农耕、桑蚕者予以慰劳勉励。他区别善恶良莠,表彰善良人家,提倡心志公平,端正品德节操,用法制禁止邪恶诈伪。即使自己所厌恶的人,如果建立功勋同样给予奖赏;对自己所喜爱的人,一旦犯有罪行也必定进行惩罚。他尽心照顾那些鳏寡孤独无依无靠的人,救济供养那些遭受天灾人祸的人家。至于帝尧自己的生活,则非常俭朴,征收赋税劳役微薄。因此,那时天下民众富足安乐而没有饥寒之色,百姓拥戴他如同景仰日月,将他视为自己的父母。"

文王说:"伟大呀!帝尧真是一位有贤德的君主。"

国 务

文王问太公曰:"愿闻为国之大务①,欲使主尊人安,为之奈何？"

太公曰："爱民而已。"

文王曰："爱民奈何？"

太公曰："利而无害，成而勿败，生而勿杀②，与而勿夺，乐而勿苦，喜而勿怒。"

文王曰："敢③请释其故。"

太公曰："民不失务④，则利之；农不失时，则成之；省刑罚，则生之；薄赋敛⑤，则与之；俭宫室台榭⑥，则乐之；吏清不苛扰，则喜之。民失其务，则害之；农失其时，则败之；无罪而罚，则杀之；重赋敛，则夺之；多营宫室台榭以疲民力，则苦之；吏浊苛扰，则怒之。

"故善为国者，驭民⑦如父母之爱子，如兄之爱弟。见其饥寒，则为之忧；见其劳苦，则为之悲；赏罚如加于身，赋敛如取己物。此爱民之道也。"

［文王曰："善哉。"］⑧

[注释]

①为国之大务：为，音 wéi，治理。务，要务。②杀：消灭、减除、破坏，此处是伤害败坏的意思。③敢：谦词，冒昧。④民不失务：失务，失去了谋生的手段。⑤敛：征收赋税。⑥俭宫室台榭：台榭，台，高而平的建筑物。榭，在台上盖的高屋。本为存放武器之所，后成为游观之地。⑦驭民：驭，驾驭，治理。⑧《治要》本于篇末有："文王曰：'善哉。'"

[译文]

文王向太公问道："我想了解治国的根本道理。要想使君主受到尊崇，百姓生活得到安宁，应该怎么办呢？"

太公回答道："只要做到爱民就行了。"

文王问道："应当怎样爱民呢？"

太公回答说："要让百姓获利而不予损害，使百姓取得成功而不从中作梗，保障百姓的生命安全而不无辜伤害，给予百姓实惠而不掠夺侵占，使百姓安居乐业而不要让他们蒙受痛苦，让百姓喜悦而不要激起他们的怨怒。"

文王说："我冒昧地请您解释一下其中的道理。"

太公说："百姓不失去职业，就是得到利益；不耽误农民耕作的时间，就是促进百姓的生产；减省刑罚，就是保障了百姓的生存；少征收赋税，就是给予百姓实惠；少修建宫室台榭，就能使百姓安乐；官吏清廉不苛扰盘剥，就能让百姓喜悦。反之，如果使百姓失去职业，就是损害了他们的利益；耽误农民耕作的时间，就是破坏了他们的生产；百姓无罪而妄加惩罚，就是对他们进行杀害；横征暴敛，就是对百姓的掠夺；大兴土木修建宫室台榭而疲劳民力，就会增加百姓的痛苦；官吏贪污苛扰，就会激起民众的愤怒。

"所以，善于治国的君主，统驭百姓就像父母爱护子女，兄长爱护弟妹那样，看到他们饥寒就为他们忧虑，看到他们劳苦就为他们悲痛，对他们施行赏罚就像自己身受赏罚，向他们征收赋税如同夺取自己的财物。这些就是爱民的道理。"

［文王说："您讲得真好啊。"］

大　礼

文王问太公曰："君臣之礼如何？"

太公曰："为上唯临①，为下唯沉②；临而无远③，沉而无隐④。为上唯周⑤，为下唯定⑥；周则天也，定则地也⑦。或天或地，大礼乃成。"

文王曰："主位如何？"

太公曰："安徐而静，柔节先定，善与而不争，虚心平志，待物以正。"

文王曰:"主听如何?"

太公曰:"勿妄而许,勿逆而拒;许之则失守⑧,拒之则闭塞。高山仰止,不可极也;深渊度之,不可测也。神明之德,正静其极。"

文王曰:"主明如何?"

太公曰:"目贵明,耳贵聪,心贵智。以天下之目视,则无不见也;以天下之耳听,则无不闻也;以天下之心虑,则无不知也。辐凑并进⑨,则明不蔽矣。"

[注释]

①临:居高临下。引申为洞察下情。②为下唯沉:沉,深沉隐伏。引申为谦恭驯服。③远:意为疏远民众。④隐:隐匿私情,不尽忠诚。⑤周:周遍,普遍,意指普施恩德。⑥定:安定,稳定,意指安分守己。⑦周则天也,定则地也:则,意为效法。⑧守:操守,引申为内心的主见。⑨辐凑并进:辐凑,辐条内端集中于轴头。凑,同"辏",会合,聚合。

[译文]

文王向太公问道:"君主与臣民之间的礼法应该怎样确定?"

太公回答说:"身为君主最重要的是洞察下情,做臣民的最重要的是驯服恭敬。洞察下情就应当不疏远臣民,驯服恭敬应该不隐瞒私情。做君主的要遍施恩惠,作臣民的应安守职分。遍施恩惠,要像天空的阳光那样普照万物;安守职分,要像大地那样稳重厚实。君主效法上天,臣民效法大地,上上下下各按自己的本分行事,这样君臣之间的礼法就圆满构成。"

文王问:"身居君主高位,应该怎样做才好呢?"

太公答道:"君主处理政务,应该安详稳重而沉着清静,柔和有节而胸有成竹,善于施惠而不同民众争利,虚心静气而公道无私,处理事务公平正直。"

文王问:"君主应该如何倾听臣下的意见呢?"

太公答道:"君主听取臣下的任何意见、建议,都不能轻率地接受,也不要粗暴地拒绝。轻率接受就容易丧失主见,粗暴拒绝就会闭塞言路。君主要有高山般的气度,使臣下仰望而难以达到峰巅;又要胸怀大海般的度量,使臣下俯视而难测其深。神圣英明的君主之德,就需要把公正清静当作最重要的准则。"

文王问:"君主怎样才能做到洞察一切呢?"

太公答:"(人的六官中)眼睛贵在明察事物,耳朵贵在视觉敏锐,头脑贵在思虑周详。君主假如依靠天下人的眼睛去观察事物,就能无所不见;利用天下人的耳朵去倾听意见,就能无所不闻;凭借天下人的头脑去思考,就能无所不知。就像车辐集中于轴心一样,四面八方的情况都汇集到君主那里,君主自然就能洞察一切而不受蒙蔽了。"

明 传

文王寝疾①,召太公望,太子发在侧②。曰:"呜呼!天将弃予③,周之社稷将以属汝④。今予欲师至道之言,以明传之子孙。"

太公曰:"王何所问?"

文王曰:"先圣之道,其所止,其所起⑤,可得闻乎?"

太公曰:"见善而怠,时至而疑,知非而处,此三者,道之所止也。柔而静,恭而敬,强而弱,忍而刚,此四者,道之所起也。故义胜⑥欲则昌,欲胜义则亡;敬胜怠则吉⑦,怠胜敬则灭。"

[注释]

①文王寝疾:寝疾,卧病。②太子发在侧:发,文王次子,姓姬名发。生卒年不详。因文王长子伯邑考被商纣王残杀,所以,文王死后,由他继位。

姬发继位后，继续用姜子牙为国相，继承文王遗志，攻灭商纣王，建立周朝。在位三年，病死，葬于毕原。姬发死后的庙号为武王。③弃：抛弃。此谓上天将要抛弃自己，是委婉地表达自知将死的意思。④周之社稷将以属汝：社稷，古时代指国家。社，古代指土地之神；古代又把祭土地的地方、日子和礼都叫社。稷，指五谷之神。故"社稷"从字面来看是说土谷之神。由于古时的君主为了祈求国事太平，五谷丰登，每年都要到郊外祭祀土地和五谷神。社稷也就成了国家的象征，后来人们就用"社稷"来代表国家。《韩非子·难一》："晋阳之事，寡人危，社稷殆矣。"属，音zhǔ，托付。⑤起：此指复兴发展。⑥胜：超过，压倒。⑦敬：不怠情。怠：懈怠。

[译文]

文王卧病在床，（自知生命将终，）召见太公，当时太子姬发也随侍在床边。文王对太公说："唉！上天将要抛弃我了，周国的社稷大事就要托付给您了。现在我想听您讲讲至理名言，以便明确地传给子孙后代。"

太公问："我王要知道些什么呢？"

文王说："古代圣贤的治国之道，哪些应该废弃，哪些应该发扬光大，您能够把其中的道理讲给我听听吗？"

太公回答道："见到应当做的好事，却懈怠不做；事情的时机已经来临，却迟疑不决；明明知道某些事是错误的，却泰然处之，这三种情况就是先圣治国之道所应废弃的。持身柔和而清静，待人谦恭而敬谨，接物能屈能伸，虽强大而能自居弱小，处事时善于忍耐，又很坚强，这四种情况是先圣治国之道所应发扬光大的。所以，义理胜过私欲，国家就能昌盛；私欲压制义理，国家就会衰亡；敬谨胜过懈怠，国家就能吉祥；懈怠制服敬谨，国家就会灭亡。"

六　守

文王问太公曰："君国主民者，其所以失之者，何也？"

太公曰:"不慎所与也①。人君有六守、三宝②。"

文王曰:"六守者何也?"

太公曰:"一曰仁,二曰义,三曰忠,四曰信,五曰勇,六曰谋,是谓六守。"

文王曰:"慎择六守者何?"

太公曰:"富之而观其无犯③,贵之而观其无骄,付之而观其无转,使之而观其无隐,危之而观其无恐,事之而观其无穷。富之而不犯者,仁也;贵之而不骄者,义也;付之而不转者,忠也;使之而不隐者,信也;危之而不恐者,勇也;事之而不穷者,谋也。人君无以三宝借人④,借人则君失其威。"

文王曰:"敢问三宝?"

太公曰:"大农、大工、大商⑤,谓之三宝。农一其乡⑥,则谷足;工一其乡,则器足;商一其乡,则货足。三宝各安其处,民乃不虑⑦。无乱其乡,无乱其族,臣无富于君,都无大于国⑧。六守长,则君昌;三宝完,则国安。"

[文王曰:"善。"]⑨

[**注释**]

①与:给予,托付,引申为任用人才。②人君有六守、三宝:六守,守,遵守,奉行。此处指挑选任用臣僚的标准。六守,即用人的六项标准。三宝:宝,宝贵。此处指国家经济命脉。三宝,即关系国家经济命脉的三件大事。③富之而观其无犯:犯,违背礼制,干犯法禁。④人君无以三宝借人:借,此谓给予,授予。⑤大农、大工、大商:大,重视、发展的意思。⑥农一其乡:乡,行政区划单位,相传乡制始于周代。此泛指城市以外的地方。⑦不虑:没有其他念头。这里指百姓各安职守,不见异思迁。⑧臣无富于君,都无大于国:都,西周及其以前的封邑,有城垣宗庙的称都。《左传·庄公二十八年》:"邑有宗庙先君之主曰都,无曰邑。邑曰筑,都曰城。"国,国都,首都。⑨写本篇末有"文王曰善"四字。

[译文]

文王向太公问道:"那些统治国家管理百姓的君主们,有的会失去国家和百姓,其原因是什么?"

太公回答道:"那是他们处理国务时用人不慎造成的。君主治国应该做到六守、三宝。"

文王问:"什么是六守?"

太公回答说:"第一是仁爱,二是正义,三是忠诚,四是信用,五是勇敢,六是智谋。这就是所谓的六守。"

文王问:"如何审慎地选拔符合六守标准的人才呢?"

太公答道:"多给他财物,用以考验他是否逾越礼法;使他尊贵,以考验他是否骄横不驯;委他以重任,以考验他是否坚定不移地去完成;命令他处理重要事务,以考验他是否隐瞒欺骗;让他身临危难,以考验他是否临危不惧;让他处理突发事变,以考验他是否应付自如。富裕而不逾礼法的,是仁爱之人;尊贵而不骄横的,是正义之人;身负重任而能坚定不移去完成的,是忠诚之人;处理重要事务而不隐瞒欺骗的,是信用之人;身处危难而无所畏惧的,是勇敢之人;面对突发事变而应付自如的,是有智谋的人。君主不能把三宝轻易地交给别人,如果交给别人,君主就会丧失自己的权威。"

文王问:"您所指的三宝是什么?"

太公答道:"大农、大工、大商,构成国家的经济命脉,这三件事叫作三宝。把农民组织起来聚居在一地进行生产,各种粮食就会充足;把工匠组织起来聚居在一地进行生产,各类器具就会充足;把商贾组织起来聚居在一起进行贸易,各种财货就会充足。让农、工、商这三大行业都能安定地在各自的范围内经营事业,民众就不会寻思变乱。不应打乱这种区域结构,不要拆散他们聚族而居的家族组织。不要让臣民财富超过君主,也不能让城邑大于国都。具备六守标准的人得到重用,君主的事业就能昌盛发达;三宝发展完善，国家就会长治久安。"

［文王说："您讲得真好啊！"］

守　土

文王问太公曰："守土奈何？"

太公曰："无疏其亲，无怠其众①，抚其左右，御其四旁。无借人国柄，借人国柄，则失其权。无掘壑而附丘②，无舍本而治末③。日中必彗④，操刀必割，执斧必伐。日中不彗，是谓失时；操刀不割，失利之期；执斧不伐，贼人将来。涓涓不塞，将为江河；荧荧⑤不救，炎炎奈何；两叶⑥不去，将用斧柯⑦。是故人君必从事于富，不富无以为仁，不施无以合亲。疏其亲则害，失其众则败。无借人利器⑧，借人利器则为人所害，而不终其（正）［世］也。"

［文］王曰："何谓仁义？"

太公曰："敬其众，合其亲。敬其众则和，合其亲则喜，是谓仁义之纪⑨。无使人夺汝威，因其明，顺其常。顺者任之以德，逆者绝之以力⑩。敬之无疑，天下和服。"

[注释]

①无疏其亲，无怠其众：亲，亲族，亲戚。指国君同族近亲，即宗室贵族。怠，怠慢。②无掘壑而附丘：不要挖掘深谷之土而增附于土山之上，引申为不要损下而益上。③舍本而治末：本，树干。末，树梢。本末又是古代历史上对农工商诸经济部门的一种划分。本，即"本业"，又作"本务"或"本事"；末，即"末业"，又作"末作"、"末事"或"末产"。先秦思想家大都以农业为"本业"，以"雕文刻镂"一类奢侈品的生产和流通为"末业"。战国末年，韩非进一步将"末"的范围扩大到整个工商业，从而形成"农本工

商末"的完整概念。西汉以来,"末"的含义除了泛指工商业外,更多的是专指商业和商贾。"农本工商末"反映了在自然经济占统治地位的条件下,封建思想家重视农业,轻视或要求限制工商业的经济思想。④日中必彗:彗,曝晒。⑤荧荧:极其微弱的火光。⑥两叶:草木萌芽时的两片嫩叶。此即以两叶代称刚出土的树苗。《太平御览》卷七百六十三引《六韬》作"繁华"。⑦斧柯:斧子的柄,此用以代指斧子。⑧利器:锐利的兵器,引申为国家权力。⑨是谓仁义之纪:纪,纲纪,基本原则、准则。⑩逆者绝之以力:绝之以力,用武力加以灭绝。

[译文]

文王向太公问道:"怎样才能守卫国土呢?"

太公答道:"不要疏远宗亲贵族,不要怠慢平民百众,安抚好身边的近臣,控制住天下四方。不能把治国大权委托别人,把治国大权委托别人,君主就会失去自己的权威。不能像挖掘沟壑去堆积土丘那样(损害平民的利益,助长权贵势力的扩张);不能舍弃根本去追逐枝末(放弃农业的发展,却为了追求奢侈享受去扶植工商业)。太阳正当正午时,一定要抓紧时机曝晒;手握利刃,要抓紧时间宰割;执有斧钺,要抓紧时机征伐。正午阳光充足时不曝晒就会错过合适的时机;拿起刀子不进行宰割,也会丧失时机;手执斧钺不杀敌,敌人就会乘虚而至。涓涓细流如果不去堵塞,将会汇成滔滔江河;微弱的火星不扑灭,等它变成势可燎原的熊熊烈火时就无可奈何;刚萌芽的两片嫩叶不撷除,等它长成参天大树时,最终必得用斧柯去砍伐。(这说明,凡事要注意防微杜渐。)所以,君主必须努力使国家变得富足。不富足就不能实行仁政,不行仁政就难与宗亲和睦相处。疏远自己的宗亲就会受害,失去民众的拥戴就会失败。不能把统驭国家的权力交给别人,一旦将统治权交给别人,就会被人所害而不得善终。"

文王问道:"什么是仁义呢?"

太公回答说:"对平民百姓要恭敬,对宗亲贵族要亲密融洽。

以谦虚的态度对待平民百姓，他们就会和睦安乐；与宗亲贵族和睦相处，他们就会心悦诚服。这就是施行仁义的准则。不要让人篡夺了您的权力，要根据自己的洞察能力，顺应常理去处理事务。对于那些顺从自己的人，要施予恩惠加以任用；对于反对自己的人，就动用武力给予消灭。假如能遵循上述原则而毫不迟疑，天下就会和顺而驯服了。"

守　国

文王问太公曰："守国奈何？"

太公曰："斋①，将语君天地之经②，四时所生，仁圣③之道，民机之情④。"

王即斋七日，北面再拜而问之。

太公曰："天生四时，地生万物，天下有民，仁圣牧之⑤。故春道生，万物荣；夏道长，万物成；秋道敛，万物盈；冬道藏，万物（寻）[静]。盈则藏，藏则复起，莫知所终，莫知所始。圣人配之，以为天地经纪⑥。故天下治，仁圣藏；天下乱，仁圣昌，至道其然也。圣人之在天地间也，其宝⑦固大矣。因其常而视之，则民安。夫民动而为机，机动而得失争矣。故发之以其阴，会之以其阳，为之先唱。天下和之⑧，极反其常。莫进而争，莫退而让。守国如此，与天地同光。"

[注释]

①斋：古人于祭祀或典礼前，沐浴更衣，不饮酒荤食，以示诚敬和庄重。②将语君天地之经：经，常道，通理，一般规律。③仁圣：指仁君圣人。④民机之情：机，指智巧诈伪的机变之心。⑤仁圣牧之：牧，治理，管理。古代把统治者治民比喻为牧人牧养牲畜。《管子·牧民》："凡有地牧民者，务在四

时,守在仓廪。"⑥经纪:经纬和纲纪,即秩序。《淮南子·俶真训》:"万物百类使各有经纪条贯。"⑦宝:指圣人的地位和作用。⑧故发之以其阴,会之以其阳,为之先唱。天下和之:发,孕育,发展。阴,暗中,秘密。会,际会、时机。阳,光明正大。全句意为隐蔽秘密地发展力量,抓住时机,正大光明地进行讨伐。唱,同"倡",倡导。和,写本作"祸"。

[译文]

文王向太公问道:"怎样才能保卫国家呢?"

太公回答道:"请您先行斋戒,以纯洁心地,然后我再告诉您关于天地之间运行的规律,四季万物生长的原因,仁人圣君的治国道理,民心转变的根源。"

文王就斋戒了七天,然后以弟子礼再度拜问太公。

太公说:"天体运转,产生春夏秋冬四季;大地则孕育滋生万物。天下有民众,就要由仁人圣君予以治理。所以依照天地之间运行的规律,春天是生长的季节,万物都欣欣向荣;夏天是成长的季节,万物都繁荣茂盛;秋天是收获的季节,万物都饱满成熟;冬天是贮藏的季节,可使万物寻找宁静、休眠的地方。万物成熟就应收藏,收藏之后则又重新滋生。如此周而复始、循环往复,既无终点,也无起点。圣人参照效法这一自然规律,制定出治理天下的纲常法度。所以天下大治时,仁人圣君就隐而不露;天下动乱之时,仁人圣君就奋起拨乱反正,建功立业,这是由天地之间的根本规律决定的。圣人处于天地之间,他的地位作用的确重大。他如果遵循常理治理天下,民众就会安定。如果人心浮动,是动乱发生的契机。一旦出现这种契机,天下权力之争夺得失也必然随之而起。这时圣人就要积蓄力量,秘密手段与公开策略兼用,首先倡导除暴安民,天下必然群起响应。当变乱平息社会恢复正常时,既不要进而争功,也无需退而让位。以这样的姿态守国,就可以与天地共存,与日月同光了。"

上　贤

文王问太公曰："王人者①何上何下，何取何去，何禁何止？"

太公曰："王人者，上贤，下不肖，取诚信，去诈伪，禁暴乱，止奢侈。故王人者有六贼②、七害。"

文王曰："愿闻其道。"

太公曰："夫六贼者，一曰臣有大作宫室池榭，游观倡乐者，伤王之德；二曰民有不事农桑，任气游侠③，犯历法禁④，不从吏教者，伤王之化；三曰臣有结朋党，蔽贤智，鄣主明者，伤王之权；四曰士有抗志高节⑤，以为气势，外交诸侯，不重其主者，伤王之威；五曰臣有轻爵位⑥，贱有司⑦，羞为上犯难者⑧，伤功臣之劳；六曰强宗侵夺⑨，陵侮⑩贫弱者，伤庶人之业。

"七害者，一曰无智略权谋，而以重赏尊爵之故，强勇轻战，侥幸于外⑪，王者慎勿使为将；二曰有名无实，出入异言，掩善扬恶，进退为巧，王者慎勿与谋；三曰朴其身躬⑫，恶其衣服，语无为以求名，言无欲以求利。此伪人也，王者慎勿近；四曰奇其冠带，伟其衣服，博闻辩辞，虚论高议，以为容美⑬，穷居静处，而诽时俗。此奸人也，王者慎勿宠；五曰谗佞苟得，以求官爵，果敢轻死，以贪禄秩⑭，不图大事，得利而动，以高谈虚论说于人主，王者慎勿使；六曰为雕文刻镂⑮，技巧华饰，而伤农事，王者必禁之；七曰伪方异伎，巫蛊左道，不祥之言，幻惑良民⑯，王者必止之。

"故民不尽力，非吾民也；士不诚信，非吾士也；臣不忠谏⑰，非吾臣也；吏不平洁爱人，非吾吏也；相不能富国强兵，调和阴阳⑱，以安万乘之主⑲，正群臣，定名实，明赏罚，乐万民，非吾相也。夫王者之道如龙首⑳，高居而远望，深视而审听，示其形，隐其情。若天之高，不可极也；若渊之深，不可测也。故可怒而不怒，奸臣乃作；可杀而不杀，大贼㉑乃发。兵势不行，敌国乃强。"

文王曰："善哉！"

[注释]

①王人者：王于人者，亦即人君、国君。王，音wàng。②贼：败坏，伤害。《孟子·梁惠王下》："贼人者谓之贼，贼义者谓之残。"此处"六贼、七害"都是指能严重破坏自己的人和事。③民有不事农桑，任气游侠：任气，负气，任性，意气用事。游侠，指古代爱好交游，勇于急人之难的侠士。这些人虽然轻生重义，但往往也无视法律，以武犯禁。④犯历法禁：触犯违反法令。犯历，触犯、侵犯。⑤抗志高节：高傲心志，标榜节操。⑥爵位：又称封爵、世爵，是古代君主颁赐给皇族、贵族、功臣的封号，用以表示身份等级与权力的高低，有爵位者可以受封土地或得到俸禄。爵位分若干等级，往往可以世袭。⑦有司：指官吏。古代设官分职，各有专司，故称有司。⑧犯难：不顾危险、冒险。难，音nàn。⑨强宗：有权有势的豪门大族。侵夺：侵犯掠夺。⑩陵侮：欺侮，欺凌。陵，通"凌"。⑪徼幸于外：外，战场。徼幸于外即企望在军事行动上侥幸取胜。⑫朴其身躬：朴，质朴，简陋而不加修饰。身躬，身体。⑬奇其冠带，伟其衣服，博闻辩辞，虚论高议，以为容美：冠带，穿着打扮。容美，装饰外表，以求美观。⑭谗佞苟得，以求官爵，果敢轻死，以贪禄秩：苟得，苟且求得，即不当得而得。禄秩，官吏的俸禄。⑮雕文刻镂：在建筑物或日常生活用品上雕刻花纹图案。⑯伪方异伎，巫蛊左道，不祥之言，幻惑良民：伪方异伎，用以骗人没有实效的方术。方，指方士。伎，同"技"，指医卜星相与养生炼丹之类的技术。巫蛊，为古代信仰民俗，即用以加害仇敌的巫术。起源于远古，包括诅咒、射偶人（偶人厌胜）和毒蛊等。

诅咒在原始社会已很盛行，古人认为以言语诅咒能使仇敌个人或敌国受到祸害。蛊（gǔ），一种人工培养的毒虫，用来害人，人不能知。左道，歪门邪道。不祥之言，惑乱人心的妖言。⑰谏：直言相劝，用于下对上。《周礼·地官·保氏》："保氏掌谏王恶。"⑱调和阴阳：阴阳指天地、日月、风雨、冷暖等自然物或自然现象。古人相信天人感应，认为天道与人事相应。人世是否政治清明，反映在天道上就是阴阳是否和谐。而宰相辅佐天子，其职责就是调和阴阳，顺应四季，使万物平安，使诸侯效忠朝廷，使邻邦和睦相处，使百姓安居乐业，使大臣们各司其职。⑲万乘之主：拥有兵车一万辆的君主，意指大国君主，这里用以指像文王这样的王者。乘，音 shèng，车一辆为一乘。⑳夫王者之道如龙首：龙首，于龙头。全句意为作君主的，要像龙头一样，高居于九天之上，隐约于云雾之中，使人可仰而不可即，可望而不可测。㉑大贼：祸国殃民的巨奸大恶。

[译文]

文王向太公问道："作为君主，应当尊崇什么样的人，贬抑什么样的人？应当任用哪一种人，摒弃哪一种人？应该严禁什么行为，遏止什么举动？"

太公回答说："作为君主，应该尊崇德才兼备之人，贬抑无德无才之辈，任用忠诚信实之人，摒弃奸诈虚伪之徒。严禁暴乱行为，遏止奢侈的举动。所以君主应当警惕能严重败坏自己、损害自己的所谓六贼、七害。"

文王说："我愿意听听这些道理。"

太公说："所谓六贼就是：第一，大臣中有人替君主大兴土木，修建宫室台池亭榭，以供游乐观赏的，就会败坏君主的德行；第二，平民百姓中有人不肯从事农桑，任意使气，喜欢抱打不平、锄强扶弱、救人急难，而不惜违犯法令，不服从官吏管教的，就会败坏君主的教化；第三，大臣中有结党营私，排挤贤智，蒙蔽君主视听的，就会损害君主的权势；第四，士人中有心志高傲，标榜节操，制造声势，在外又结交诸侯，不尊重君主的，就会损害君主的威严；第五，大臣中有轻视君主授予的爵位，不重视自己的职守，耻于为君主冒险犯难的，就会打击功臣的积极性；第六，地方上强宗大族争相掠夺，欺压贫弱的，就会损害民众的生业。

"所谓七害是：第一，没有智略，不具备用兵的权变之道和策略，却为了获得重赏高官，而故作勇敢，轻率赴战，企求侥幸立功的，君主切勿让这种人担任将帅；第二，徒有虚名而无实才，言语前后矛盾，总想掩盖别人的优点，显扬别人的缺点，到处钻营取巧的，君主必须慎重，切勿同这种人共谋大事；第三，貌似朴实，衣着粗劣，自称清静无为，实是沽名钓誉，自称无欲无求，实是一心求利，这是虚伪之人，君主切勿同这种人亲近；第四，冠带奇特，衣着华丽，见闻广博，能言善辩，高谈空论，以此为自己装点门面，身居偏僻简陋之处，专门诽谤世俗朝政，这是奸诈之人，君主千万要慎重，不能对其宠信并重用；第五，进谗言诋毁别人，行谄媚花言巧语，不择手段地追逐官爵，鲁莽轻率不惜性命以贪图俸禄。不顾大局，见利妄动，高谈阔论取悦于君主，对这种人君主切勿任用；第六，致力于用高超的技巧雕刻彩绘各种建筑物和日常生活用品、奢侈工艺品，因而妨害农业生产的，君主必须加以禁止；第七，使用虚假而无实效的方术，奇特的技艺，以及各种符咒巫蛊、邪门歪道，散布惑乱人心的妖言，迷惑欺骗善良民众的，君主必须加以制止。

"所以说，百姓不尽力从事耕作，就不是国家的好百姓；士人不忠诚守信，就不是好士人；大臣不敢直言进谏，就不是好大臣；官吏不公平廉洁爱护民众，就不是好官吏；宰相不能富国强兵，调和各种矛盾，处理各项问题，确保君主地位稳固，整饬纲纪，核查名实，严明赏罚，使民众安居乐业，就不是好宰相。君主的统御之道，如同隐露于云雾之间的神龙之首，高瞻远瞩，洞察一切，深刻观察问题，审慎听取意见，表现庄严肃穆，隐藏内心真情。使人感觉像天那样高而不可穷极,像渊那样深而不可测量。因此,君主应当发怒时而不发怒,奸臣就会兴风作浪;当处置那些作奸犯科的人时而不处置,大奸大恶就会发难作乱。军队不对敌国进行讨伐,敌国就会强大起来。"

文王称赞说:"您讲得真好啊!"

举　贤

文王问太公曰:"君务举贤而不获其功,世乱愈甚,以致危亡者,何也?"

太公曰:"举贤而不用,是有举贤之名,而无用贤之实也。"

文王曰:"其失安在?"

太公曰:"其失在君好用世俗之所誉①,而不得[其]真贤也。"

文王曰:"何如?"

太公曰:"君以世俗之所誉者为贤,以世俗之所毁②者为不肖,则多党者进,少党③者退。若是,则群邪比周④而蔽贤,忠臣死于无罪,奸臣以虚誉取爵位,是以世乱愈甚,则国不免于危亡。"

文王曰:"举贤奈何?"

太公曰:"将相分职,而各以官名举人⑤,按名督⑥实,选才考能,令实当其名,名当其实。则得举贤之道也。"

[文王曰:"善哉!"]

[注释]

①其失在君好用世俗之所誉:世俗,指一般平常、凡庸的人。②毁:诽谤,说别人的坏话。③党:朋辈,同一宗派团体的人。④比周:串通勾结,结

党营私。⑤而各以官名举人：此句意为按照官名所表示的意思去选用合适的人才担任这一官职。⑥督，视察，这里是考察、考核的意思。

[译文]

文王向太公问道："君主致力于选拔贤能，但却不能收到实效，社会反而越来越动乱，以致国家陷于危亡，这是什么道理呢？"

太公答道："君主选拔出贤能而不加以任用，这是有举贤的虚名，而没有用贤的实效。"

文王问道："导致这种过失的原因在哪里呢？"

太公答道："导致这一过失的原因在于君主喜欢任用世俗所称赞的人，因而就不能得到真正的贤人了。"

文王问道："为什么这样说呢？"

太公答道："君主以世俗所称赞的人为贤能，以世俗所诋毁的人为不肖之徒，那么广交同类、互相标榜、善于骗取虚名的人就会被晋用，而不善交往的人就会被黜退不用。这样邪恶之人就会结党营私而埋没贤能，忠臣无罪而被置于死地，奸臣凭借虚名骗取爵位，所以社会越来越混乱，国家也就不能避免危亡了。"

文王问道："那么，应该怎样选拔贤能呢？"

太公答道："举用贤才，应当将帅和宰相各有自己的职守，应当分工负责，各自在自己职责范围内依官职的名称选择荐用合适的人才。要根据官吏的职责考核其工作实绩，选拔具有真才实学的各类人才。在工作中考查其能力强弱，使其德才与官位相称、官位同德才相称。这样就掌握了举贤的原则和方法了。"

[文王说："您讲得真好啊！"]

赏　罚

文王问太公曰："赏所以存劝①，罚所以示惩②。吾欲赏一以劝百，罚一以惩众，为之奈何？"

太公曰："凡用赏者贵信③，用罚者贵必④。赏信罚必于耳目之所闻见，则所不闻见者，莫不阴化⑤矣。夫诚，畅⑥于天地，通于神明，而况于人乎？"

[注释]

①劝：鼓励、劝勉的意思。②惩：惩罚，惩戒。③信：诚信，不欺，儒家着重提倡的道德规范之一。④必：一定，必然。⑤阴化：暗中变化，潜移默化。⑥畅：畅行无阻的意思。

[译文]

文王向太公问道："奖赏是用来鼓励人的，惩罚是用来警戒人的，我想用奖赏一人来鼓励众人，惩罚一人以警戒大众，应该怎么办呢？"

太公回答道："颁行奖赏贵在守信，施行惩罚重在必行。假如在人们耳朵能听到、眼睛能看见的范围内奖赏守信，惩罚必行，那么远处、暗处即使没有听到和看见，也都会因此而潜移默化了。诚信能够畅行于天地之间，上通于神明，更何况是对人呢？"

兵　道

武王问太公曰："兵道如何？"

太公曰："凡兵之道，莫过乎一①。一者，能独往独来②。黄帝③曰：'一者，阶于道④，几于神⑤。'用之在于机，显之在于势，成之在于君。故圣王号兵为凶器⑥，不得已而用之。今商王⑦知存而不知亡，知乐而不知殃。夫存者非存，在于虑亡，乐者非乐，在于虑殃。今王已虑其源，岂忧其流乎？"

武王曰："两军相遇，彼不可来，此不可往，各设固备⑧，未敢先发。我欲袭之,不得其利,为之奈何?"

太公曰:"外乱而内整,示饥而实饱,内精而外钝⑨。一合一离,一聚一散。阴其谋,密其机,高其垒,伏其锐士。寂若无声,敌不知我所备。欲其西,袭其东。"

武王曰:"敌知我情,通我谋,为之奈何?"

太公曰:"兵胜之术,密察敌人之机,而速乘其利,复疾击其不意。"

[注释]

①一:事权专一,指挥统一的意思。②独往独来:自由行动,不受牵制。③黄帝:中国古史传说时期最早的宗祖神,华夏族形成后被公认为全族的始祖。先秦典籍称黄帝是少典之子,姓公孙,名轩辕,建国于有熊(河南新郑),亦称为有熊氏。先秦各种文献都盛称黄帝时期在生产技术、物质生活、精神文化等方面有许多发明创造。上古时期约在姬水一带(即东起渭水西迄湟水之间今陕甘青地境的古齐家文化区域)形成的较为先进的黄帝族,即由这位杰出的始祖而得名。黄帝族和住在姜水(在今陕西岐山、武功附近注入渭水)一带的姜姓炎帝族世代互通婚姻。黄帝族经过夏、周两代与其他各族的冲突、交往与融合,到战国时期形成了统一的华夏族。从此人们总把黄帝与炎帝并举,来表示华夏族从炎、黄开始已有源远流长的历史。④阶于道:阶,阶梯,指逐步通向。道,规律,道理。⑤几于神:几,接近。神,神妙莫测。⑥圣王:指道德、智能、功业都极高超的古帝王。凶器:不祥之物。⑦商王:商代是继夏朝之后,中国历史上第二个世袭制王朝时代。自太乙(汤)至帝辛(纣),共17世、31王,前后经历了将近600年。约存于公元前16世纪至公元前11世纪。此处"商王"是指商王朝最后一个王帝辛。帝辛名纣,人称殷纣王,帝乙少子。据古史记载,帝辛是一个残暴的帝王。周武王伐商,帝辛兵败自杀。⑧固备:坚固的防御。⑨钝:不锋利。引申为疲软、衰弱。

[译文]

武王向太公问道:"用兵有哪些重要原则?"

太公回答说:"一般用兵的原则,没有比指挥上的高度统一更重要的了。指挥统一,军队就能独往独来,所向无敌。黄帝曾经说过:'统一指挥基本上符合用兵的规律,几乎可以达到神妙莫测的用兵境界。'运用统一指挥这一原则,关键在于把握时机;显示这一原则,关键在于利用态势;成功地利用这一原则,关键在于君主能否授予领兵主将大权,使其能够握机制胜。所以古代圣王称战争为凶器,只有在不得已时才使用它。现在商王只知道他的国家安然存在,却看不到他的国家已面临危亡;只知道纵情享乐,而看不到他已面临祸殃。国家能否长存,不在于眼下是否存在,而在于能否做到居安思危;君主能否享乐,不在于眼前是否享乐,而在于能否做到乐不忘忧。现在我王已思虑到安危存亡的根本问题,至于其他枝节问题还有什么好忧虑的呢?"

武王问道:"两军相遇,彼此对峙,敌人不能来进攻我,我也不能去攻打敌人。双方都设置坚固的防御,谁都不敢率先发起攻击。我想袭击他,又没有有利的条件,应该怎么办呢?"

太公回答说:"(这就需要使用欺敌之计,)让全军外表伪装混乱,而内部实际严整;外表伪装缺粮,而实际储备充足;实际战斗力强大,却装作战斗力衰弱。使军队或合或离,或聚或散,装作没有节制纪律以迷惑敌人。隐匿自己的计谋,对自己的作战意图严格保密,加高巩固壁垒,埋伏好精锐战士。军营内隐蔽肃静,无形无声,使敌人无从知道我方的兵力部署。采用声东击西的战术,想要从西边发起攻击,则先从东边进行佯攻,吸引和牵制其兵力,以便于我军于西边顺利取胜。"

武王问道:"如果敌人已经探清我军情况,了解了我方计谋,那该怎么办?"

太公答道:"作战取胜的方法,在于周密地察明敌情,抓住有利的战机,在出其不意的情况下,给予敌人迅猛的打击。"

卷二　武韬

发　启

文王在丰①，召太公曰："呜呼！商王虐极，罪杀不辜，公尚助予忧民，如何？"

太公曰："王其修德以下贤②，惠民以观天道③。天道无殃，不可先倡；人道无灾④，不可先谋。必见天殃，又见人灾，乃可以谋。必见其阳，又见其阴，乃知其心；必见其外，又见其内，乃知其意；必见其疏，又见其亲，乃知其情。行其道，道可致也；从其门，门可入也；立其礼，礼可成也；争其强，强可胜也。全胜不斗，大兵无创⑤，与鬼神通。微哉！微哉！

"与人同病相救，同情相成，同恶相助，同好相趋。故无甲兵而胜，无冲机而攻，无沟堑而守。大智不智，大谋不谋，大勇不勇，大利不利。利天下者，天下启⑥之；害天下者，天下闭之⑦。天下者，非一人之天下，乃天下之天下也。取天下者，若逐野兽，而天下皆有分肉之心。若同舟而济，济则皆同其利，败则皆同其害。然则皆有启之，无有闭之也。无取于民者，取民者也；无取于国者，取国者也；无取于天下者，取天下者也。无取民者，民利之；无取国者，国利之；无取天下者，天下利之。故道在不可见，事在不可闻，胜在不可知。微哉！微哉！

"鸷鸟将南，卑飞敛翼⑧；猛兽将搏，弭耳⑨俯伏；圣人将动，必有愚色⑩。今彼殷商，众口相惑，纷纷渺渺，好色无极⑪，此亡国之征也。吾观其野，草菅⑫胜谷；吾观其众，邪曲胜直；吾观其吏，暴虐残贼，败法乱刑，上下不觉，此亡国之时也。大明发而万物皆照，大义发而万物皆利，大兵发而万物皆服⑬。大哉！圣人之德，独闻独见，乐哉！"

[注释]

①文王在丰："在"简本写作"才"。丰，古都邑名，周文王在消灭崇国以后自岐山迁都于此，在今陕西西安市西南，沣河西岸。②王其修德以下贤：下贤，尊崇礼遇贤能之士。③天道：自然规律，此处指天命。④人道无灾：人道，此处指人事好坏。⑤全胜不斗，大兵无创：全胜不斗，意指不经过战斗而取得全胜。大兵无创，全军临敌而不受损伤。⑥启：打开，开启。此处可理解为敞开胸怀，竭诚欢迎的意思。⑦闭：关闭，封闭。此处可理解为拒绝、反对的意思。⑧鸷鸟将击，卑飞敛翼：鸷鸟，鹰、雕之类凶猛的飞禽。卑飞，低飞。⑨弭耳：把翘起的耳朵平贴起来，以示温驯，欺骗对手。⑩必有愚色：愚色，愚钝、笨拙的样子。⑪纷纷渺渺，好色无极：纷纷，纷杂混乱的样子。渺渺，无穷无际，没有止境。无极，没有止境。⑫草菅（jiān）：野草。⑬大明发而万物皆照，大义发而万物皆利，大兵发而万物皆服：大明，阳光。大义，光明正大的义举。

[译文]

周文王在丰邑召见太公，对他说："唉！商纣王暴虐到了极点，任意杀戮无辜之人，请您辅助我拯救天下民众，您看该怎么办？"

太公答道："现在我王应修养德性，礼贤下士，施恩惠于民众，以观察天道的吉凶。当天道还没有灾害征兆时，不可先倡导征讨。当人道没有出现祸乱时，不可先谋划兴师。一定要到商朝既出现了天灾，又发生了人祸，才可以谋划兴师征伐。一定要既看到商王纣的公开言行，又了解他的秘密活动，才能摸透他的心思；既看到他的外在表现，又了解他的内心情况，才能知道他的真实想法；既看到他疏远什么人，又了解他亲近什么人，才能知道他的真实情感。实行吊民伐罪之道，政治理想就可以实现；遵循正确的路线，统一天下的目的就可以达到；建立适当的制度，就一定能获得成功；确立强大的优势地位，就可以战胜强大的敌人。取得全胜而不经过战斗，以大军临敌而没有伤亡，真可谓是用兵如神了。真是奇妙啊！真是奇妙啊！

"能与人同疾苦而相互救援，同情感而相互保全，同憎恶而相互帮助，同爱好而有共同追求。这样，即使没有军队也能取胜，没有冲车机弩也能攻城破敌，没有沟垒也能防守。真正有大智慧的人，其智慧运用于无形之中，所以人们往往看不出他的智慧；真正有谋略的人，其谋略施于事物未萌发之前，所以人们往往看不见他的谋略；真正有大勇的人，其勇敢表现于交战之前，所以人们往往看不见他的勇气；真正谋大利的人，其利益早已分享给天下之人，所以人们看不出他所得的利益。为天下人谋利益的，天下人都欢迎他；使天下人都受害的，天下人都反对他。天下不是某一个人独有的天下，而是天下所有人的天下。夺取天下，就像猎逐野兽一样，天下所有人都有分享兽肉的欲望。也如同坐一条船渡河一样，渡河成功，大家都达到了目的；失败了，大家都遭受灾难。能与天下人同利害，天下人就都欢迎他，而不会反对他了。不从民众那里掠取利益，却能够从民众那里得到利益；不从别国那里掠夺利益，却能够从别国那里获得利益；不掠夺天下利益，却能够从天下获取利益。不掠取民众利益，民众拥护他，这是民众给予他利益；不掠取别国利益，别国归附他，这是别国给予他利益；不掠夺天下利益，天下拥护他，这是天下给予他利益。所以，要取得天下，其运用的战略妙在使人看不见，其进行的活动妙在使人听不到，其制胜的方法妙在使人不可知。真是奇妙啊！真是奇妙啊！

"鸷鸟将要发起袭击时，必先收翼低飞；猛兽将要搏斗时，必先贴耳伏地；圣贤将要行动时，必先向人表示自己的愚蠢迟钝。现在的商朝，上下相互欺骗迷惑，社会动乱不已，而纣王依然荒淫无度，这是国家覆亡的征兆。我观察他们的田地里，野草盖过了禾苗；我观察他们的大臣，奸邪之徒超过了忠直之士；我观察他们的官吏，个个都暴虐残酷，法制败坏，刑罚错乱。面临这种危机，他们朝廷上下依然执迷不悟，这是到了该灭亡的时候了。旭日当空则天下万物都能沐浴阳光，正义所至则天下万物都能得到利益，大军兴起则天下万物都会欣然归附。真是伟大啊！圣人的德化，独到的见地，无人能及，这才是最大的欢乐啊！"

文　启

文王问太公曰："圣人何守①？"

太公曰："何（忧）[爱]何啬，万物皆得②；何啬何（忧）[爱]，万物皆（遒）[费]③。政之所施，莫知其化；时之所在，莫知其移。圣人守此而万物化，何穷之有，终而复始。优之游之④，展转求之⑤；求而得之，不可不藏。既以⑥藏之，不可不行；既以行之，勿复明之。夫天地不自明，故能长生；圣人不自明，故能名彰。

"古之圣人，聚人而为家，聚家而为国，聚国而为天下。分封贤人，以为万国，命之曰大纪。陈其政教，顺其民俗，群曲化直，变于形容⑦。万国不通，各乐其所，人爱其上，命之曰大定⑧。呜呼！圣人务静之，贤人务正之⑨。愚人不能正，故与人争。上劳则刑繁⑩，刑繁则民忧，民忧则流亡。上下不安其生，累世不休，命⑪之曰大失。天下之人如流水，鄣之则止，启之则行，[动之则浊，]静之则清。呜呼，神哉！圣人见其所始，则知其所终。"

文王曰："静之奈何？"

太公曰："天有常形⑫，民有常生⑬。与天下共其生，而天下静矣。太上因之，其次化之。夫民化而从政，是以天无为而成事，民无与而自富⑭，此圣人之德也。"

文王曰："公言乃协予怀⑮，夙夜⑯念之不忘，以用为常⑰。"

[注释]

①守：此指治理天下所必须坚守的原则。②太公曰："何（忧）[爱]何啬，万物皆得"：何忧何啬，既不忧虑什么，也不制止什么，一切听其自然，无为而治的意思。啬，阻塞、制止。③万物皆（道）[赇]：道（qiú），强劲、坚固，此处指繁荣滋长。④优之游之：从容不迫、悠闲自得的样子。⑤展转求之：展转，同"辗转"，本指在卧席上反侧不安，难以入睡，这里是翻来覆去地思考探索的意思。⑥以：通"已"。⑦群曲化直，变于形容：曲，不公正、邪僻。变于形容，移风易俗的意思。变，改变。形容，指旧的不好的习气。⑧命之曰大定：大定，非常安定。⑨贤人务正之：正，指纠正不良的习俗。⑩上劳则刑繁：劳，指烦苛多事。⑪大失：最大的错误。⑫天有常形：常形，指春生、夏长、秋收、冬藏等四时变化的经常性现象。⑬常生：最基本的经常性的生计活动。⑭民无与而自富：与，介入，这里指搅扰。⑮协：符合。予怀：我的想法。⑯夙夜：早晚，朝夕。⑰常：常法，常则，也指基本原则。

[译文]

文王向太公问道："圣人治理天下应遵循什么原则？"

太公答道："无需忧虑什么，也无需制止什么，天下万物就能各得其所；不去制止什么，也不去忧虑什么，天下万物就会繁荣滋长。政令的推行，要使民众在不知不觉中受到感化，就像时间在不知不觉中自然推移那样。圣人遵循这一原则，顺其自然，则天下万物就会被潜移默化，周而复始，永无穷尽。这种从容悠闲无为而治的政治原则，君主必须反复探求；既已探求到了，就不可不藏于心中；既已藏于心中，就不可不贯彻执行；既已贯彻执行，就不必将其中的奥秘明告世人。天地不宣告自己的规律，而万物自会按其规律生长；圣人不炫耀自己的英明，而自能成就辉煌的功业。

"古代圣人立俗定法，把人们聚集起来组成家庭，把许多家庭聚集起来组成国家，把许多国家聚集起来组成整个天下。他分封贤人为各国诸侯，自己并不直接进行治理，这种情况可以称之为大纪。贤人们治理国家，发布和宣扬各种政令，实施教化，顺应民俗民情，移风易俗，把邪僻转化为正直。虽然各国的习俗不同，但能使民众安居乐业，人人尊敬爱戴君主，这就叫作天下大定。唉！圣人致力于清静无为，贤君致力于端正身心，愚昧的君主不能端正身心，所以会与民众争利。君主政令繁多，就会导致刑罚繁苛，刑罚繁苛就会造成民众忧惧；民众忧惧，就会流散逃亡。上下不安生业，社会长期动乱不休，这就叫作最重大的失误。天下人心的向背如同流水，阻塞它就停止，开放它就流动，（搅动它就会浑浊，）使它保持安静就会清澈。唉！真是神妙啊！只有圣人才能看到它的萌芽，并进而推断出它的结果。"

文王问："怎样才能使天下安静呢？"

太公答道："天有一定的运行规律，民众有经常从事的生业。君主能同民众共安生业，天下就会安静。所以说最好的政治是顺应民心进行治理，其次是宣扬政教以感化民众。民众被感化就会服从政令。所以，天道无为而能生长万物，民众无需施舍就能丰衣足食，这就是圣人治理天下的德政。"

文王说："您讲的这些话深合我意，我将朝思夕念，时刻不忘，把它作为治理国家的根本原则。"

文 伐

文王问太公曰："文伐①之法奈何？"

太公曰："凡文伐有十二节②：一曰因其所喜，以顺其志，彼将生骄，必有奸事。苟能因之，必能去之；二曰亲其所爱，以分其威。一人两心，其中必衰。廷无忠臣，社稷必危；三曰阴赂左右，得情甚深，身内情外③，国将生害；四曰辅其淫乐④，以广其志，厚赂珠玉，娱以美人。卑辞委听，顺命而合⑤。彼将不争，奸节乃定⑥；五曰严⑦其忠臣，而薄其赂。稽留其使⑧，勿听其事。亟为置代⑨，遗以诚事。亲而信之，其君将复合之。苟能严之，国乃可谋；六曰收其内，间其外，才臣外相⑩，敌国内侵，国鲜不亡；七曰欲锢其心⑪，必厚赂之，收其左右忠爱⑫，阴示以利，令之轻业⑬，而蓄积空虚；八曰赂以重宝⑭，因与之谋，谋而利之，利之必信，是谓重亲。重亲之积，必为我用，有国而外，其地大败；九曰尊之以名，无难其身。示以大势，从之必信。致其大尊，先为之荣，微饰⑮圣人，国乃大偷⑯；十曰下之必信，以得其情。承意应事，如与同生。既以得之，乃微收⑰之。时及将至，若天丧之；十一曰塞⑱之以道，人臣无不重贵与富，恶死与咎⑲。阴示大尊⑳，而微输重宝，收其豪杰。内积甚厚，而外为乏。阴纳智士，使图其计；纳勇士，使高其气。富贵甚足，而常有繁滋㉑。徒党㉒已具，是谓塞之。有国而塞，安能有国？十二曰养其乱臣㉓以迷之，进美女淫声以惑之㉔，遗良犬马以劳之，时与大势以诱之，上察而与天下图之。十二节备，乃成武事㉕。所谓上察天，下察地，征已见㉖，乃伐之。"

[注释]

①文伐：指用非军事手段打击敌人。②节：项。③身内情外：身处此方面却向着对方。④淫乐：过度的享乐。⑤顺命而合：指顺从敌人的心意。⑥奸节乃定：指邪恶行为一定会发展下去。奸节，此指邪恶的行为。⑦严：尊敬。此处可理解为与他结好以从中行间的意思。⑧稽留：拖延时间，使之停留。⑨置代：派人替代。⑩收其内，间其外，才臣外相：收，拉拢、收买。内，指朝廷中的大臣。间，音 jiàn，离间。相，辅助、帮助。⑪锢：禁锢，此指牢牢地控制。⑫忠爱：指表面上忠君爱国，因而受到亲信的近臣。⑬业：生产事业。⑭重宝：即重器、宝器，多指鼎彝等传国的大型青铜礼器，极其珍贵。⑮微饰：巧妙地加以装饰。⑯国乃大偷：国事懈怠以致废弛。偷，苟且自安。⑰收：操纵，控制。⑱塞：此指闭塞、障蔽敌国君主的耳目。⑲咎（jiù）：灾祸，祸患。⑳大尊：高官贵爵。㉑繁滋：增益，加多。㉒徒党：同党，同一类的人。㉓乱臣：奸邪乱政之臣。㉔淫声：不庄重、不正派的音乐。㉕武事：军事行动。㉖见：音 xiàn，显现。

[译文]

文王向太公问道："在采取军事行动以前，先用非军事的手段打击敌人，有些什么方法？"

太公答道："用非军事的手段打击敌人，共有十二种方法：一是，依照敌国君主的喜好，顺从和满足他的愿望。这样，他就会滋长骄傲情绪，而肯定去做邪恶的事情。如果我方再因势利导，就必定能把他除掉；二是，亲近拉拢敌国君主所信赖的大臣，削弱敌国君主的权威。敌国君主所信赖的大臣一旦怀有二心，必然会降低对国君的忠诚程度。敌国朝中没有了忠臣，他的国家必定面临危亡；三是，暗中贿赂收买敌国君主身边的近臣，和他建立深厚交情。这些人身居敌国国内，而情感却由我方从外面进行控制，敌国就必将发生祸害；四是，助长敌国君主的放纵享乐，扩大他的荒淫欲望，用大量珠宝贿赂他，赠送美女讨好他。同他交往时，言辞卑下，曲意听从，顺从他的命令，迎合他的虚荣心。这样，他就忘记与我斗争，而毫无顾虑地放纵自己的邪恶行为了；五是，故意尊敬敌国的忠臣，却只送给他微薄的礼物。当他出任使者前来交涉时，故意加以拖延，而对所交涉的问题不予答复，极力促使敌君改派使者，然后再诚心与新派来的使者解决所交涉的问题，向他表示亲近以取得他的信任，从而使敌国君主弥合与我国的关系。这样用不同的态度对待敌国的忠臣和奸佞，就能够离间敌国君臣之间的关系，从而可以谋取敌国了；六是，收买敌国君主朝廷中的大臣，离间敌国君主同统兵在外的将领、守臣的关系，使其有才干的大臣里通外国，造成敌国内部自相混乱，这样敌国就很少有不灭亡的；七是，要想牢固地控制敌国君主，使其对我深信不疑，就必须赠送大量礼物加以贿赂，同时收买他左右亲近大臣，暗中给他们好处，使其君臣忽视生产，造成财粮匮乏，国库空虚；八是，用贵重的财宝贿赂敌国君主，进而乘机与他同谋别国，使这一图谋又对他有利。他得到利益后必然信任我们，这就密切了敌国与我的关系。关系越密切，敌国就必然会被我所利用。他自己有国而被外国利用，最终必遭惨败；九是，用煊赫的名号尊崇敌国君主，不要让在满足自身的虚荣心方面遇到什么困难，给他以势倾天下的感觉，顺从他的意志以博取他的信任。把最尊崇的尊号奉献给他，又恭维夸耀他的功绩，巧妙地奉承他德比圣人，这样他必然会狂妄自大而荒废政事了；十是，对敌国君主要假意卑微屈从，这样必然获得他的信任从而获得他的内情。秉承他的意志，满足他的要求，就像兄弟一般亲密。在获得他的信任之后，就可以微妙地加以控制利用。一旦时机成熟时消灭他，就如同是上天要他灭亡；十一是，用各种方法闭塞敌国君主的视听，使他无法了解到真实的情况。凡是臣民没有不爱好富贵，厌恶死亡和灾祸的。（利用臣民的这种心态，）暗中许诺尊贵的官位，秘密赠送大量财宝，来收买敌国的英雄豪杰。自己国内积蓄充实，但外表却装作贫乏。暗中收纳敌国的智谋之士，使他们参与我方图谋大计；秘密结交敌国勇士，使他们斗志昂扬。要尽量满足这些人取得富贵的欲望，并不断使之滋长蔓延。这样，敌国的豪杰、智士就转而成为我方的党徒。这就叫闭塞敌国君主的视听。敌国君主虽然还拥有国家，但视听已被闭塞，还怎么能维持他的统治呢？十二是，扶植敌国的奸邪乱政的大臣，以迷乱其君主的心智；进献美女和演奏靡靡之音的乐工，以迷惑其君主的意志；再送给敌国君主出色的猎犬和骏马，使其沉溺声色犬马以疲惫其身体；经常向他禀报国内有利的形势，以使他高枕无忧。然后观察有利的时机，而与天下人共谋夺取他的国家。以上十二种非军事的手段正确运用之后，就可以采取军事行动了。这就是所谓上察天时，下观地利，等到各种有利的征兆都已显现时，就可以兴兵讨伐了。"

顺　启

文王问太公曰："何如而可以为天下？"

太公曰："大盖天下①，然后能容天下；信盖天下，然后能约天下②；仁盖天下，然后能怀天下③；恩盖天下，然后能保天下；权盖天下，然后能不失天下；事而不疑，则天运不能移，时变不能迁④。此六者备，然后可以为天下政。

"故利天下者，天下启之；害天下者，天下闭之；生天下者⑤，天下德之；杀天下者，天下贼之⑥；彻⑦天下者，天下通之；穷天下者，天下仇之；安天下者，天下恃之；危天下者，天下灾之⑧。天下者，非一人之天下，惟有道者处之。"

[注释]

①大盖天下：指器量包容天下。大，器量、度量。盖，包容，覆盖。②然后能约天下：约，约束、控制。③然后能怀天下：怀，赢得，归服。④则

天运不能移，时变不能迁：天运，天体运转的规律，自然的气数，此指天命，亦即上天的意志。时变，时势的变化。⑤生天下者：生，滋生养育。⑥天下贼之：贼，毁坏、杀害。⑦彻：顺从，顺应。⑧灾之：意为视之如灾星，避之唯恐不及。

[译文]

文王向太公问道："怎样才能治理好天下呢？"

太公回答说："一个人的器量足以覆盖整个天下，然后才能包容天下；一个人的诚信足以覆盖整个天下，然后才能管理天下；一个人的仁爱足以覆盖整个天下，然后才能怀柔天下；一个人的恩惠足以覆盖整个天下，然后才能保有天下；一个人的权势足以覆盖整个天下，然后才能不失天下；一个人遇事果断毫不犹疑，就像天体运行那样不能改变，像四时更替那样不可变化一样。上述六项条件都具备了，然后这个人才可以治理天下。

"所以为天下人谋利益的，天下人就欢迎他；使天下人受祸害的，天下人就反对他；能使天下人生存繁育的，天下人就会对他感恩戴德；使天下人遭到杀戮的，天下人就仇视他的残暴；顺应天下人意愿的，天下人就归附他；使天下人困窘不堪、走投无路的，天下人就憎恶他；使天下人安居乐业的，天下人就把他当作依靠；给天下人带来危难的，天下人就把他看成灾星。天下不是某一个人独自占据的天下，只有道德高尚的人，才能占有这个治理天下的君主位置。"

三　疑

武王问太公曰："予欲立功，有三疑：恐力不能攻强、离亲、散众①，为之奈何？"

太公曰："因之②，慎谋，用财。夫攻强必养之使强，益之使张③，太强必折，太张必缺。攻强以强，离亲以亲，散众以众。

"凡谋之道，周密为宝。设之以事，玩之以利④，争心必起。欲离其亲，因其所爱，与其宠人。与之所欲，示之所利。因以疏之，无使得志。彼贪利甚喜，遗疑乃止。

"凡攻之道，必先塞其明而后攻其强，毁其大⑤，除民之害。淫之以色⑥，啖⑦之以利，养之以味⑧，娱之以乐⑨。

"既离其亲，必使远民。勿使知谋，扶而纳之⑩，莫觉其意，然后可成。惠施于民，必无忧财。民如牛马，数馁食之⑪，从而爱之。心以启智，智以启财，财以启众，众以启贤⑫，贤之有启，以王天下。"

[注释]

①散众：指分化瓦解敌国的军队。②因之：意为因势利导。因，顺应，利用。③益之使张：张，嚣张。此处比喻骄傲自满，忘乎所以。④设之以事，玩之以利：设，安排，布置。玩，玩弄，可引申为引诱。⑤大：守备坚固的大城大邑，此处指庞大的国家机器。⑥淫：迷惑、惑乱。色：女色，美女。⑦啖(dàn)：吃或给人吃，这里引申为利诱。⑧味：指各种美味食品。⑨乐：音乐，此处指淫乐、靡靡之音。⑩扶而纳之：指用各种手段引诱敌人入我之圈套。⑪数(shuò)：屡次，多次。食(sì)：通"饲"。⑫财以启众，众以启贤：启，开启、开发、生产。

[译文]

武王向太公问道："我想建功立业，但有三点疑虑：恐怕自己的力量不足以进攻强敌，恐怕不能离间敌国君主的亲信，恐怕不能瓦解敌国的军队。您看该怎么办呢？"

太公回答说："（这三个问题，可用智谋胜敌：）首先是因势利导，以削弱他的有生力量；其次是慎用计谋，以离间他的亲信；再次是使用钱财，以贿赂他的将士。进攻强敌，一定要怂恿他，使其恃强骄横；放任他，使其猖狂自大。敌人过于强横，必遭挫折；过于狂妄，必致失误。要进攻强大的敌人，必先助长它的强暴；要离间敌人的亲信，必先收买敌人的心腹；要瓦解敌人的军队，必先争取敌国的民心。

"凡是确定并运用计谋，至关紧要的是必须作好周密的布置。许诺给敌国君主的亲信大臣一些好处，用种种利益诱惑他们，敌人内部必然发生争夺。要想离间敌国君臣，应当利用敌国君主所喜爱的近臣和所宠爱的佞臣，依照他们的欲望，送给他们所想得到的东西，许给他们丰厚的利益，使他们疏远君主，让他们不能有所作为。他们因为得到我们给予的好处而非常高兴，就不会对我们的图谋产生疑虑了。

"一般进攻强大敌人的方法是，首先蒙蔽敌国君主的耳目，然后再进攻他强大的军队，摧毁敌国的大城大邑，以解除民众的痛苦。而蒙蔽敌君耳目的方法是：用女色腐蚀他，用厚利引诱他，用美味滋润他，用淫乐迷乱他。

"二既已离间了他的亲信，还须使他疏远自己的民众。不要让他识破我们的计谋，引诱他进入我方设置的圈套，他始终没有觉察我方的意图，然后就可以成就大事了。对敌国的民众施加恩惠，一定不要吝惜财物。民众如同牛马，经常喂养他们，他们就会顺从和亲近我们。(总之，您所提攻强、离亲、散众三个问题，)只要用心去探究，就能得到最高明的智慧，智慧可以产生财富，财富可以养育民众，民众中可以涌现贤才。大批贤才涌现，就可以辅佐君主统治天下。"

卷三 龙韬

王 翼

武王问太公曰:"王者帅师,必有股肱羽翼①,以成威神②,为之奈何?"

太公曰:"凡举兵帅师,以将为命③,命在通达,不守一术。因能受④职,各取所长,随时变化,以为纲纪⑤。故将有股肱羽翼七十二人,以应天道⑥。备数如法,审知命理⑦,殊能异技,万事毕矣。"

武王曰:"请问其目⑧?"

太公曰:"腹心一人,主潜谋应卒⑨,揆天消变⑩,总揽计谋,保全民命;谋士五人,主图安危,虑未萌,论行能⑪,明赏罚,授官位,决嫌疑,定可否;天文三人,主司星历⑫,候风气⑬,推时日⑭,考符验⑮,校⑯灾异,知人心去就之机;地利三人,主三军行止形势⑰,利害消息⑱,远近险易,水涸山阻,不失地利;兵法九人,主讲论异同,行事成败,简练⑲兵器,刺举非法⑳；通粮四人，主度㉑饮食蓄积，通粮道，致五谷㉒，令三军不困乏㉓；奋威四人，主择材力，论兵革㉔，风驰电掣，不知所由；伏鼓旗㉕三人，主伏鼓旗，明耳目，诡符节㉖，谬号令，暗忽往来㉗，出入若神；股肱四人，主任重持难，修沟堑，治壁垒，以备守御；通材三人，主拾遗㉘补过，应偶㉙宾客，论议谈语，消患解结；权士三人，主行奇谲㉚，设殊异，非人所识，行无穷之变；耳目七人，主往来，听言视变，览四方之事，军中之情；爪牙㉛五人，主扬威武，激励三军，使冒难攻锐，无所疑虑；羽翼四人，主扬名誉，震远方，摇动四境，以弱敌心；游士八人，主伺奸候变，开阖㉜人情，观敌之意，以为间谍；术士二人，主为谲诈，依托鬼神，以惑众心；方士二人㉝，主百药，以治金疮，以痊万病；法算二人，主计会三军营壁、粮食、财用出入。"

[注释]

①股肱羽翼：比喻帝王左右得力的辅佐大臣。股，大腿。肱（gōng），手臂从肘到腕的部分。羽翼，翅膀。古代每以"股肱"和"羽翼"来比喻辅佐之人。②威神：尊贵威严，神机莫测。③命：根本所在，此指全军首脑。④受：通"授"。⑤纲纪：法制。司马谈《论六家要旨》："夫春生夏长，秋收冬藏，此天道之大经也，弗顺则无以为天下纲纪……"⑥天道：天象，大自然运行的规律。古代以五日为一候，三候为一节气，分一年为二十四节气、七十二候。根据自然现象变化的征候，说明节气、候的变化，这是所谓的天道之一。"股肱羽翼七十二人以应天道"，就是以七十二人应七十二候。⑦审：清楚地。命理：此指天道和事理。⑧目：细目。此指详细的编制情况。⑨卒：通"猝"，突然。此处指突然发生的事变。⑩揆天消变：揆天，测度天象，窥知天意。揆（kuí），测度。变，灾变。古代认为灾变是上天的警告，必须顺应天意才能消弭。⑪行能：德行和才能。⑫星历：星象历数。历法与天文有关，所以星历并称。⑬候风气：观测风向及时气的变化。⑭时日：指时日的吉凶。⑮符验：指天降的祥瑞与人事符合应验。⑯校：校核，考察。⑰三军：指车、

骑、步三个兵种，用以代指全军。形势：地形地势。⑱消息：指一消一长，或处优势，或处劣势。⑲简练：此指精心选择，熟悉掌握。⑳刺举：侦察检举。㉑度（duó）：计算。㉒五谷：五谷原是古代所称的五种谷物，后泛指粮食类作物。关于"五谷"，古代有多种不同说法，最主要的有两种：一种是指稻、黍、稷（粟）、麦、菽（大豆）。另一种是指麻（大麻）、黍、稷、麦、菽。㉓令三军不困乏：困乏，缺乏各种物资。㉔论兵革：选用各种武器装备。论，同"抡"，选择、挑选之意。兵革，武器装备，泛指军备或战事。㉕伏鼓旗：管理战鼓与军旗。伏，在此同"司"。㉖符节：古代传达命令或征用军队的凭证，用竹或用木制成。符，古代朝廷传达命令或征调兵将用的凭证，用金、玉、铜、竹、木制成，双方各执一半，合之以验真假，如虎符、兵符。㉗暗忽：忽来忽往，模糊不清。㉘拾遗：原指捡拾他人遗失之物，引申为指出尊者的失误，与"补过"同义。㉙应偶：应对。㉚奇谲（jué）：诡诈，奇谋权谲。㉛爪牙：犹言羽翼，比喻辅佐之人。㉜开阖（hé）：或张或闭，任由控制、操纵。阖，关闭。㉝方士：既方术士，或称为有方之士，就是持有方术的人。一般简称为方士或术士。中国古代巫、医同源。巫术内含有医术，巫术事实上是在探求医术的过程中成长起来的。因此，一些从事医学的也被称作方士。

[译文]

武王向太公问道："君主统率军队，必须有得力的辅佐之人，以造成尊贵威严、神机莫测的气势，这该怎么办呢？"

太公回答说："凡用兵统帅军队，都以全军主将掌握军队的命运。要掌握好全军的命运，最重要的是通晓和了解各方面情况，而不仅仅专精某项技术。因此，应该量才授职，用其所长，灵活掌握，并使其成为一项制度。所以主将需要起股肱羽翼作用的辅佐人员七十二人，以便顺应天道，应付各种情况。按照这种方法设置助手，就是掌握了担任主将的道理。发挥各种特殊人才的奇异才能，就可以圆满完成各项任务。"

武王问："请问这七十二人具体应该怎样配备？"

太公回答说："（这七十二人中，）由一人担任腹心，主管参赞谋划，应付突然事变，观测天象，消除祸患，总揽军政大计，保全民众生命。五人担任谋士，主管筹划安全措施，考虑战局发展趋势，防患于未然，鉴别将士的品德才能，使主将对部属有功则赏，有过则罚，分别授予合适的官职，协助主帅决断疑难问题，裁定事情可否。三人担任天文，负责观察日月星辰的运行，掌握历法，测度风向气候，推算时日吉凶，考察吉凶征兆，核查灾异现象，观察人心的向背。三人担任地利，负责察明军队行军路线和宿营地点的地形状况，分析利弊得失的变化，观察距离远近，地形险易，江河水情和山势险阻等，确保军队作战不失地利。九人担任兵法，负责研讨敌我形势的异同，分析作战胜负的原因，检查点验作战时的兵器，检举揭发各种违法行为。四人担任通粮，负责计算全军饮食所需，筹备储存，保证粮道畅通，征集军需粮秣，确保军队供给不发生困难。四人担任奋威，负责选拔有才能的勇士，配发优良的武器装备，组织突击部队风驰电掣般行动，迅猛快速地打击敌人。三人担任伏鼓旗，管理军队的战鼓和军旗，明确视听信号，制造假符节，发布假号令以迷惑敌人，突然变化，往来不定，神出鬼没。四人担任股肱，负责承担重要使命，从事艰巨任务，挖掘沟堑，构筑壁垒，准备好军营的防御工事。三人担任通材，负责指出主将的考虑不周之处，弥补主将的过失，参与接待诸侯各国的使者宾客，和他们讨论问题，从外交方面消除祸患，排解纠纷。三人担任权士，负责实施诡诈奇谋，设置绝术异技，不让敌人识破，行施无穷无尽的权变。七人担任耳目，负责与外界交往，探听消息，观观动静，查明天下形势，了解全军情况。五人担任爪牙，负责宣传鼓动工作，宣扬我军军威，激励三军斗志，使他们敢于冒险犯难，攻坚摧锐而无所疑惧。四人担任羽翼，负责宣扬主将的威名声誉，以震骇远方、动摇邻国，从而削弱敌军斗志。八人担任游士，负责侦伺敌方派出的奸细，刺探敌国变乱，操纵敌国民心，窥测敌军意图，进行间谍活动。二人担任术士，负责使用诡诈，借助鬼神，迷惑士众，以稳定军心。二人担任方士，负责制造和管理各种药品，治疗创伤，医治疾病。二人担任法算，负责总计全军所需的营垒、粮食，掌管钱财物资的收支情况。"

论　将

武王问太公曰："论将之道奈何？"

太公曰："将有五材十过①。"

武王曰："敢问其目？"

太公曰："所谓五材者：勇、智、仁、信、忠也。勇则不可犯，智则不可乱，仁则爱人，信则不欺，忠则无二心。

"所谓十过者：有勇而轻死者，有急而心速②者，有贪而好利者，有仁而不忍人者③，有智而心怯者，有信而喜信人者，有廉洁而不爱人者④，有智而心缓者，有刚毅而自用⑤者，有懦而喜任人者。

"勇而轻死者，可暴也；急而心速者，可久也；贪而好利者，可遗也⑥；仁而不忍人者，可劳也；智而心怯者，可窘也；信而喜信人者，可诳也；廉洁而不爱人者，可侮也；智而心缓者，可袭也；刚毅而自用者，可事也；懦而喜任人者，可欺也。

"故兵者，国之大事，存亡之道，命在于将。将者，国之辅，先王之所重也。故置将不可不察也。故曰，兵不两胜，亦不两败。兵出逾境，期不十日，不有亡国，必有破军杀将。"

武王曰："善哉！"

[注释]

①材：指优秀的品质。过：缺点，不良的品质。②心速：匆忙作出决定，急于求功。③有仁而不忍人者：不忍，不忍心伤害别人。此处指对军中各种违纪行为流于姑息。④有廉洁而不爱人者：不爱人，指将帅为保持自身廉洁，对部属过于苛求，不能给予士兵物质上的优厚待遇。⑤自用：刚愎自用，自以为是，不接受别人意见。⑥遗（wèi）：赠予，此指贿赂。

[译文]

武王向太公问道："评论将帅的原则是什么？"

太公回答说："将帅应具备五种美德，避免十种缺点。"

武王问："我冒昧地问一下五种美德、十种缺点的具体内容是什么？"

太公回答道："所谓将帅的五种美德就是：勇敢、明智、仁慈、诚信和忠贞。勇敢就不会被侵犯，明智就不会被扰乱，仁慈就会爱护士卒，诚信就会真诚无欺，忠贞就不会怀有二心。

"所谓十种缺点就是：秉性勇敢却轻于赴死，性格急躁却急于求成，生性贪婪并且好利，秉性仁慈却流于姑息，秉性聪明智慧却内心怯懦，诚信无欺却轻信别人，秉性廉洁却待部属刻薄，足智多谋却优柔寡断，坚强果敢却刚愎自用，秉性懦弱却不能勇于负责，好依赖别人。

"对于勇敢却轻于赴死的，可以激怒他，使其丧失理智；性格急躁却而急于求成的，可以用持久战来拖垮他，使其陷入困境；生性贪婪并且好利的，可以贿赂收买他；秉性仁慈却流于姑息的，可以骚扰疲惫他；秉性聪明智慧却内心怯懦的，可以胁迫他；诚信无欺却轻信别人的，可以用欺骗的手段对付他；秉性廉洁却待部属刻薄的，可以侮辱他；足智多谋却优柔寡断的，可以突袭他；坚强果敢却刚愎自用的，可以算计他；秉性懦弱却不能勇于负责，好依赖别人的，可以愚弄他。

"因此，出兵作战，是国家的大事，它关系着国家的存亡，国家的命运掌握在军队的主将手里。一军主将，是国家的辅佐，为历代君王所重视，因此任命主将不可不认真审察。所以说，战争的双方不可能都取得胜利，也不可能都遭到失败。只要军队越出国境，不出十天，不是一方亡国，就必然是另一方破军杀将。"

武王说："您讲得真好啊！"

选　将

武王问太公曰："王者举兵，欲简练英雄①，知士之高下，为之奈何？"

太公曰："夫士外貌不与中情相应者十五②：有严而不肖者③，有温良而为盗者，有貌恭敬而心慢者，有外廉谨而内无至诚者④，有精精⑤而无情者，有湛湛⑥而无诚者，有好谋而不决者，有如果敢而不能者，有悾悾⑦而不信者，有恍恍惚惚⑧而反忠实者，有诡激⑨而有功效者，有外勇而内怯者，有肃肃而反易人者⑩，有嗃嗃而反静悫者⑪，有势虚形劣而外出无所不至、无所不遂者⑫。天下所贱，圣人所贵，凡人莫知，非有大明，不见其际，此士之外貌不与中情相应者也。"

武王曰："何以知之？"

太公曰："知之有八征⑬：一曰问之以言，以观其辞；二曰穷之以辞，以观其变；三曰与之间（谋）[谍]，以观其诚；四曰明白显问，以观其德；五曰使之以财，以观其廉；六曰试之以色，以观其贞；七曰告之以难，以观其勇；八曰醉之以酒，以观其态。八征皆备，则贤不肖别矣。"

[注释]

①欲简练英雄：简练，精选训练，此处专指精选。②夫士外貌不与中情相应者十五：中情，内心的思想、情绪。③有严而不肖者：不肖，不贤，不才，为人不正派。④有外廉谨而无至诚者：廉谨，廉洁谨慎。⑤精精：精而又精，意为精明强干。⑥湛湛：为人敦厚、忠厚稳重的样子。⑦悾（kōng）悾：形容诚恳真挚。⑧恍恍惚惚：神志不清，精神恍惚。此处可理解为犹豫动摇。⑨诡激：奇异的辩论，有悖常理。⑩肃肃：严正的样子。易：轻视，瞧不起。⑪嗃（hé）嗃：严厉，冷酷。悫：诚恳。⑫无所不遂："所"，《直解》本作"使"。遂，达成，完成。⑬征：征验，征兆。

[译文]

武王向太公问道："君王起兵兴师，要选拔智勇兼备的人才，委以重作任，要想分辨这些士人德才的高低，应该怎么办？"

太公答道："士的外表和他的内心实情不相符合的情况有十五种：有的外表严肃谨慎，实际上无才无德；有的貌似温和善良，实际上却做偷盗之事；有的貌似谦虚恭敬，而内心傲慢无礼；有的貌似廉洁谨慎，而内心虚伪；有的看似精明强干，却无真才实学；有的表面忠厚稳重，却并不诚实可靠；有的喜欢出谋划策，却缺乏作出决断的能力；有的看似果断，实际上无所作为；有的貌似诚恳，实际上却不讲信用；有的表面上糊里糊涂，实际上却忠实可靠；有的言行过激，但办事却有功效；有的貌似勇敢，其实内心胆怯；有的外表真诚，而实际上对人处处提防；有的看上去严厉苛刻，而内心温和厚道，忠实诚恳；有的外表虚弱形体丑陋却能受命出使无所不至、办事无所不成。总之，被普通人瞧不起的人，却往往被圣贤之君所器重。其中的道理，一般人不能了解，没有高明的见识，是不能看清其中奥秘的。上述所言，就是士的外表和他的内情不相一致的种种情况。"

武王问："用什么办法才能真正了解他们呢？"

太公回答说："要了解他们，有八种方法：一是提出问题，观察他的应对能力；二是详细盘问，考验他的应变能力；三是通过暗中考察侦视，观察他是否忠诚；四是明知故问，看他有无隐瞒，借以考察他的品德；五是让他管理财物，考验他是否廉洁；六是用女色进行试探，试探他的操守高下；七是处理危难，看他是否勇敢；八是使他醉酒，看他是否保持常态。这八种方法运用之后，一个人是贤还是不肖，就可以鉴别清楚了。"

立　将①

武王问太公曰："立将之道奈何？"

太公曰："凡国有难，君避正殿②，召将而诏之曰：'社稷安危，一在将军，今某国不臣，愿将军帅师应之。'

"将既受命，乃命太史卜。斋三日，之太庙，钻灵龟③，卜吉日，以授斧钺④。君入庙门，西面而立⑤；将入庙门，北面而立。君亲操钺持首，授将其柄⑥，曰：'从此上至天者，将军制之。'复操斧持柄，授将其刃⑦，曰：'从此下至渊者，将军制之。见其虚则进，见其实则止，勿以三军为众而轻敌，勿以受命为重而必死，勿以身贵而贱人，勿以独见而违众，勿以辩说为必然。士未坐勿坐，士未食勿食，寒暑必同。如此则士众必尽死力。'

"将已受命，拜而报君曰：'臣闻国不可从外治，军不可从中御⑧。二心不可以事君，疑志不可以应敌。臣既受命专斧钺之威，臣不敢生还。愿君亦垂一言之命于臣。君不许臣，臣不敢将。'

"君许之，乃辞而行。军中之事，不闻君命，皆由将出。临敌决战，无有二心。若此则无天于上，无地于下，无敌于前，无君于后。是故，智者为之谋，勇者为之斗，气厉青云，疾若驰骛⑨，兵不接刃，而敌降服。战胜于外，功立于内，吏迁士赏，百姓欢悦，将无咎殃⑩。是故，风雨时节，五谷丰熟，社稷安宁。"

武王曰："善哉！"

[注释]

①立将：此指任命大将、主帅。②正殿：君主举行朝会、发布政令的居中的殿堂。古代国家有灾异急难之事，帝王避离正殿，表示自我贬责，接受上天告诫，以期消灾弭难，称为"避正殿"。③钻灵龟：即占卜。在商周时每遇重大事情，总要求神问卜。其方法是用烧红的小铜棍炙烙龟甲或兽骨，观察骨甲的裂痕以决定吉凶。④卜吉日，以授斧钺：斧钺（yuè），古代军中行刑的兵器，军权的象征。斧，斧头。钺，较宽大的斧。授以斧钺，象征授以统率全军的权力。⑤西面而立：处东向西而立，这是君主所居之位。古代以处北而南的位置为最尊，国君西面而立，一是表示礼贤，二则在太庙之中，先王的神位已居南面之位。⑥授将其柄：授以钺柄，表示要求大将制御部下，惩罚敌人执法时必须果断明决。⑦授将其刃：授以斧刃，表示要求大将持身严正，凛然勿忘君威，执行君命时必须果断明决。⑧军不可从中御：中，此指国内朝廷之中。御，控制，指挥。⑨驰骛（wù）：奔驰的骏马。驰，车马疾驰。骛，交驰、迅急。⑩咎殃：灾祸。

[译文]

武王向太公问道："任命将帅的仪式是怎样的？"

太公回答道："凡国家遭遇危难，国君就避开正殿，在偏殿上召见主将，向他下达诏令说：'国家的安危，全系于将军身上。现在某国不肯臣服，请将军统率大军前去征讨。'

"主将接受命令后，国君就令太史钻炙龟甲，选择吉日。然后国君斋戒三天，前往太庙，向主将颁授斧钺。到了吉日，国君进入太庙门，面向西站立，居于主位；主将随之进入太庙门，面向北站立，面对先君的神位。国君亲自手持钺的上部，把钺柄交给主将，宣告：'从此，军中上至于天的一切事务全由将军处置。'然后又亲自手握斧柄，将斧刃授予主将，宣告：'自此，军中下至于渊的一切事务全由将军裁决。（斧钺授毕后，君主致训词说）将军用兵时，发现敌人虚弱之处就进攻，遇到敌人强大就停止，不要认为我军众多就轻敌，不要因为受命深重而一定要以死相报，不要因为身份尊贵就轻视部下，不要认为自己意见独到而违背众意，不要由于能言善辩而自以为是。士卒没坐下，你不要先坐；士卒还没进餐，你不要先吃。无论寒暑，都要与士卒同甘共苦。能做到这些，士卒们就会尽死力作战。'

"主将接受任命，听完国君的训词后，就下拜回答说：'臣听说国事不可受外部的干预，作战不能由君主在朝廷遥控指挥。为臣的怀有二心就不能忠心侍奉君主，主将受君主牵制而疑虑重重就不能专心致志去对付敌人。臣既已奉命执掌军事大权，不获胜利不敢生还。但希望我君允许臣按照上面的话全权处置一切，若不允许，臣不敢担此重任。'

"国君答允之后，主将就辞别君主，率军出征。从此军中一切事务，不听命于国君而全部听命于主将。临敌作战，专心一意。这样，主将就能上不受天时限制，下不受地形牵制，前不管敌情有何变化，后无君主从中掣肘。这样，就能使智谋之士都愿出谋划策，勇武之人都愿殊死战斗，士气昂扬直冲霄汉，行动迅速如快马奔驰，兵未交锋而敌人就已降服。从而取胜于国外，建功于朝廷，将吏得到晋升，士卒获得奖赏，百姓欢欣鼓舞，主将没有祸殃。于是风调雨顺，五谷丰登，国家安宁。"

武王说："您讲得真好啊！"

将　威

武王谓太公曰："将何以为威？何以为明？何以为禁止而

令行？"

太公曰："将以诛大为威①，以赏小②为明，以罚审为禁止而令行。故杀一人而三军震者，杀之；赏一人而万人悦者，赏之。杀贵大，赏贵小。杀及当路贵重之臣③，是刑上极也；赏及牛竖、马洗、厩养之徒④，是赏下通也。刑上极，赏下通，是将威之所行也。"

[注释]

①将以诛大为威：大，此指地位较高，权势较大的人。②小：此指地位低贱，默默无闻的人。③杀及当路贵重之臣：当路，指身居要职。④赏及牛竖、马洗、厩养之徒：竖，童仆。此处"牛竖"是指牧牛的仆隶。厩（jiù），马棚。洗马厩养，指饲养马匹的仆隶。

[译文]

周武王向太公问道："作为军队的主将，怎样才能树立自己的权威呢？怎样才能体现自己的英明呢？又怎样才能做到所禁必止、有令必行呢？"

太公回答道："作为军队的主将，要敢于严格执法，诛杀那些违犯军令的权贵，以树立自己的权威；要论功行赏，奖赏地位低微之人，以体现自己的英明；要周密而审慎地施行处罚，以此约束全军，做到所禁必止，有令必行。因此，如果诛杀一个人能使得全军震惊畏惧，那么就坚决杀掉他；如果奖赏一个人能使得全军心悦诚服，那么就奖赏他。施行诛杀的刑罚，贵在敢于针对那些地位显赫的大人物；施行奖赏的恩惠，贵在赐予那些身份卑微的小人物。依法诛杀那些身居当朝要职的权贵大臣，就表明刑罚无上不及；论功行赏赐予那些牧牛饲马服杂役的仆隶小卒，就表明奖赏无下不达。这样，刑罚无上不及，奖赏无下不达，主将的权威也就树立起来而且畅行无阻了。"

励　军

武王问太公曰："吾欲令三军之众，攻城争先登，野战争先赴，闻金①声而怒，闻鼓声而喜，为之奈何？"

太公曰："将有三（礼）[胜]②。"

武王曰："敢问其目？"

太公曰："将，冬不服裘，夏不操扇，雨不张盖，名曰礼将。将不身服礼③，无以知士卒之寒暑。出隘塞，犯泥涂④，将必先下步，名曰力将。将不身服力⑤，无以知士卒之劳苦。军皆定次⑥，将乃就舍⑦；炊者皆熟，将乃就食；军不举火⑧，将亦不举，名曰止欲将。将不身服止欲，无以知士卒之饥饱。将与士卒共寒暑、劳苦、饥饱，故三军之众闻鼓声则喜，闻金声则怒。高城深池，矢石繁下，士争先登。白刃始合⑨，士争先赴。士非好死而乐伤也⑩，为其将知寒暑、饥饱之审，而见劳苦之明也。"

[注释]

①金：金钲，军中所用的一种铜制响器。两军交锋，鸣金则停止前进，击鼓则向前冲锋。②将有三（礼）[胜]：三胜，三种克敌制胜的手段、方法。③不身服礼：意为不能亲身执行礼法，即不能以身作则。服，从事，执行。④犯泥涂：泥涂，泥泞的道路。⑤不身服力：意为不能身体力行。力，劳力，勤劳。⑥军皆定次：次，停留止息。定次，驻扎宿营。⑦就舍：入营舍休息止宿。⑧举火：点火做饭。⑨合：合战、交锋。⑩士非好死而乐伤也：好（hào）、乐（yào），都是爱好、喜爱的意思。

[译文]

武王向太公问道："我想使全军将士，攻城时争先登城，野战时争先冲击，听到命令退兵的金钲声就愤怒，听到命令前进的鼓声就欢喜，怎么才能做到这样呢？"

太公答道："主将有三个克敌制胜的要领。"

武王问："请您谈谈具体内容好吗？"

太公回答道："身为主将，冬天再冷也不穿皮衣，夏天再热也不用扇子，雨下得再大也不张伞篷，始终与士卒同甘共苦，这样的主将叫礼将。主将不能以身作则，就无从体会士卒的冷暖。行军翻越险阻关隘，通过泥泞道路，主将必先下车马步行，这样的主将叫力将。主将不身体力行，就无从体会士卒的劳苦。军队宿营就绪，主将才进入自己的宿舍。军队的饭菜做好，主将才开始就餐。军队没有点火做饭，主将也决不点火做饭，这样的主将叫止欲将。主将不能克制自己，就不能体会士卒的饥饱。主将能同士卒同寒暑、共劳苦、同饥饱，那么全军官兵听到前进的鼓声就欢喜，听到退兵的金钲声就愤怒。攻打高城深池时，即使面临箭石如雨的危境，士卒也会争先恐后奋勇登城；进行野战对，双方刚一交锋，士卒就会前仆后继勇往直前。士卒并不是天性喜欢死亡、乐于伤残，而是由于主将关心自己的冷暖和饥饱，体恤自己的劳苦，因此深受感动而甘心尽力报效。"

阴　符

武王问太公曰："引兵深入诸侯之地①，三军卒有缓急②，或利或害。吾将以近通远，从中应外，以给三军之用，为之奈何？"

太公曰："主与将有阴符③，凡八等：有大胜克敌之符，长一尺；破军擒将之符，长九寸；降城得邑之符，长八寸；却敌报远之符，长七寸；警众坚守之符，长六寸；请粮益兵之符，长五寸；败军亡将之符，长四寸；失利亡士之符，长三寸。诸奉使行符稽留④者，若符事闻，泄、告者皆诛之。八符者，主将秘闻，所以阴通言语，不泄中外相知之术。敌虽圣智，莫之能识。"

武王曰："善哉！"

[注释]

①引：带领，率领。诸侯之地：其他诸侯国的土地，亦即敌国领土。②缓急：情势缓急、军情安危。③阴符：古代军中的一种秘密通信方法。符以铜版或竹木版制成，面刻花纹，一分为二，以花纹或尺寸长短为秘密通信的符号。此处指军队主将与国君之间通信联络时用作秘密信号的符。④稽留：停留，耽误。

[译文]

武王向太公问道："率领军队深入到敌国境内，全军突然遭遇紧急情况，战况或者对我方有利，或者对我方有害。我想从近处通知远方，从国内策应国外，以便及时支应战场上三军的需要，应当怎么办？"

太公答道："主将领兵在外时，君主与主将之间有秘密联络的兵符，一共分为八种：有表示我军大获全胜、全歼敌军的阴符，长度为一尺；有表示击破敌军，擒获敌将的阴符，长度为九寸；有表示迫使敌军投降，占领敌人城邑的阴符，长度为八寸；有表示击退敌人，通报战况的阴符，长度为七寸；有表示激励军民坚强守御的阴符，长度为六寸；有表示请求补给粮草、增加兵力的阴符，长度为五寸；有报告军队失败、将领阵亡的阴符，长度为四寸；有报告战斗失利、士卒伤亡的阴符，长度为三寸。凡是奉命传递阴符的，如果延误时限、泄露机密，无论听到的和随便传告机密的，都一律处死。这八种阴符，由君主和主将之间秘密掌握，是一种用来暗中传递消息，而不泄露朝廷和战场机密的通信手段。这样，即使敌人有十分高深的智慧，也无法识破它的奥秘。"

武王说:"您讲得这些真是高明啊!"

阴　书

武王问太公曰:"引兵深入诸侯之地,主将欲合兵①,行无穷之变,图不测之利,其事烦多,符不能明,相去辽远②,言语不通,为之奈何?"

太公曰:"诸有阴事大虑③,当用书不用符。主以书遗将,将以书问主,书皆一合而再离④,三发而一知⑤。再离者,分书为三部⑥;三发而一知者,言三人,人操⑦一分,相参⑧而不相知情也,此谓阴书⑨。敌虽圣智,莫之能识。"

武王曰:"善哉!"

[注释]

①合兵:集结兵力。②辽远:遥远。③阴事:机密之事。大虑:重大的谋略。④再离:拆离两次,分为三部分。⑤三发:分三次发出。一知:合三部分为一,才能读懂。⑥分书为三部:不规则地将书横截为三。⑦操:持,手握。⑧相参:相互掺杂。⑨阴书:古代秘密通信的一种方法,能比阴符传递更具体的消息。

[译文]

武王向太公问道:"率领军队深入敌国境内,国君与主将想要集结兵力,根据敌情进行灵活的机动,谋求出其不意的胜利。但事情繁杂,用阴符难以说明问题,彼此相距又十分遥远,言语难通。在这种情况下应该怎么办?"

太公回答道:"诸如军机密谋之类的大事需要联络,都应当用阴书,而不再用阴符。国君用阴书向主将传达指示,主将用阴书向国君请示问题,这种阴书都是'一合而再离、三发而一知'。所谓一合而再离，就是把一封书信分为三个部分；所谓三发而一知，就是派三个人送信，每人手持的信只是其中的一部分，相互掺杂，即使送信的人也不知道书信的全部内容，只有收信人将三者全部集在一起才能知道书信的内容，这就叫阴书。这样，无论敌人怎样聪明，也不能识破我的秘密。"

武王说："您讲得真是高明啊！"

军　势

武王问太公曰："攻伐之道奈何？"

太公曰："（资）[势]因于敌家之动①，变生于两陈之间②，奇正发于无穷之源③。故至事不语，用兵不言。且事之至者，其言不足听也；兵之用者，其状不足见也。倏而往，忽而来④，能独专而不制者，兵也。夫兵，闻则议，见则图，知则困，辨则危。故善战者，不待张军⑤；善除患者，理于未生⑥；善胜敌者，胜于无形。上战，无与战⑦。故争胜于白刃之前者，非良将也；设备于已失之后者，非上圣也⑧；智与众同，非国师⑨也；技与众同，非国工⑩也。事莫大于必克，用莫大于玄默⑪，动莫神于不意，谋莫善于不识。夫先胜者，先见⑫弱于敌而后战者也，故事半而功倍焉。

"圣人征⑬于天地之动，孰知其纪⑭？循阴阳⑮之道而从其候，当天地盈缩⑯，因以为常⑰。物有死生，因天地之形⑱。故曰，未见形而战，虽众必败。善战者，居之不挠，见胜则起，不胜则止。

"故曰，无恐惧，无犹豫。用兵之害，犹豫最大。三军之灾，莫过狐疑。善者见利不失，遇时不疑。失利后时，反受其殃。故智者从之而不释，巧者一决而不犹豫。是以疾雷不及掩耳，迅电不及瞑目。赴之若惊；用之若狂；当之者破，近之者亡。孰能御之？夫将，有所不言而守者，神也；有所不见而视者，明也。故知神明之道者，野无衡敌，对无立国。"

武王曰："善哉！"

[注释]

①（资）［势］因敌家之动：资因，依托，凭借。敌家，敌方。②变：权变。陈：通"阵"。两陈之间：两军对阵之时。③奇正发于无穷之源：奇，指兵不厌诈，从侧旁邀截袭击或实施某种计谋。正，指两军正面交锋。"奇"又指隐蔽的预备队、别动队。"正"又指正面布置的军队。④倏而往，忽而来：《治要》本"倏"、"忽"二字下均有"然"字。倏，忽然。⑤故善战者，不待张军：张军，展开军队，列阵变质。张，伸展，展开。⑥善除患者，理于未生：理于未生，意为防患于未然。理，治理，处理。⑦上战，无与战：上战，最高的战略。与《孙子·谋政》所言"不战而屈人之兵，善之善者也"意思相近。⑧上圣：指智能超群，德才杰出的人。⑨国师：国君之师，一国之中智慧最高的人。⑩国工：一国的能工巧匠。⑪用莫大于玄默：玄默，缄默不言，即保守秘密，不暴露自己的企图。⑫见：音xiàn，通"现"，显示，显露。⑬征：征候。引申为观察，揣度。⑭孰知其纪：纪，准则，规律，也可理解为纪极、终极。⑮阴阳：阴阳是中国古代哲学的一对范畴。古代的哲学家们用阴阳这个概念来解释自然界两种对立和相互消长的物质势力，并认为阴阳的对立和消长是事物本身所固有的，进而认为阴阳的对立和消长是宇宙的基本规律。候：征兆，契机。⑯天地盈缩：指自然界的盛衰变化，如四季的更迭、日月的盈亏等等。⑰常：常规，定则。⑱形：指盈缩变化。

[译文]

武王向太公问道："进攻作战的原则是什么？"

太公答道："作战的态势要根据敌人的行动而决定，战术的变化产生于敌我双方的临阵对垒，奇正的运用来源于主将无穷的智慧和思考。所以，最重要的机密不能泄露，用兵的谋略不可言传，况且机密极为重要只能藏于心中而不能表露，军队的部署和运用只能隐秘而不可暴露于敌。倏然而去，忽然而来，只能由主将独断专行而不受制于人，这就是用兵的原则。敌人听说我军兴兵，就会商议应对之策；敌人发现我军行动，就会设计对我军算计图谋；敌人了解我军企图，我军就会陷入困境；敌人摸清我军的行动规律，我军就会遭遇危险。所以善于用兵的，取胜于军队动用之前；善于消除祸患的，能够消除祸患于未然；善于打胜仗的，能够取胜于无形之中。最高明的作战是不战而使敌人屈服。因此，经过白刃相交殊死拼搏而取胜的，不能称为良将；在兵败之后再来设置守备的，不能称为智士；智慧仅与一般人相同的，不能称为国师；技艺仅与一般人相同的，不能称为国工。用兵最重要的莫过于所攻必克，作战最重要的莫过于保守机密，行动最重要的莫过于出其不意，计谋最重要的莫过于神妙难测。凡是未战而先胜的，都是先示弱于敌，然后进行决战。这样便可事半而功倍。

"圣人观察天地的变化，反复探求其运行的规律，根据日月的运行，季节的变化，昼夜的长短，推断出事物变化的普遍规律。万物的生死，取决于天地的变化。所以说，没有弄清战争的形势就贸然作战，虽然军队众多，也必定失败。

"善于指挥作战的人，按兵待机不被假象所干扰，看到有胜利把握就进攻，没有获胜的可能就停止。所以说，在战场上不要恐惧，不要犹豫。用兵最大的灾难是犹豫；军队最大的灾难是狐疑。善于打仗的人，看到有利的因素就抓住不放，遇到有利的战机决不迟疑。否则，失掉有利条件放过有利战机，自己反而会遭受祸殃。所以，明智的指挥者抓住战机就不放过，机智的指挥者一经决定就绝不迟疑。所以投入战斗才能像迅雷使人不及掩耳，像闪电使人不及闭目。全军勇往直前，有如惊马奔驰；尽力奋战，如同狂犬飞奔。敌军若阻挡它就被击破，靠近它都被消灭，这样的军队谁还能抵抗呢?

"主将用兵,能不动声色而胸有成竹的叫作神,情况未明而洞察端倪的叫作明。所以,掌握了神明的道理,作战就没有势均力敌的对手,天下就没有敢于作对的敌国。"

武王说:"您讲得真好啊!"

奇 兵

武王问太公曰:"凡用兵之道,大要何如①?"

太公曰:"古之善战者,非能战于天上,非能战于地下,其成与败,皆由神势②。得之者昌,失之者亡。

"夫两陈之间,出甲陈兵,纵卒乱行者,所以为变也;深草蓊翳者③,所以逃遁也;溪谷险阻者,所以止车御骑也;隘塞山林者,所以少击众也;坳泽窈冥者④,所以匿其形也;清明无隐者,所以战勇力也;疾如流矢[击]如发机者,所以破精微⑤也;诡伏设奇⑥,远张诳诱⑦者,所以破军擒将也;四分五裂⑧者,所以击圆破方也⑨;(困)[因]其惊骇者,所以一击十也;因其劳倦暮舍者,所以十击百也;奇伎者,所以越深水、渡江河也;强弩长兵者⑩,所以逾水战也;长关远候⑪,暴疾谬遁⑫者,所以降城服邑也;鼓行喧嚣者,所以行奇谋也;大风甚雨⑬者,所以搏前擒后也;伪称敌使者,所以绝粮道也;谬号令⑭与敌同服者,所以备走北⑮也;战必以义者,所以励众胜敌也;尊爵重赏者,所以劝用命⑯也;严刑罚者,所以进罢怠⑰也;一喜一怒,一与一夺,一文一武⑱,一徐一疾者,所以调和三军,制一⑲臣下也;处高敞者,所以警守也;保阻险者,所以为固也;山林茂秽⑳者，所以默往来也；深沟高垒，粮多者，所以持久也。

"故曰：不知战攻之策，不可以语敌；不能分移㉑，不可以语奇；不通治乱，不可以语变。故曰：将不仁，则三军不亲；将不勇，则三军不锐；将不智，则三军大疑；将不明，则三军大倾㉒；将不精微，则三军失其机；将不常戒，则三军失其备；将不强力，则三军失其职。故将者，人之司命㉓，三军与之俱治，与之俱乱。得贤将者，兵强国昌，不得贤将者，兵弱国亡。"

武王曰："善哉！"

[注释]

①大要：要旨，概要。②神势：神妙的态势。③蓊翳（wěngyì）：草木茂盛。④坳（ào）泽：低洼潮湿的地方。窈冥（yǎomíng）：幽暗。⑤精微：精妙周密。⑥诡伏：行诡计，设埋伏。⑦诳诱：欺骗诱惑。⑧四分五裂：此指将全军分为若干个部分，散布在战场之上。⑨"圆"、"方"：指敌军所布的各种阵势。⑩强弩：指发射力强大、射程较远的弩。弩，用机栝发射的弓。长兵：长柄兵器。⑪长关远候：意为在远方设立关卡，派出侦察。⑫暴疾谬遁：意为行动迅速、进退诡诈。⑬甚雨：急骤的暴雨。⑭谬号令：冒用敌人的号令。⑮走北：败退逃走。⑯用命：听命效力。⑰罢怠：疲乏怠惰。罢，音pí，通"疲"。⑱一文一武：指有张有弛，有宽有猛。⑲制一：控制而使之一致。⑳茂秽：茂密芜杂。㉑分移：分散转移。意为灵活机动地使用兵力。分，分开。移，挪动。㉒倾：倒下，倾覆。引申为失败，崩溃。㉓司命：掌握命运。

[译文]

武王向太公问道："用兵的法则，有哪些要领？"

太公回答道："古代善于用兵的人，并不是能战于天上，也不是能战于地下，其成功与失败，全在于能否掌握神妙莫测的用兵之势。能掌握这种态势的就获胜，不能掌握这种态势的就失败。

"当两军对阵交锋时，卸下铠甲，放下武器，放纵士兵，行列混乱，目的是为了蒙骗敌人，准备采取出其不意的行动；把军队布置在草木茂盛地区，目的是为了便于隐蔽撤退；占据溪谷险阻地形,目的是为了阻止敌人战车和骑兵行动;占领险隘关塞山林地形,目的是为了以少击众;占领低洼、水泽等低湿幽暗地区,目的是为了隐蔽军队行动;占领平坦开阔地区,目的是为了同敌人公开比勇斗力;行动快如飞箭,突击猛如发机,目的是以迅雷不及掩耳之势打破敌人的深谋妙计;巧妙设伏,布置奇兵,虚张声势,诱骗敌人,目的是为了击破敌军,擒获敌将;四面出击,多方进攻,目的是为了击溃敌军或圆或方的各种阵势;乘敌人惊慌失措之机发起进攻,目的是为了达到以一击十、以少胜多的效果;乘敌人疲劳不堪、夜晚宿营之机实施突袭,目的是为了达到以十击百的效果,也能以少胜多;利用奇妙的技术架桥造船,目的是为了越过深水,渡过大河;使用力量强大的弓弩和长兵器,目的是为了便于越水作战;在边远地区设置关卡,派出侦察人员,隔断守军与外界的联系,突然假装退兵,目的是为了降服敌人城池占领敌人土地;故意大声鼓噪喧嚣地行军,目的是为了扰乱敌人耳目施行奇计妙策;冒着大风暴雨天气展开行动,目的是为了攻前袭后多方进击;冒称敌人使者潜入敌后,目的是为了切断敌人运粮的通道;诈用敌人号令,穿上与敌军同样的服装,目的是为了在战局不利时,便于准备撤退;作战中对官兵晓以大义,目的是为了激励士气战胜敌人;对有功的加封官爵,加重奖赏,目的是为了劝勉官兵奋勇效命;对有罪的施行严刑重罚,目的是为了促使疲惫的官兵坚持战斗;有喜有怒,有赏有罚,有礼有威,有慢有快,目的是为了协调全军意志,统一步调行动;占领高大而又视野开阔的地形,目的是为了便于警戒和守备;保守险隘要地,目的是为了稳固自己的防御;占领山深林密的地形,目的是为了隐蔽军队的行动;深挖壕沟,高筑壁垒,多储粮秣,目的是为了持久作战。

"所以说,主将不懂得攻战的策略,就谈不上对敌作战;不会机动使用兵力,就谈不上出奇制胜;不通晓军队治乱的关系,就谈不上随机应变。可以这么说，主将不仁慈，军队就不会拥护；主将不勇敢，军队就没有战斗力；主将不机智，军心就会动摇；主将不精明，军队就会遭到惨败；主将考虑问题不精细微妙，军队就会失去战机；主将缺乏警惕，军队就会疏于戒备；主将领导不坚强有力，军队就会玩忽职守。所以，主将是军队的主宰。主将持身严正，才能卓越，军队就会整齐有序，纪律严明，具有强大的战斗力；主将持身不正，才智平庸，全军也就散漫混乱，纪律松弛，没有什么战斗力。因此，得到了贤明精干的主将，国家就会昌盛、军队就会强大；得不到贤明精干的主将，国家就会衰弱、军队就会覆亡。"

武王说："您讲得真好啊！"

五 音

武王问太公曰："律音之声①，可以知三军之消息，胜负之决乎？"

太公曰："深哉！王之问也。夫律管②十二，其要有五音：宫、商、角、徵、羽③，此其正声也，万代不易。五行④之神，道之常也，可以知敌。金、木、水、火、土，各以其胜攻之。

"古者三皇⑤之世，虚无⑥之情，以制刚强。无有文字，皆由五行。五行之道，天地自然。六甲⑦之分，微妙之神。

"其法：以天清净，无阴云风雨，夜半，遣轻骑往至敌人之垒，去九百步外，偏持律管当耳，大呼惊之。有声应管，其来甚微。角声应管，当以白虎⑧；徵声应管，当以玄武；商声应管，当以朱雀；羽声应管，当以勾陈；五管声尽不应者，宫也，当以青龙⑨。此五行之符⑩，佐胜之征，成败之机。"

武王曰："善哉！"

太公曰："微妙之音，皆有外候⑪。"

武王曰："何以知之？"

太公曰："敌人惊动则听之。闻枹⑫鼓之音者，角也；见火光者，徵也；闻金铁矛戟之音者，商也；闻人啸呼之音者，羽也；寂寞无闻者，宫也。此五者，声色之符也。"

[注释]

①律音之声：律音，指六律、五音。"律"是一种管状仪器，用来校正乐音标准。按照管的长短，从低音算起，成奇数的六个管叫作律，称为六律；成偶数的六个管就叫作六吕了，张炎《词源》说："六阳为律，六阴为吕。"六律具体包括：黄钟、太簇、姑洗、蕤宾、夷则、无射。但一般提及的"六律"，往往也把六吕包括在内，实际上是对十二律吕的统称。五音，宫、商、角、徵、羽。②律管：古代正音的乐器，用竹、玉或铜制成，共十二管。各管按音阶由低到高依次为黄钟、大吕、太簇、夹钟、姑洗、中吕、蕤宾、林钟、夷则、南吕、无射、应钟。③宫、商、角、徵、羽：古代的五个音阶，分别相当于现在简谱上的1、2、3、5、6。此外又有变徵和变宫，大致与现在简谱上的4、7相当。阴阳五行家以五音配五行，宫属土，商属金，角属木，徵属火，羽属水。④五行：古人认为天地间万物都是由金、木、水、火、土五种物质构成，称之为"五行"，并且把"五行"的概念扩大到天文、历数、季节、地理、方位、医药、音乐、战阵、命相等各个方面。古人认为五者相生相克。即金生水，水生木，木生火，火生土，土生金；金克木，木克土，土克水，水克火，火克金。⑤三皇：传说中远古的帝王（实际应是部落联盟首领）。具体人物说法不一，或以伏羲、神农、祝融，或以伏羲、神农、黄帝为三皇等等。⑥虚无：清静无为，无为而无不为。⑦六甲：古代用天干与地支相配计算时日，其中甲子、甲戌、甲申、甲午、甲辰、甲寅六个以甲为首的干支称六甲。五行术数认为六甲循环推数，可能预测吉凶，并可用隐遁的方法避凶趋吉，称为遁甲。⑧白虎：古代天文学把黄道上的恒星分为二十八个星座即二十八宿。白虎本是西方七宿的合称，又用以代指西方，因西方属金，五行家又以白虎为

金之神。⑨商声应管，当以朱雀；羽声应管，当以勾陈；五管声尽不应者，宫也，当以青龙：玄武，本是北方七宿的合称，又用以代指北方。因北方属水，五行家又以玄武为水之神。朱雀，本是南方七宿的合称，又用以代指南方。因南方属火，五行家又以朱雀为火之神。勾陈，古代天文学所定的一个星座，包括六颗恒星，勾陈即北极星。从地球上看，北极星位置不变，为群星所环绕，因此又用以代指中央。因中央属土，五行家又以勾陈为土之神。青龙，本是东方七宿的合称，又用以代指东方。因东方属木，五行家又以青龙为木之神。⑩此五行之符：符，符合，应验。⑪外候：外见的征候，显露于外的迹象。⑫枹（fú）：击鼓的小棰。

[译文]

武王向太公问道："从律管发出的声乐中，可以判断军队力量的消长，预知战争的胜负吗？"

太公回答道："我王所问的这个问题真是深奥啊！律管共有十二个音阶，其中主要的有五个，即宫、商、角、徵、羽。这五种是真正的合符音律的纯正之声，千秋万代都不会改变。五行相生相克，神妙无比，乃是天地变化的自然规律，借此可以预测敌情的变化。金、木、水、火、土五行，各以其相互生克取胜。

"古代三皇的时候，崇尚虚无无为，以克制刚强暴虐。当时没有文字，一切都按照五行生克行事。五行相互生克的原理，就是天地演变的自然规律。六甲的区分隐遁，体现了最微妙的神机。

"运用五音五行的方法是：当天气清明晴朗，没有阴云风雨时，于半夜派遣轻骑前往敌人营垒，在距离敌营九百步以外的地方，都手拿律管对着耳朵，向敌方大声疾呼以惊动他们。这时，就会有来自敌方的回声反应于律管中，这回声非常微弱。如果是角声反应于律管中，就应当根据白虎所代表的方位（用右军）从西方攻打敌人；如果是徵声反应于律管中，就应当根据玄武所代表的方位（用后军）从北边攻打敌人；如果是商声反应于律管中，就应当根据朱雀所代表的方位（用前军）从南边进攻敌人；如果是羽声反应于律

五音　111

管中，就应当根据勾陈所代表的方位（用中军）从中央攻打敌人；所有律管都没有回声的是官声的反应，应当根据青龙所代表的方位（用左军）从东边攻打敌人。所有这些就是五行生克的符验效应，辅佐制胜的征兆，胜败的关键。"

武王道："这太妙了！"

太公说："微妙的音律，都有外在的征候。"

武王又问："怎么才能知道这些征候呢？"

太公回答道："当敌人被惊动时就仔细倾听，听到鼓声是角声的反应，见到火光是徵声的反应，听到金铁矛戟各种兵器声是商声的反应，听到敌人的呼叫声是羽声的反应，寂静无声的是官声的反应。这五种迹象，都是律管中的声音外在的符验。"

兵　征

武王问太公曰："吾欲未战先知敌人之强弱，豫见胜负之征①，为之奈何？"

太公曰："胜负之征，精神先见②。明将察之，其败在人。谨候③敌人出入进退，察其动静，言语袄祥④，士卒所告。凡三军说怿⑤，士卒畏法，敬其将命，相喜以破敌，相陈以勇猛，相贤以威武，此强征也；三军数惊，士卒不齐，相恐以敌强，相语以不利，耳目相属，妖言不止，众口相惑，不畏法令，不重其将，此弱征也；三军齐整，阵势已固，深沟高垒，又有大风甚雨之利，三军无故⑥，旌旗前指⑦，金铎之声扬以清，鼙鼓之声宛以鸣，此得神明之助，大胜之征也；行陈不固，旌旗乱而相绕，逆大风甚雨之利，士卒恐惧，气绝而不属，戎马惊奔，兵车折轴，金铎之声下以浊，鼙鼓之声湿如沐⑧，此大败之征也。

"凡攻城围邑,城之气⑨色如死灰,城可屠;城之气出而北,城可克;城之气出而西,城必降;城之气出而南,城不可拔;城之气出而东,城不可攻;城之气出而复入,城主⑩逃北;城之气出而覆我军之上,军必病;城之气出高而无所止,用兵长久。凡攻城围邑,过旬不雷不雨,必亟去之,城必有大辅⑪。此所以知可攻而攻,不可攻而止。"

武王曰:"善哉!"

[注释]

①豫见胜负之征:"豫",又作"预",古代相通。②精神:指人的精神面貌。见,音xiàn,通"现",显露。③候:伺望,侦伺。④言语袄祥:妖祥,吉凶。妖,怪异凶恶。祥,吉祥。⑤说怿:心情愉快欢悦。说,音yuè,通"悦"。⑥无故:没有事故,平静安定。此处指不待命令而行动。⑦前指:前向,向前飘扬。⑧鼙鼓之声湿如沐:蒙鼓之皮如被淋湿,其声不振。⑨气:云气,包括可见的云和所谓常人不可见但术士能够观察到的气。古人迷信,认为帝王将相、圣贤之人乃至城邑军队、奇珍异宝之上都有云气屯聚相随,而这种云气又可依其形状、颜色、流动变化而占验吉凶。死灰:灰白色。⑩城主:守城的主将。⑪大辅:杰出的辅佐之人。

[译文]

武王向太公问道:"我想在未交战之前就先知道敌人的强弱,预见战争胜负的征兆,应该怎么办?"

太公答道:"胜败的征兆,首先在敌人精神上表现出来。英明的主将能够察觉,但能否利用征兆打败敌人,则在于人的主观努力。应当周密地侦察敌人出入进退的情况,观察他们的动静、言谈中的吉凶预兆和士卒们相互议论的事情。凡是全军上下精神愉快,士卒畏惧法令,尊重主将命令,相互以破敌为喜,相互以勇猛为荣,相互以威武为誉,这是军队战斗力强大的征兆;如果全军上下经常无故自相惊扰,士卒散乱行列不整,相互之间被敌人的强悍所恐吓,相互传播作战不利的消息,相互之间议论纷纷,谣言四起不能制止，互相煽惑欺蒙，不畏惧法令，不尊重主将，这是军队战斗力虚弱的征兆；全军步调一致，阵势坚固，沟深垒高，又凭借大风大雨的有利气候条件，三军不待命令而旌旗指向前方，金铎之声高扬而清晰，鼙鼓之声婉转而嘹亮，这是军队得到神明的帮助，必将取得大胜的征兆；全军行阵不稳固，旌旗纷乱而方向不明，在大风大雨中处于逆风的不利气候条件，士卒震骇恐惧，士气衰竭而涣散，军马惊骇狂奔，战车轴木折断，金铎之声低沉而混浊，鼙鼓之声沉闷而压抑，这是军队大败的征兆。

"凡是攻打包围城邑，需要仔细观察城邑上的云气。如果城上的云气是死灰之色，表明此城可被毁灭；如果城上的云气出而向北流动，表明此城可被攻克；如果城上的云气出而向西流动，表明此城可能投降；如果城上的云气出而向南流动，表明此城坚不可拔；如果城上的云气出而向东流动，表明此城不能轻易进攻；如果城上的云气出而又入，表明守城的主将必定逃亡败北；如果城上的云气出而覆盖我军，表明我军必遭不利；如果城上的云气高升而不停止，表明作战一定历时长久。凡是攻城围邑，如果过了十天仍不打雷下雨，必须迅速撤围，因为城中一定有贤能的辅助。这样，就可以知道为什么可攻就攻，不可攻就停止的道理了。"

武王说："您讲得真好啊！"

农　　器

武王问太公曰："天下安定，国家无事，战攻之具可无修[①]乎？守御之备可无设乎？"

太公曰："战攻守御之具尽在于人事。耒耜[②]者，其行马蒺藜也[③]；马牛车舆者，其营垒蔽橹[④]也；锄耰[⑤]之具，其矛戟也；

蓑薛簦笠者，其甲胄干楯也⑥；钁、锸、斧、锯、杵、臼，其攻城器也；牛马，所以转输粮用也；鸡犬，其伺候也；妇人织纴，其旌旗也；丈夫平壤，其攻城也；春铍草棘⑦，其战车骑也；夏耨田畴⑧，其战步兵也；秋刈⑨禾薪，其粮食储备也；冬实仓廪⑩，其坚守也；田里相伍⑪，其约束符信⑫也；里⑬有吏，官有长，其将帅也；里有周垣⑭，不得相过，其队分⑮也；输粟收刍⑯，其廩库也；春秋治城郭，修沟渠，其堑垒也。

"故用兵之具，尽在于人事也。善为国者，取于人事。故必使遂其六畜⑰，辟其田野，安其处所，丈夫治田有亩数，妇人织有尺度。是富国强兵之道也。"

武王曰："善哉！"

[注释]

①修：整治。②耒（lěi）耜（sì）：古代耕地翻土的农具。耒为柄，耜为铲，形状与犁相似。③行马：即拒马，用以堵塞道路的障碍器材。蒺藜，本是一种草本植物，果实多刺。这里是指木蒺藜，一种带有尖刺的障碍物，形如蒺藜，用以阻拦通道，妨碍敌军行动。④蔽橹：用来遮蔽防身的大盾牌。⑤櫌（yōu）：古代一种碎土平田的农具。⑥蓑薛簦笠者，其甲胄干楯也：蓑薛，草编的雨衣。簦，古时有柄的笠，即雨伞。笠，斗笠，戴在头上。它们都是遮雨的器具。⑦铍（bó）：古农具，似镰，用于割草。⑧夏耨田畴：耨（nòu），耘田除草。⑨刈（yì），割。⑩廩（lǐn）：泛指粮仓。⑪田里：田地和住宅，此用以代指农家。相伍：编制户籍，以五家为一伍。⑫符信：凭证。⑬里：古代居民聚居的地方，也是古代基层行政组织。或以25户为一里，或以50户、100户为一里。⑭周垣：即为四周的墙垣。⑮队分：队伍的分别界限。⑯输粟收刍：《直解》本"收"作"取"。刍，喂饲牛马的草料。⑰六畜：指马、牛、羊、鸡、犬、豕（猪）。《三字经》："马牛羊，鸡犬豕。此六畜，人所饲。"

[译文]

武王向太公问道："天下安定，国家没有战争。在这种情况下，野战、攻城的器械，可以不用整修吗？防守御敌的设施，可以不用储备吗?"

太公答道:"战时的攻战守御器材,实际上全部寓存于平时人民生产生活的工具中。耕作用的耒耜,可用作拒马、木蒺藜等障碍器材;马车和牛车,可用作营垒和蔽橹等屏障器材;锄耰等农具,可用作战斗的矛戟;蓑衣、雨伞和斗笠,可用作战斗的盔甲和盾牌;大锄、锹锸、斧子、锯子、杵臼,可用作攻城器械;牛马,可用来转运军粮;鸡狗,可用来报时和警戒;妇女纺织和缝纫,可用于制作战旗;男子平整土地的技术,可用于攻城作业;春季割草除棘的方法,可用为同敌战车骑兵作战;夏季耘田锄草的方法,可用为同敌步兵作战的技巧;秋季收割庄稼柴草,可用作备战的粮秣;冬季粮食堆满仓库,就是为战时的长期坚守作准备;农家编成户籍,组织起来,就等于军中用法规约束行为,用号令符信指挥行动;每里设长吏,官府有长,战时即可充任军队的军官;里之间修筑围墙,不得逾越,战时即是军队的驻地区分;运输粮食,收割饲料,战时就是军队的后勤储备;春秋两季修筑城郭,疏浚沟渠,如同战时修治壁垒沟壕。

"所以说,攻城、野战所需要的器具,实际上全部寓存于平时人民生产生活的工具中。善于治理国家的人,就要重视平时人民生产生活。所以必须使人民大力繁殖六畜,开垦田地,安定住所。男子种田要达到一定的亩数,妇女纺织要完成规定的尺数。这就是富国强兵的方法。"

武王说:"您讲得真好啊!"

卷四　虎韬

军　用

武王问太公曰："王者举兵，三军器用，攻守之具，科品①众寡，岂有法乎？"

太公曰："大哉！王之问也。夫攻守之具，各有科品，此兵之大威也。"

武王曰："愿闻之。"

太公曰："凡用兵之大数，将甲士万人，法用：武冲大扶胥②三十六乘，材士强弩矛戟为翼③，一车二十四人推之，以八尺车轮，车上立旗鼓④。兵法谓之震骇，陷坚陈，败强敌；武翼大橹矛戟扶胥七十二具⑤，材士强弩矛戟为翼，以五尺车轮，绞车连弩自副⑥，陷坚陈，败强敌；提翼小橹扶胥⑦一百四十四具，绞车连弩自副，以鹿车轮，陷坚陈，败强敌；大黄参连弩大扶胥三十六乘⑧，材士强弩矛戟为翼，飞凫、电影⑨自副。飞凫赤茎白羽，以铜为首；电影青茎赤羽，以铁为首。昼则以绛缟⑩，长六尺，广六寸，为光耀；夜则以白缟，长六尺，广六寸，为流星，陷坚陈，败步骑。大扶胥冲车三十六乘，螳螂武士⑪共载，可以纵击横，败强敌。辎车骑寇⑫，一名电车⑬，兵法谓之电击，陷坚陈，败步骑。寇夜来前，矛戟扶胥轻车⑭一百六千乘。螳螂武士三人共载，兵法谓之霆击，陷坚陈，败步骑。

"方首铁棓维盼⑮，重十二斤，柄长五尺以上，千二百枚，一名天棓。大柯斧⑯，刃长八寸，重八斤，柄长五尺以上，千二百枚，一名天钺。方首铁槌，重八斤，柄长五尺以上；千二百枚，一名天槌，败步骑群寇。飞钩⑰，长八寸，钩芒长四寸，柄长六尺以上，千二百枚，以投其众。

"三军拒守：木螳螂剑刃扶胥⑱，广二丈，百二十具，一名行马。平易地，以步兵败车骑。木蒺藜⑲，去地二尺五寸，百二十具。败步骑，要穷寇⑳，遮走北㉑。轴旋短冲矛戟扶胥㉒百二十具，黄帝所以败蚩尤氏㉓。败步骑，要穷寇，遮走北。狭路微径，张铁蒺藜，芒高四寸，广八寸，长六尺以上，千二百具，败步骑。突瞑㉔来前促战，白刃接，涨地罗㉕，铺两镞蒺藜，参连织女㉖，芒间相去二寸，万二千具。旷野草中，方胸铤矛㉗，千二百具，张铤矛法，高一尺五寸。败步骑，要穷寇，遮走北。狭路、微径、地陷，铁械锁参连，百二十具。败步骑，要穷寇，遮走北。

"垒门拒守：矛戟小橹十二具，绞车连弩自副。

"三军拒守：天罗虎落㉘锁连一部，广一丈五尺，高八尺，百二十具。虎落剑刃扶胥㉙，广一丈五尺，高八尺，五百二十具。

"渡沟堑：飞桥㉚一间，广一丈五尺，长二丈以上，着转关辘轳，八具，以环利通索张之。渡大水，飞江㉛广一丈五尺，长二丈以上，八具，以环利通索张之。天浮㉜铁螳螂，矩内圆外，径四尺以上，环络自副，三十二具。以天浮张飞江，济大海，谓之天潢，一名天舡㉝。

"山林野居，结虎落柴营㉞，环利铁锁，长二丈以上，千二百枚。环利大通索大四寸，长四丈以上，六百枚。环利中通索大二寸，长四丈以上，三百枚。环利小微缧长二丈以上，万二千枚。天雨，盖重车上板，结枲钼铻㉟，广四尺，长四丈以上，车一具，以铁杙㊱张之。

"伐木大斧，重八斤，柄长三尺以上，三百枚。棨钁㊲刃，广六寸，柄长五尺以上，三百枚。铜筑固为垂，长五尺以上，三百枚。鹰爪方胸铁耙，柄长七尺以上，三百枚。方胸铁叉，柄长七尺以上，三百枚。方胸两枝铁叉，柄长七尺以上，三百枚。芟㊳草木大镰，柄长七尺以上，三百枚。大橹刀，重八斤，柄长六尺，三百枚。委环铁杙，长三尺以上，三百枚。椓㊴杙大锤，重五斤，柄长二尺以上，百二十具。

"甲士万人，强弩六千，戟盾二千，矛盾二千。修正攻具，砥砺㊵兵器巧手三百人。此举兵军用之大数也。"

武王曰："允哉！"

[注释]

①科品：种类，品类。②武冲大扶胥：设有大盾的大型战车。扶胥，战车的别名。③材士：《直解》本作"材勇之士"，勇猛而武艺高强的战士。翼：护卫。④旗鼓：古代军队往往用旗鼓传递信号，指挥军队行动。车上立旗鼓，具有指挥车的性质。⑤武翼大橹矛戟扶胥：一种装备有大盾牌和矛戟的战车。⑥绞车连弩：一种用绞车张弓，能连续发射箭矢的强弩。绞车，一种用以张开强弩的牵引机械。连弩，装有机栝，可以连发数矢的弩。⑦提翼小橹扶胥：装备有小盾牌的小型战车。⑧大黄参连弩大扶胥：装备有大黄连弩的大型战车。大黄，一种强弩的名称。参连弩，能连续击发的强弩。⑨飞凫、电影：两种箭的名称。⑩绛缟：大红色的丝绢。绛，深红色。缟，生绢。⑪螳螂武士：骁勇

善战的武士。螳螂举臂有奋击之势，所以被用来作为武士的称号。⑫辎车骑寇：轻快迅捷的战车。⑬电车：快如闪电的战车。⑭矛戟扶胥轻车：一种配备有矛戟的轻型战车。⑮方首铁棓维朌：一种大方头的铁棒。棓，音bàng，通"棒"。朌，音fén，同"颁"，大头。⑯大柯斧：长柄斧头。柯，斧柄。⑰飞钩：古代兵器，似剑而曲，可用来钩取敌人。⑱木螳螂剑刃扶胥：一种用以拒守的木制战车，形似螳螂，有尖刃向外。⑲木蒺藜：用木料制成的形如蒺藜的有刺障碍物。⑳要：音yāo，拦截。穷寇：败逃奔窜、势穷力竭的敌人。㉑遮：拦截。走北：败退奔逃。㉒轴旋短冲矛戟扶胥：一种配备有冲角矛戟可以旋转的战车。㉓蚩尤氏：传说中九黎族首领，有兄弟九十一人，均善身人头，相传发明用金属制造兵器，能呼风唤雨，勇猛善战，后与黄帝争夺中原，失败被杀。综合汉文古籍记载，蚩尤是中国原始社会末期活跃在今河北山西及山东西部的一个农耕部落名称，即该农耕部落酋长与部落民之共同名称。蚩尤部落为神农氏氏族后裔，属炎帝部落联盟。《拾遗记》载，邹氏、屠氏为其遗裔中可查之姓氏。㉔突螟：在天色黑暗时进行突袭。㉕地罗：地网。㉖参连织女：将蒺藜连缀在一起的障碍物。织女，本是一种类似蒺藜的草，此处指一种带有尖刺的障碍物。㉗方胸铤矛：齐胸高的小矛。铤（yán），短柄小矛。㉘天罗虎落：一种障碍物。天罗，缀有蒺藜的网。虎落，竹篱。㉙虎落剑刃扶胥：一种四周有竹篱和剑刃的战车。㉚飞桥：一种可折叠的桥或壕桥。㉛飞江：一种可济渡江河的浮桥。㉜天浮：一种浮桥。㉝天舡：大船。㉞柴营：营寨。柴，通"寨"。㉟结枲钼铻：指在木板上契刻齿槽，使与战车吻合。枲（xǐ），麻。钼铻（jǔyǔ），排列成锯齿状。㊱铁杙：铁桩或钉子一类的东西。杙（yǐ），橛，桩子。㊲栔钁（qījué）：一种大锄头。㊳芟（shān）：除草。㊴椓：锤击。㊵砥砺：磨刀石，此处意为磨快、磨利。

[译文]

武王向太公问道："君王兴兵作战，军队的武器装备和攻守器械，其种类的区分和数量的多少，有一定的标准吗？"

太公答道："我王提出的这个问题的确是非常重要啊！攻守器械的种类和数量，各有不同，这是关系到军队威力强弱的关键。"

武王说："我想听您详细介绍一下。"

太公回答："凡是用兵作战，武器装备有个大概的标准。统率甲士万人，所需武器装备的标准是：名为武冲大扶胥的战车三十六辆，以有技能而勇猛的武士使用强弩、矛、戟在两旁护卫，每车用二十四人推行。其车轮的高度为八尺，车上竖旗立鼓，以便指挥。兵法上把这种战车叫作震骇，可用它攻破坚固的阵势，击败强敌。名为武翼大橹矛戟扶胥的战车七十二辆，以有技能而勇猛的武士使用强弩、矛、戟为两翼护卫。其车轮高五尺，并附设用绞车发射的连弩，可用它攻破坚固的阵势，击败强敌。名为提翼小橹扶胥的战车一百四十辆，附设用绞车发射的连弩。这种车装有独轮，可用它攻破坚固的阵势，击败强敌。名为大黄参连弩大扶胥的战车三十六辆，以有技能而勇猛的武士使用强弩、矛、戟在两旁护卫，附设称作飞凫和电影的两种箭矢。所谓飞凫，有红色的竿、白色的羽，用铜做箭头；所谓电影，用青色的竿、红色的羽，用铁做箭头。白天车上飘扬大红色的绢作旗子，其长六尺，宽六寸，名叫光耀；夜间用白色的绢作旗子，其长六尺，宽六寸，名叫流星。这种战车可用来攻破坚固的阵势，击败敌人的步兵和骑兵。名为大扶胥冲车的战车三十六辆，车上载乘被称作螳螂的奋勇攻击武士，可以用来纵横冲击，击败强敌。名为辎车寇骑的战车，也叫电车，兵法上又称为电击，可以用来攻破坚固的阵势，击败敌人步骑。敌人乘黑夜前来突袭，宜用名为矛戟扶胥轻车的战车一百六十辆，每车上载乘被称作螳螂的武士三人。兵法上称为霆击，可用来攻破坚固的阵势，击败敌人步骑。

"名为方首铁棓维盼的铁棒，重十二斤，柄长五尺以上，共设置一千二百把，这种武器也叫天棓。名为大柯斧的长柄斧，刃长八寸，重八斤，柄长五尺以上，共置一千二百把，这种武器也叫天钺。方首铁锤，重八斤，柄长五尺以上，共一千二百把。也叫天锤。这些武器都可以用来击败敌人的步骑。飞钩，长八寸，钩尖长四寸，柄长六尺以上，共一千二百枚，可以用来投掷钩伤敌人。（以上是进攻敌人所用的武器装备。）

"军队防守时，应使用一种名为木螳螂剑刃扶胥的战具，每具宽两丈，共一百二十具，也叫行马。在平坦开阔的地形上，步兵可以用它来阻碍敌车骑的行动。木蒺藜，设置时要高于地面二尺五寸，共一百二十具，可以用来阻碍敌步骑行动，拦阻势穷力竭的敌人，截堵撤退逃跑的敌人。名为轴旋短冲矛戟扶胥的战车一百二十辆，黄帝曾用以打败蚩尤。可以用它来击败敌人的步骑，拦阻势穷力竭的敌人，截堵撤退逃跑的敌人。在隘路、小道上，可以布设铁蒺藜。铁蒺藜刺长四寸，宽八寸，每具长六尺以上，共一千二百具，可用来阻碍敌人步骑行动。敌人乘着黑夜突然前来逼战，白刃相接，这时应张设地罗，布置两镞蒺藜和名为参连织女的障碍物，每具芒尖相距二寸，共一万二千具。在旷野深草地区作战，应设置名为方胸铤矛的障碍物共一千二百具。布设铤矛的方法，是使它高出地面一尺五寸。以上这些器具，可以用来击败敌人步骑，拦阻势穷力竭的敌人，截堵撤退逃跑的敌人。在隘路、小道和低洼的地形上，可以张设名为铁械锁参连的障碍物，共一百二十具。可以用来击败敌人的步骑，阻碍势穷力竭的敌人，截堵撤退逃跑的敌人。

"用于军营门口拒敌防守的器械：用矛、戟、小橹十二具，并附设绞车连弩。军队进行守御时，应设置名为天罗虎落锁连的障碍物，每部宽一丈五尺，高八尺。共一百二十具。并设置名为虎落剑刃扶胥的战车，每部宽一丈五尺，高八尺，共五百二十具。

"渡越沟堑，要设置飞桥，每间宽为一丈五尺，长两丈以上，飞桥上装备转关辘轳，共八具，用铁环和长绳架设。横渡江河，要使用名为飞江的浮桥，宽一丈五尺，长两丈以上，共八具，用铁环和长绳把它们联结起来。名为天浮的渡水器材有叫作铁螳螂的铁锚，内呈圆形，外径四尺以上，并用铁环和绳索联结，共三十二具。用天浮架设飞江，可以横渡大河。这种渡河工具叫作天潢，也叫天舡。

"军队在山林旷野地区扎营，应用木材结成名叫虎落柴营的栅寨。用铁环长绳锁连，每条长两丈以上，共需一千二百条。带铁环的粗大绳索，铁环大四寸，绳长四丈以上，共六百条。带铁环的中等绳索，铁环大两寸，绳长四丈以上，共三百条；小号绳索，每条长两丈以上，共一万二千条。天下雨时，辎重车要盖上车顶板，板上契刻齿槽，使它与车子吻合，每副木板宽四尺，长四丈以上，每辆车配置一副并用名为铁杙的钉子加以固定。

"砍伐树木用的大斧，重八斤，柄长三尺以上，共三百把；名为棨钁的大锄，刃宽六寸，柄长五尺以上，共三百把；名叫铜筑固的大锤，长五尺以上，共三百把；名为鹰爪方胸的铁耙，柄长七尺以上，共三百把；名为方胸铁叉的叉竿，柄长七尺以上，共三百把。剪除草木用的大镰，柄长七尺以上，共三百把；名为大橹刀的割草工具，重八斤，柄长六尺，共三百把；带环的铁橛，长三尺以上，共三百个；钉橛用的大铁槌，重五斤，柄长二尺以上，共一百二十把。

"军队万人，需要装备强弩六千张，戟和大盾两千套，矛和盾两千套。此外，还需要修理作战器具和制造兵器的能工巧匠共三百人。以上所言，就是兴兵作战按一万人计算所需要的装备器材的大致数目。"

武王说："您讲得真对啊！"

三　阵

武王问太公曰："凡用兵为天陈、地陈、人陈[①]，奈何？"

太公曰:"日月、星辰、斗杓②,一左一右,一向一背,此为天陈;丘陵水泉,亦有前后左右之利③,此为地陈;用车用马,用文用武,此为人陈。"

武王曰:"善哉!"

[注释]

①凡用兵为天陈、地陈、人陈:陈,同"阵"。天陈,依照天象布列阵势。地陈,依照地形布列阵势。人陈,根据人事布列阵势。②斗杓:即北斗,亦即今天所称大熊星座中七颗较亮的星,在北天排列成斗(杓)形,其中四星组成斗身,三星组成斗柄。北斗七星在不同的季节和夜晚不同时间里,出现于天空的不同方位,古人往往根据初昏时斗柄所指的方向来决定季节,有所谓"斗柄指东,天下皆春;斗柄指南,天下皆夏;斗柄指西,天下皆秋;斗柄指北,天下皆冬"的说法。北斗七星又可以据以辨明方向。③古代兵家有所谓"前左水泽,右背山陵"的说法。

[译文]

武王向太公问道:"用兵作战时布设的所谓天阵、地阵、人阵,是怎么回事?"

太公回答说:"根据日月、星辰、北斗星在我军前后左右的具体位置,依照天象来布阵,就是所谓的天阵;利用丘陵水泽等地形条件来布阵,就是所谓的地阵;根据所使用的战车、骑兵等兵种和政治诱降或武力攻取等不同战法布阵,就是所谓的人阵。"

武王说:"您讲得真好啊!"

疾 战

武王问太公曰:"敌人围我,断我前后,绝我粮道,为之奈何?"

太公曰:"此天下之困兵①也。暴②用之则胜,徐用之则败。

如此者，为四武冲陈③，以武车骁骑惊乱其军而疾击之，可以横行。"

武王曰："若已出围地，欲因以为胜，为之奈何？"

太公曰："左军疾左，右军疾右，无与敌人争道，中军迭前迭后。〔往敌之空，吾军疾击，鼓而当之。〕敌人虽众，其将可走。"

[注释]

①困兵：处于困难境地的军队。②暴：突然，迅速勇猛。③四武冲陈：四面都用战车部队进行警戒的阵形。

[译文]

武王向太公问道："如果敌人从四面包围了我军，切断了我军与外界的联系，断绝了我军的粮道，在这种情况下应该怎么办？"

太公答道："这就是天下处境最困难的军队了。在这种情况下，如果急速突围，那还有可能战胜；如果行动迟疑，就会失败。突围的方法是，把部队布成四面都有警戒的'四武冲阵'（四面以战车作侧卫，主力居中之阵法）战斗队形，把武冲大扶胥布置在四侧，使用强大的战车和骁勇的骑兵，打击震骇敌军，使其陷入混乱，然后迅速突击，这样就可以横行无阻地突围出去了。"

武王又问："如果我军已成功地突出重围，还想乘势击败敌军，又该怎么办呢？"

太公又答道："应该以我左军迅速向敌左翼发起攻击，以我右军迅速向敌右翼发起攻击，不要和敌人争夺道路以免分散兵力，同时以我中军向敌轮番突击，或击其前，或抄其后。〔瞅准敌人防御薄弱之处，我军快速进击，传令全军击鼓御敌。〕这样，敌军虽多，也能将其打败。"

必 出

武王问太公曰:"引兵深入诸侯①之地。敌人四合而围我,断我归道,绝我粮食。敌人既众,粮食甚多,险阻又固,我欲必出,为之奈何?"

太公曰:"必出之道,器械为宝,勇斗为首。审知敌人空虚之地,无人之处,可以必出。将士人持玄旗②,操器械,设衔枚③夜出。勇力、飞足、冒将之士居前,平垒④为军开道,材士强弩为伏兵居后,弱卒车骑居中。陈毕徐行,慎无惊骇。以武冲扶胥前后拒守,武翼大橹以备左右。敌人若惊,勇力、冒将之士疾击而前,弱卒车骑以属其后,材士强弩隐伏而处。审候敌人追我,伏兵疾击其后,多其火鼓,若从地出,若从天下,三军勇斗,莫我能御⑤。"

武王曰:"前有大水、广堑、深坑,我欲逾渡,无舟楫之备⑥,敌人屯垒,限我军前⑦,塞我归道,斥候⑧常戒,险塞尽(中)[守]。车骑要⑨我前,勇士击我后,为之奈何?"

太公曰:"大水、广堑、深坑,敌人所不守,或能守之,其卒必寡。若此者,以飞江、转关与天潢以济吾军,勇力材士从我所指,冲敌绝⑩陈,皆致其死⑪。先燔⑫吾辎重,烧吾粮食,明告吏士,勇斗则生,不勇则死。已出者,令我踵军设云火远候⑬,必依草木、丘墓⑭、险阻,敌人车骑必不敢远追长驱。因以火为记,先出者令至火而止,为四武冲陈。如此,则吾三军皆精锐勇斗,莫我能止。"

武王曰:"善哉!"

[注释]

①诸侯：古代对中央政权所分封的各国国君的统称。此处指敌对国家。②玄旗：黑色的旗帜。③衔枚："枚"是一种形如筷子的竹木条，秘密行军时士卒横衔口中，以禁喧哗。④平垒：攻占敌军营垒。⑤莫我能御："莫能御我"的倒装。下句"莫我能止"亦属于倒装句。⑥舟楫：指船只。楫，船桨。⑦限：这里是阻挡、隔绝的意思。⑧斥候：哨兵，也指侦察敌情的人。⑨要（yāo）：通"邀"，拦截，遮留。⑩绝：度，越。此指冲进、冲过。⑪致其死：尽其死力。⑫燔：焚烧。⑬踵军：在前锋或主力部队之后继进的部队。云火：烟火，形容火光高升入云的样子。远候：远出侦察的人。⑭丘墓：坟墓。较大的墓称丘。

[译文]

武王向太公问道："统率军队深入敌国境内，敌人从四面合围我军，切断我军的退路，断绝我军的粮道。而且敌军数量众多，又粮食充足，并占领了险阻地形，守御坚固。在这种情况下，我军要成功地突围而出，应该怎么办？"

太公答道："突出敌人包围的方法，关键在于配备必要的兵器设备，而奋勇战斗则最为首要。仔细查明敌人兵力薄弱的地方，无人防守的处所，乘虚而击，就可以突出包围。突围的部署是：将士们都手持黑色的旗帜，手持器械，口中衔枚，乘着黑夜行动。选拔勇敢有力、行动轻捷、敢于冒险犯难的将士担任先锋，攻占敌人某些营垒，为我大军打开通道；选择有技能而勇敢的武士使用强弩，作为伏兵，隐匿在后面掩护大部队行动；让老弱士卒和车骑在中间行进。部署完毕后，沉着行动，谨慎从事，不要惊慌。使用武冲大扶胥战车在前后护卫，用武翼大橹矛戟扶胥战车在左右掩护。如果敌军被惊动，我勇敢有力的先锋部队即迅速发起冲击，向前推进，老弱士卒和车骑随之跟进，有技能而配备有强弩的武士则隐蔽地埋伏起来。当侦察到敌人前来追击我军时，我伏兵就迅速地攻击它的侧后，并大量使用火光、鼓声乱敌耳目，使其感到我军仿佛是从地下冒出,从天上降下,全军奋勇战斗,敌人就不能阻止我军的突围了。"

武王问:"如果前面有大河、宽堑、深坑阻碍,我军要逾越而过,但又没有准备船只。敌人屯兵筑垒,阻止我军前进,堵截我军退路,其哨兵、侦察人员又戒备森严,险要地形全被敌人占据,敌人的战车、骑兵又在前面阻截,勇士又在后面袭击,在这种情况下,应该怎么办?"

太公答道:"凡是大河、宽堑、深沟之地,敌人一般是不会设防的。即使设防,兵力也一定不会很多。这样,就可以用飞江、转关和天潢等工具将我军摆渡过去。派遣勇敢的武士按照指定的方向,冲锋陷阵,拼死战斗。并先焚毁我军的辎重,烧掉我军的粮草,明确告诉全军将士:情况危急,全军必须奋勇作战才有生路存,畏缩怯战就是死亡。先头部队已经脱离危险之后,就让我军紧跟前锋的后继部队设置烟火信号,派出哨兵、侦察人员在远方警戒,占领丛林、坟墓和险阻地形等各种险要的地形隐蔽布置。这样,敌人的战车和骑兵就必定不敢长驱远追了。设置烟火信号的目的,是为了指示先期突围的部队至有火的地方集结,并布成四面都有警戒的四武冲阵战斗队形,这样,我全军将士都精锐而勇猛战斗,敌人就无法阻止我军了。"

武王说:"您讲得真好啊!"

军　略

武王问太公曰:"引兵深入诸侯之地,遇深溪、大谷、险阻之水,吾三军未得毕济,而天暴雨,流水大至,后不得属于前,无有舟梁之备①,又无水草②之资。吾欲毕济,使三军不稽留,为之奈何?"

太公曰:"凡帅师将众,虑不先设,器械不备;教不素信,士卒不习。若此,不可以为王者之兵也。凡三军有大事③,莫不习用器械。攻城围邑,则有轒辒、临冲④;视城中,则有云梯、飞楼⑤;三军行止,则有武冲、大橹,前后拒守;绝道遮街,则有材士强弩,(冲)[卫]其两旁;设营垒,则有天罗、武落⑥、行马、蒺藜;昼则登云梯远望,立五色旗旌;夜则设云火万炬,击雷鼓,振鼙铎,吹鸣笳⑦;越沟堑,则有飞桥、转关、辘轳、钅且铻;济大水,则有天潢、飞江;逆波上流,则有浮海、绝江⑪。三军用备,主将何忧?"

[注释]

①梁:桥、桥梁。②水草:此指堵水用的草捆。单单用泥土堵水,费力较多,混用草捆,可以省功。③大事:战事。《左传·成公十三年》有"国之大事,在祀与戎"的说法,戎即指战争之事。④轒辒(fēnwēn):古代用于攻城的一种车辆。其形制下设四轮,上蒙以皮革,中可容十人,往来运土填堑。临冲:攻城器械的名称。临车是从上视下的车辆,冲车为冲幢城门的战车,车头包铜铁。⑤则有云梯、飞楼:云梯,古代战争中用以攀登城墙的攻城器械,有的云梯其下带有轮子,可以推动行驶,故也被称为"云梯车",配备有防盾,绞车,抓钩等器具,有的带有用滑轮升降设备。故登高侦察敌情,是云梯的另一功用。飞楼,即楼车,也是一种攻城器械,用以登高观察城中敌情的望楼。⑥武落:即虎落,绳索和木桩。唐人避唐高祖李渊祖父李虎之讳改为"武落"。⑦笳:古管乐器名。⑪浮海、绝江:均为古代的渡河器材。

[译文]

武王向太公问道:"领兵深入敌国境内,遇到深溪大谷和难以通过的河流,我军尚未完全渡过,忽然天降暴雨,洪水涌来,水位大涨,后面的军队被水隔断。这时既没有船只、桥梁,又没有堵水用的草捆等物资。在这种情况下,要使全军渡过而不至滞留太久,应当怎么办?"

太公答道:"大凡率领军队作战,如果主将对可能遇到的困难不作周密的谋虑,各种军用器械不事先准备,平时训练没有落实,士卒技术不熟练,就不能算是王者的军队。凡是军队有大的军事行动,必须事先训练士兵熟练使用各种军用器械。如果攻城围邑,就用轒辒、临车和冲车等各种攻城战车;观察城内敌情,就用登高的云梯和瞭望敌人动静的飞楼;三军前进和驻扎,就用武冲大扶胥、武翼大橹矛戟扶胥等大型战车在前后掩护,以备不测;断绝交通,遮隔街道,就用勇敢而有技术的士卒使用强弩控制两侧;设置营垒,就在四周布设天罗、武落、行马、蒺藜等障碍性器物;白天要派人登上云梯瞭望远方,并设置青、红、白、黑、黄五色旌旗报告敌情;夜晚就点燃许多光焰冲天的大火炬,并击响雷鼓、敲动鼙鼓、摇动大铎、吹响鸣笳,作为指挥信号;跨越沟堑,就用飞桥、转关、辘轳、钼铻等器械;渡越大河,就用天潢、飞江等船只;逆流而行,就用浮海、绝江等器材。三军所需的器材用具都已齐备,主将还有什么可忧虑的呢?"

临　境

武王问太公曰:"吾与敌人临境相拒,彼可以来,我可以往,陈皆坚固,莫敢先举。我欲往而袭之,彼亦可来,为之奈何?"

太公曰:"分兵三处,令(军)[我]前军,深沟增垒而无出,列雄旗,击鼙鼓,完为守备。令我后军,多积粮食,无使敌人知我意。发我锐士,潜袭其中①,击其不意,攻其无备,敌人不知我情,则止不来矣。"

武王曰:"敌人知我之情、通我之谋,动而得我事,其锐士伏于深草，要［我］隘路③，击我便处，为之奈何？"

太公曰："令我前军，日出挑战，以劳其意；令我老弱，曳柴扬尘②，鼓呼③而往来，或出其左，或出其右，去敌无过百步④，其将必劳，其卒必骇。如此，则敌人不敢来。吾往者不止，或袭其内，或击其外，三军疾战，敌人必败。"

[注释]

①中：此指敌人阵地的内部。②曳柴扬尘：拖曳着柴草奔驰，使尘土飞扬，以迷惑敌人。③鼓呼：擂鼓呐喊。④无过百步：不要进入百步之内。

[译文]

武王向太公问道："我军与敌人在国境线上相互对峙。敌人可以前来攻我，我也可以前去攻敌，双方的阵势都很坚固，谁也不敢率先采取行动。我军打算前去袭击敌人，但又担心敌人前来袭击我军，应该怎么办？"

太公答道："在这种情况下，就把我军分为前、中、后三部。令我前军深挖沟堑，高筑壁垒，不要出战。布列雄旗，敲击鼙鼓，作好守卫准备；令我后军多积贮粮食，不要让敌人侦知我军意图。然后，派遣我中军精锐部队偷袭敌军中央，击其不意，攻其无备。敌人无法了解我军情况，就不敢前来进攻了。"

武王又问道："如果敌军已侦知我军情况，洞察我军企图，我军每有行动，敌人就能得到情况，因而派出它的精锐部队埋伏在深草地区，或在我军必经的隘路上实施截击，或在我军防备不周密的地方发起攻击，该怎么办呢？"

太公回答说："遇到这种情况，应命令我前军每天出营去向敌人挑战，以疲惫懈怠敌人的斗志；命令我军的老弱士卒，拖动树枝，扬起尘土，击鼓呐喊，来回奔跑，以壮声势。进行挑战时，我军或出现在敌人左边，或出现在敌人右边，距离敌人不超过百步。在我军不断骚扰下，敌人的主将必定疲于应付，敌人的士卒必定震骇恐慌。这样，敌人就不敢前来进攻我军了。我军如此不停地袭扰敌军，或袭击它的内部，或攻击它的外部，然后，全军疾速地投入战斗，敌人一定会被打败。"

动　静

武王问太公曰："引兵深入诸侯之地，与敌之军相当，两陈相望，众寡强弱相等，未敢先举。吾欲令敌人将帅恐惧，士卒心伤①，行陈不固，后陈欲走，前陈数顾②，鼓噪③而乘之，敌人遂走，为之奈何？"

太公曰："如此者，发我兵去寇十里而伏其两旁，车骑百里而越其前后④，多其旌旗，益其金鼓。战合⑤，鼓噪而俱起，敌将必恐，其军惊骇，众寡不相救，贵贱不相待，敌军必败。"

武王曰："敌之地势，不可以伏其两旁，车骑又无以越其前后，敌知我虑，先施其备，我士卒心伤，将帅恐惧，战则不胜，为之奈何？"

太公曰："微哉！王之问也。如此者，先战五日，发我远候⑥，往视其动静，审候其来，设伏而待之。必于死地⑦，与敌相遇，远我旌旗，疏我行陈⑧，必奔其前⑨，与敌相当⑩。战合而走，击金无止⑪，三里而还，伏兵乃起，或陷⑫其两旁，或击其前后，三军疾战，敌人必走。"

武王曰："善哉！"

[注释]

①伤：此指忧伤。心伤，即谓心有所忧而丧失斗志。②数顾：屡次回头看。此处可理解为动摇的意思。③鼓噪：擂鼓呐喊，指军队交锋时大张声势。④百里：百里之外，距战场过远，伏兵于此，难以与主力部队相呼应。疑

"百"字有误。⑤合：两军交锋。⑥候：侦察人员。⑦死地：绝境。⑧疏我行陈：疏散我之行阵，给敌人造成我军兵力庞大的错觉。⑨奔：急速前进。前：指前军。⑩相当：这里是对阵的意思。⑪击金无止：指不停顿地击锣发出退兵的命令，诱敌深入。⑫陷：攻击，攻破。

[译文]

武王向太公问道："率军深入敌国境内，敌我势均力敌，双方对而相峙，众寡强弱相等，谁也不敢率先发起进攻。在这种情况下，我想使敌军主将心怀恐惧，部队士气低落，行阵不能稳固，后阵士兵企图逃跑，前阵动摇不定。然后，擂鼓呐喊，乘势进攻，迫使敌人溃败逃走，应该怎么办？"

太公答道："要做到这样，就须派遣部队绕到敌后十里的地方，在道路两旁埋伏起来，另派遣战车和骑兵远出百里，迂回到敌军的深远后方，并命令部队多备旌旗，增设金鼓。在双方战斗发起后，擂鼓呐喊，各军同时向敌人发起进攻。这样，敌军主将必然恐惧，士兵必然惊骇，以致大小部队互不救援，身份高贵的官和身份低贱的士兵都只顾逃命。如此，敌军就必然失败。"

武王问道："假如敌方所处地势不便我军在其两旁设伏，我军战车和骑兵又不能迂回到敌人深远后方，同时敌人又发觉了我军行动企图，预先有了充分的准备，我军士兵悲观沮丧，将帅心怀恐惧，与敌交战无法取胜。在这种情况下，应该怎么办？"

太公答道："我王所问的问题，真是深妙啊！如果遇到这种情况，应当在交战前五天，就先向远方派侦察人员，窥探敌人动静。当侦察到敌人要前来进攻时，预先设下埋伏等待敌人进犯，一定要在对敌军最不利的地形上同敌军交战。我军要远远地设置旗帜，拉开我军行列的距离。一定要使前军急速前进，向敌军发起进击。刚一交战即行撤退，不停地鸣金退兵而故意不止，继续后退三里再回头反击，这时伏兵乘机而起，或攻击敌人两侧，或抄袭敌军前后，全军奋力作战,敌人必败而逃走。"

武王说:"您讲得真好啊!"

金 鼓^①

武王问太公曰:"引兵深入诸侯之地,与敌相当,而天大寒甚暑,日夜霖雨②,旬日不止,沟垒悉坏,隘塞不守,斥候懈怠,士卒不戒,敌人夜来,三军无备,上下惑乱,为之奈何?"

太公曰:"凡三军以戒为固,以怠为败。令我垒上,'谁何'③不绝,人执旌旗,外内相望,以号相命④,勿令乏音,而皆外向。三千人为一屯⑤,诫而约之,各慎其处。敌人若来,(亲)[视]我军之警戒,至而必还。力尽气怠,发我锐士,随而击之。"

武王曰:"敌人知我随之,而伏其锐士,佯北不止,过伏而还,或击我前,或击我后,或薄⑥我垒,吾三军大恐,扰乱失次,离其处所,为之奈何?"

太公曰:"分为三队,随而追之,勿越其伏。三队俱至,或击其前后,或陷其两旁,明号审令,疾击而前,敌人必败。"

[注释]

①金鼓:金指金钲。古代两军交锋,鸣金以止众,击鼓以进众。主将用金鼓号令全军。此篇题为"金鼓",但内容与金鼓无关,篇题疑有误。②霖雨:连绵的大雨。③谁何:指以口令相问答。在警戒区内,每人都用暗号口令以相识别。④以号相命:通过号令互相联络,传达命令。⑤屯:聚。此处指一个驻军单位。⑥薄:逼近、逼迫,此处指发起进攻。

[译文]

武王向太公问道:"率军深入敌国境内,敌我双方兵力相当,适值严寒或酷暑,或者日夜大雨,十天不止,造成沟堑营垒全部毁坏,山险要隘不能守备,侦察哨兵麻痹懈怠,士兵疏于戒备。这时,敌人乘夜前来袭击,三军皆无准备,官兵疑惑混乱,对此应该怎么办?"

太公答道:"凡是军队,只有严密警戒,才能坚不可破,若懈怠就会失败。遇到上述情况,必须命令我军营垒上的哨兵不停地喝问口令,我军人人都手持旗帜,与营垒内外联络,相互传递号令,不要使金鼓之声断绝,士卒们面向敌方,随时准备投入战斗。每三千人编为一屯,严加告诫和约束,使其各自慎重守备。如果敌人前来进犯,看到我军戒备森严,即使逼近我军阵前,也必会惧怕而退走。这时,我军乘敌人力尽气竭之际,派遣精锐部队紧随敌后攻击敌人。"

武王问:"敌人探知我军将跟踪追击,于是事先埋伏下精锐部队,然后假装退却不止。当我军进入敌伏击圈时,后退的敌人就掉转头来配合其伏兵向我军反击。有的攻我军前部,有的袭我军后部,有的逼近我军营垒,从而使我全军大为恐慌,自相惊扰,行列混乱,各自离开自己的位置。在这种情况下,应该怎么办?"

太公回答道:"在这种情况下,应该把我军分为三队,分头向敌人跟踪追击,注意不要进入敌人的伏击地区。在进入敌人伏击圈前,三支部队要同时追上敌人。有的攻击敌人的前后,有的攻击敌人的两侧,并严明号令,使士兵迅速向前进击。这样,敌人必被打败。"

绝　道

武王问太公曰:"引兵深入诸侯之地,与敌相守,敌人绝我粮道，又越我前后①。吾欲战则不可胜，欲守则不可久，为之奈何？"

太公曰："凡深入敌人之地，必察地之形势，务求便利，依山林、险阻、水泉、林木而为之固；谨守关梁②，又知城邑、丘墓地形之利。如是，则我军坚固，敌人不能绝我粮道，又不能越我前后。"

武王曰："吾三军过大林、广泽、平易之地，吾盟误失③，卒与敌人相薄④，以战则不胜，以守则不固，敌人翼⑤我两旁，越我前后，三军大恐，为之奈何？"

太公曰："凡帅师之法，当先发远候，去敌二百里，审知敌人所在。地势不利，则以武（卫）[冲]为垒而前，又置两踵军于后，远者百里，近者五十里，即有警急，前后相救。吾三军常完坚，必无毁伤。"

武王曰："善哉！"

[注释]

①越我前后：指敌人迂回到我军侧后，从前后两面对我军实施夹击。②关梁：指水陆交通要道上的关隘、桥梁。③盟：盟军，友邻部队。④卒：音cù，通"猝"，仓促、突然。相薄：相迫近。此处指狭路相逢、猝然遭遇。⑤翼：从两旁包抄。

[译文]

武王向太公问道："率军深入敌国境内，与敌军对峙相守。这时，敌人截断了我军的粮道，并迂回到我军后方，从前后两方面夹击我军。我军想战，担心不能取胜，想据守又不能待久。这该怎么办？"

太公答道："凡是深入敌国境内作战，必须察明地理形势，务必占据控制有利地形，依托山林、险阻、水泉、林木以求得阵势的巩固，谨慎严密守卫我军后路的关隘桥梁，还应掌握城邑、丘墓等有利地形。这样,我军防守就能稳固,敌人既不能截断我军粮道,也不能迂回到我军后方,从两面夹击我军了。"

武王问:"我军通过高大的山林、宽阔的沼泽地及平坦的地形时,友邻部队误时未至,突然同敌军遭遇。我军想进攻,难以取胜;想采取守势,又不能巩固。敌人趁机包围我军两侧,迂回到我军深远后方,我军上下大为恐惧。在这种情况下,应该怎么办?"

太公回答道:"大凡统军作战的方法是,在大部队出其不意之前,应当先向远方派出侦察警戒,在距离敌人二百里时,就需要详细了解敌人所在的位置。如果地形对我军行动不利,就用武冲扶胥战车结成营垒向前推进,并派出两支后卫部队在后跟进,后卫部队和主力的间隔远的为一百里,近的五十里。这样的布置,即使遇到紧急情况,前面的大部队和两支后卫部队前后可互相救援。我军如能经常保持这种完善而坚固的部署,就一定不会遭受伤亡和失败了。"

武王说:"您讲得真好啊!"

略 地

武王问太公曰:"战胜深入,略①其地,有大城不可下②,其别军守险③,与我相拒。我欲攻城围邑,恐其别军卒至而击我,中外④相合,击我表里,三军大乱,上下恐骇,为之奈何?"

太公曰:"凡攻城围邑,车骑必远,屯卫⑤警戒,阻其外内。中人⑥绝粮,外不得输。城人⑦恐怖,其将必降。"

武王曰:"中人绝粮,外不得输,阴为约誓,相与密谋,夜出穷寇死战,其车骑锐士,或冲我内,或击我外,士卒迷惑,三军败乱,为之奈何?"

太公曰："如此者，当分军为三军，谨视地形而处。审知敌人别军所在，及其大城别堡⑧，为之置遗缺之道⑨，以利⑩其心，谨备勿失。敌人恐惧，不入山林，即归大邑。走其别军，车骑远要其前，勿令遗脱。中人以为先出者得其径道，其练卒⑪材士必出，其老弱独在。车骑深入长驱，敌人之军必莫敢至⑫。慎勿与战，绝其粮道，围而守之，必久其日。无燔人积聚，无坏人宫室，冢树社丛勿伐⑬，降者勿杀，得而勿戮⑭，示之以仁义，施之以厚德。令其士民曰：'罪在一人⑮。'如此，则天下和服。"

武王曰："善哉！"

[注释]

①略：攻占，夺取。②下：攻克。③别军：指敌方的另一支部队。④中外：指敌城中守军与城外援军。⑤屯卫：驻扎警卫。⑥中人：指被围困在城中的敌军。⑦城人：指被围困在城中的军民。⑧大城别堡：指被我所围城池附近的敌国大城市和堡垒。堡，土筑的小城，用以驻军防御。⑨遗缺之道：空出而不加封锁的通道，也就是故意给敌军留出的一个逃跑的缺口。⑩利：利诱，这里是引诱的意思。⑪练卒：久经训练的士兵，同"材士"一样，用以代指精兵。⑫至：此指来到我军之前迎战。⑬冢树：坟墓地的树木。社丛：社神庙旁的树林。社，古代祭祀神灵的场所。古人崇敬祖坟，又非常重视对土地神的祭祀。伐人冢树社丛，将严重伤害被征服者的感情。⑭得：生俘。戮（lù）：杀死。⑮罪在一人：意指所有的罪恶均在敌国君主一人身上，而与普通百姓无关。谓只追究罪魁祸首者的责任，其他概不追究。罪，《直解》本作辜。一人，敌国的君主。

[译文]

武王向太公问道："我军乘胜深入敌国，占领其土地，但还有大城未能攻下，而敌人城外另有一支部队固守险要地形与我军相峙。我军想围攻城池，又恐怕其城外部队猝然向我军发起攻击，与城内守敌里应外合，对我军形成两面夹击之势，以致我全军大乱，官兵恐惧震骇。在这种情况下，应该怎么办？"

太公答道:"凡是攻城围邑之时,应把战车、骑兵配置在离城较远的地方,担任守卫和警戒,以隔断敌人内外之间的联系。这样,城内敌人旷日持久必然粮食断绝,而外面的粮食又不能输入。如此,城内军民就会发生恐慌,守城的敌将必然投降。"

武王又问:"城内敌军断粮,城外粮食又不得输入,这时敌人内外暗中互相联系,秘密谋划向外突围,乘着黑夜出城拼命死战。敌人的车骑精锐有的突击我军内部,有的进攻我军外面,使我军士卒恐惧惶惑,全军大败混乱,应该怎么办?"

太公又回答道:"遇到这种情况,应把我军分为三部分,并根据地形情况审慎屯驻。仔细查明敌人城外部队所在的位置以及附近大城土堡的状况,然后为被围敌人留出一条道路,以引诱城内敌军外逃。但须严密戒备,不要让敌人跑掉。先逃出的敌人惊恐慌乱,因此突围时不是想逃入山林,就是想撤往另一城邑。这时我军应以一部,首先赶走敌人在城外的部队,以另一部车骑精锐在距城较远的地方,阻止敌人突围的先头部队,不要让他们漏网逃脱。在这种形势下,守城敌军就会误以为其先头部队已突围成功,打通了撤退的通道,其精锐士卒就必定会继续出城外逃,只留下一些老弱士卒守在城内。然后用我军的第三部战车和骑兵,深入长驱,插入敌后。如此,敌人守城部队必不敢继续突围。这时我军要格外谨慎,不要急于同敌人交战,只要断绝其粮道,把它围困起来,日子一久,敌人必然投降。攻克城邑之后,不要焚烧他们积聚的物资,不要毁坏城内民众的房屋,不要砍伐坟地的树木和庙祠的丛林,不要杀戮投降的敌军士卒,不要虐待被俘的敌人。借此向敌国民众表示仁慈,施加恩惠,并向敌国军民宣布,有罪的只是无道君主一人。这样,天下就会心悦诚服了。"

武王说:"您讲得太好了!"

火　战

武王问太公曰："引兵深入诸侯之地，遇深草蓊秽①，周②吾军前后左右，三军行数百里，人马疲倦休止。敌人因天燥疾风之利，燔吾上风，车骑锐士坚伏吾后。吾三军恐怖，散乱而走，为之奈何？"

太公曰："若此者，则以云梯、飞楼远望左右，谨察前后。见火起，即燔吾前而广延之③，又燔吾后。敌人若至，即引军而却，按黑地而坚处④。敌人之来，犹在吾后⑤，见火起必还走。吾按黑地而处，强弩材士卫吾左右，又燔吾前后。若此，则敌不能害我。"

武王曰："敌人燔吾左右，又燔吾前后，烟覆吾军，其大兵按黑地而起，为之奈何？"

太公曰："若此者，为四武冲陈，强弩翼吾左右，其法无胜亦无负。"

[注释]

①蓊秽（wěnghuì）：草木茂盛。蓊，茂盛貌。秽，田中多草，荒地。②周：围绕。③即燔吾前而广延之：意思是敌人在我前方放火，我也在前方适当地点放火，以隔断敌之火势，使火烧不到我军。④黑地：草地经大火焚烧过之后，呈现一片黑色，故称为黑地。⑤敌人之来，犹在吾后：这里的"敌人"指坚伏我方后的敌军伏兵。后，下风之处。

[译文]

武王向太公问道："率军深入敌国境内，遇到茂密的草丛树木围绕在我军前后左右，我军已行军数百里，人马困乏疲惫，需要宿营休息。这时，敌人利用天气干燥、风声疾速的有利条件，在我上风口放火,又使其车骑锐士埋伏在我军的后面,造成我三军恐怖,散乱逃跑。在这种情况下,应该怎么办?"

太公答道:"在这种情况下,应该在宿营地竖起云梯、飞楼,登高瞭望和仔细观察前后左右的情况。发现敌人烧起大火,我军也立即在军前较远的开阔地上放火,扩大火焚面积,同时放火焚烧我军下风口后方,以便烧出一块黑地。若是敌人前来进攻,我就把军队撤到这块烧光草木的黑地上坚守。前来进攻的敌人此时落在我军后面,看到火起,必定退走。我军在黑地上布列阵势,以精锐勇猛的战士手持强弩掩护左右两翼,并继续放火烧掉我军前后的草地。这样,敌人就不能加害于我军了。"

武王又问:"敌人既在我军左右放火,又在我军前后放火,以至浓烟覆盖了我军,而敌人的大军突然向我军据守的黑地发起进攻,应该怎么办?"

太公又回答道:"遇上这种情况,应当把我军摆成武冲大扶胥战车捍卫四侧的战斗队形,以强弩掩护左右两翼。这种办法虽然无法取胜,但也不会导致失败。"

垒 虚

武王问太公曰:"何以知敌垒之虚实、自来自去①?"

太公曰:"将必上知天道,下知地理,中知人事。登高下望,以观敌之变动。望其垒,即知其虚实;望其士卒,则知其去来。"

武王曰:"何以知之?"

太公曰:"听其鼓无音,铎无声,望其垒上多飞鸟而不惊,上无氛气②,必知敌诈而为偶③人也。敌人卒去不远,未定而复返者，彼用其士卒太疾④也。太疾则前后不相次⑤，不相次则行陈必乱。如此者，急出兵击之，以少击众，则必胜矣。"

[注释]

①自来自去：来指前来进攻，去指撤离后退。②氛气：既指因人马行动造成的烟尘，也指所谓结聚在军队屯留之处上空可以据以推测军情的"气"。此可参见《兵征》篇有关注释。③偶：指用土木或稻草制成的假人。④疾：同"急"。⑤相次：次序，连接。

[译文]

武王向太公问道："怎样才能知道敌人营垒的虚实和敌军是打算进攻还是准备撤退呢？"

太公回答道："身为主将，必须上知天时的逆顺，下知地理的险易，中知人事的得失。登高下望，以观察敌情的变化；从远处眺望敌人的营垒，就可知道其内部的虚实；观察敌士兵的动态，就可知道敌军调动的情况。"

武王又问："怎么才能知道这些事情呢？"

太公又回答道："细听敌军营垒中既无鼓声，又无铎声，远望敌军营垒上有许多飞鸟上下飞翔却毫不惊慌，空中也没有飞扬的尘土和军队屯聚时应有的云气，就可知道这必定是座空营，敌人不过是用一些土木或稻草制成的假人欺骗我们。敌人仓促撤退不远，还没有停下来又急忙返回的，这表明敌军主将是在极其匆忙的情况下命令士兵行动。行动过于匆忙，敌军前后就没有秩序。没有秩序，敌军行列阵势就必然混乱。在这种情况下，我军可急速出兵打击它，即使是以少击众，也必会取得胜利。"

# 卷五　豹韬

林　战

武王问太公曰："引兵深入诸侯之地，遇大林，与敌分林相拒①，吾欲以守则固，以战则胜，为之奈何？"

太公曰："使吾三军分为冲陈②，便兵所处③，弓弩为表，戟盾为里，斩除草木，极广吾道，以便战所。高置旌旗，谨敕④三军，无使敌人知吾之情，是谓林战⑤。林战之法，率吾矛戟，相与为伍。林间木疏，以骑为辅，战车居前，见便则战，不见便则止。林多险阻，必置冲陈，以备前后。三军疾战，敌人虽众，其将可走。更战更息⑥，各按其部。是谓林战之纪⑦。"

[注释]

①与敌分林相拒：分林，敌我双方各占据一部分森林地带。②冲陈：即四武冲阵。③便兵所处：指便于部队进行战斗行动的处所。④谨敕：严格地约束。敕（chì），告诫，命令。⑤是谓林战：此指林战中的战斗准备。⑥更战更息：轮番战斗，轮番休息。⑦是谓林战之纪：此谓林战中的战斗行动。纪，原则，准则。

[译文]

武王向太公问道:"率军深入敌国境内,遇到森林地,与敌人各占森林一部分相对峙。我军要防御就能稳固,进攻就能取胜,应该怎么办?"

太公答道:"在这种情况下,将我军摆成若干个武冲大扶胥战车捍卫四侧的战斗队形,配置在便于作战的地方,弓弩布设在外层,戟盾布设在里层,把周围一定距离内的草木清除干净,尽可能开阔道路,以便于我军战斗行动。高挂旗帜,严格约束全军,务必不要让敌人了解我军情况,这就是所谓的林地作战。林地作战的方法是:将我军使用矛戟等不同兵器的士兵,混合编组为战斗分队。森林中树木稀疏,就以骑兵辅助作战,把战车配置在前面,发现有利时就战斗,不利时就停止。森林中多是险阻地形,就必须将我军摆成若干个武冲大扶胥战车捍卫四侧的战斗队形,以防备敌人攻击我军前后。全军迅速勇猛地进行战斗。这样,敌人即使人数众多,也会被我军击败逃遁。我军在战斗过程中要轮番作战,轮番休息,各部均按编组行动。以上所说,就是林地作战的一般原则。"

突 战

武王问太公曰:"敌人深入长驱,侵掠我地,驱我牛马,其三军大至,薄我城下。吾士卒大恐,人民系累①,为敌所虏。吾欲以守则固,以战则胜,为之奈何?"

太公曰:"如此者,谓之突兵②。其牛马必不得食,士卒绝粮,暴击③而前。令我远邑别军④,选其锐士,疾击其后,审⑤其期日,必会于晦⑥,三军疾战,敌人虽众,其将可虏。"

武王曰:"敌人分为三四,或战而侵掠我地,或止而收我牛马,其大军未尽至,而使寇薄我城下,致吾三军恐惧,为之奈何?"

太公曰:"谨候敌人未尽至,则设备而待之。去城四里而为垒,金鼓旌旗皆列而张,别队为伏兵。令我垒上多积强弩,百步一突门⑦,门有行马⑧,车骑居外,勇力锐士隐伏而处⑨。敌人若至,使我轻卒合战而佯走,令我城上立旌旗,击鼙鼓,完为守备。敌人以我为守城,必薄我城下,发吾伏兵,以冲其内,或击其外。三军疾战,或击其前,或击其后,勇者不得斗,轻者不及走,名曰突战⑩。敌人虽众,其将必走。"

武王曰:"善哉!"

[注释]

①系累:拘禁、絷缚。②突兵:担任突击作战任务的部队。③暴击:急疾地攻击。④远邑别军:驻扎在远处的另一支部队。⑤审:此处指精确地计算。⑥晦:古代历法把每月的最后一天(大月三十日,小月二十九日)定为晦日。晦日之夜,星光全无。此处意为无月光的黑夜。⑦突门:在城墙或垒壁上预先开设的便于部队出击的暗门。一般由城墙内向外挖,外面留四、五寸不挖透。部队出来时,临时将其推倒,突然出击。⑧行马:一种防御器械,见前《农器》篇注。⑨隐伏而处:《直解》本无"伏"字。⑩突战:突然出击。

[译文]

武王向太公问道:"敌人向我国进攻,长驱直入,侵掠我土地,抢夺我牛马。他们的大军蜂拥而来,迫近我城下。我军士卒大为恐惧,民众被拘禁成为俘虏。在这种情况下,我军要想防御就能稳固,进攻就能取胜,应该怎么办?"

太公回答道:"像这类敌军,叫作突袭性的敌军。他们不可能携带多少粮草,日子稍长,他们的牛马必定缺乏饲料,士卒也会断食,因而迫使敌人只能凶猛地向我军发动进攻。在这种情况下,应命令我军驻扎在远方城邑的其他部队,挑选精锐的士兵,迅速袭击敌人的后方，详细计算并确定会攻的时间，务必使其在夜色昏暗时与我军会合，全军迅速猛烈地同敌战斗。这样，敌人虽然众多，敌军主将也可被我军俘虏。"

武王问："如果敌军分为三四部分，以一部向我发动进攻以侵占我方土地，以一部驻扎以掠夺我牛马财物，其主力部队尚未完全到达，而使一部兵力进逼我城下，以致我全军恐惧，应该怎么办？"

太公回答道："应仔细观察情况，在敌人尚未完全到达前，就完善守备，严阵以待。在离城四里的地方构筑营垒，把金鼓旌旗都布列张扬起来，并另派一支部队为伏兵。命令守垒的部队多集中强弩，每百步设置一个可供部队出击的暗门，门前安置拒马等障碍物，战车、骑兵配置在营垒外面，勇锐士卒隐蔽埋伏起来。如果敌人来到，先派我轻装部队与敌交战，旋即伴装不敌退走，并令我守军在城上竖立旗帜，敲击鼙鼓，做好充分的防守准备。敌人认为我主力在防守城邑，因而必然进逼城下。这时我方突然出动伏兵，突入敌军阵内，或攻击敌人阵外。同时再令我营垒中的部队和城中的部队一起迅猛出击，勇猛战斗，既攻击敌人正面，又攻击敌人后方，使敌人勇敢的无法格斗，行动敏捷的来不及逃跑。这种战法，可以称之为突战。敌人虽然众多，其主将也必定由于战败而逃走。"

武王说："您讲得真好啊！"

敌　强

武王问太公曰："引兵深入诸侯之地，与敌人冲军①相当，敌众我寡，敌强我弱。敌人夜来，或攻吾左，或攻吾右，三军震动。吾欲以战则胜，以守则固。为之奈何？"

太公曰:"如此者,谓之震寇②。利以出战,不可以守。选吾材士强弩,车骑为之左右,疾击其前,急攻其后,或击其表,或击其里,其卒必乱,其将必骇。"

武王曰:"敌人远遮③我前,急攻我后,断我锐兵,绝我材士,吾内外不得相闻,三军扰乱,皆散而走,士卒无斗志,将吏④无守心,为之奈何?"

太公曰:"明哉!王之问也。当明号审令,出我勇锐冒将之士,人操炬火⑤,二人同鼓,必知敌人所在,或击其表,或击其里。微号⑥相知,令之灭火,鼓音皆止,中外相应,期约皆当,三军疾战,敌必败亡。"

武王曰:"善哉!"

[注释]

①冲军:担任突击、进攻任务的野战部队。②震寇:使我军感到震恐的敌军。意为在夜间对我实施强袭之敌。③遮:阻拦。④将吏:将指高级将领,吏指中下级军官。⑤炬火:火把。⑥微号:暗号。

[译文]

武王向太公问道:"率军深入敌国境内,与敌军突击部队正面接触,敌众我寡,敌强我弱,而敌人又利用夜色掩护前来攻击,或攻我军左翼,或攻我军右翼,使我全军震恐。我军要想进攻能够取胜,防御能够稳固,应该怎么办?"

太公回答道:"像这种实施突击,使我军受到震动的敌人,可以称之为震寇。对付这样的敌人,我军利于出战,而不适宜防守。应该挑选精锐勇猛的战士手持强弩,以战车、骑兵为左右两翼,迅猛地攻击敌人正面,急速地攻击敌人侧后。既攻击敌人阵外,又攻击敌人阵内。这样,敌人士兵必然混乱,敌军的主人将必然惊恐骇惧。"

武王问:"敌人如果在远处阻截我军的前方,急速地攻击我军的后方，遮断我军各支精锐部队的联系，阻击向我军救援的材士，迫使我军前后方失去联系，以致全军扰乱，散乱逃走，士卒没有斗志，主将和各级军官无心固守，应该怎么办？"

太公回答道："我王提出的这个问题，真是高明啊！在这种情况下，应该申明号令，出动我军勇猛精锐敢于冒险的士兵，使每个人手持火炬，两人同击一鼓，必须探知敌人的准确位置，然后发起攻击，或攻击敌人的外部，或冲击敌人的内部。攻击时，部队都约定互相识别的暗号，便于互相识别。密令下达后，一起熄灭火炬，停止击鼓。这时，我军里应外合，各部按预先约定的计划行动，全军迅猛出击，英勇奋战，敌人必然失败灭亡。"

武王说："您讲得真好啊！"

敌　武

武王问太公曰："引兵深入诸侯之地，卒遇敌人，甚众且武①。武车骁骑，绕我左右，吾三军皆震，走不可止，为之奈何？"

太公曰："如此者，谓之败兵②。善③者以胜，不善者以亡。"

武王曰："（用）[为]之奈何？"

太公曰："伏我材士强弩，武车骁骑，为之左右，常去前后三里。敌人逐我，发我车骑，冲其左右。如此，则敌人扰乱，吾走者自止。"

武王曰："敌人与我车骑相当，敌众我少，敌强我弱，其来整治④精锐，吾陈不敢当⑤，为之奈何？"

太公曰："选我材士强弩，伏于左右，车骑坚陈而处，敌人过我伏兵，积弩⑥射其左右，车骑锐兵疾击其军，或击其前，或击其后。敌人虽众,其将必走。"

武王曰:"善哉!"

[注释]

①武:勇猛而锐气十足。②败兵:处于危险境地、即将溃败的军队。③善:善于用兵打仗。④整治:整饬,指阵容整齐,队列不乱。⑤不敢当:无法匹敌,难以抵挡。⑥积弩:即连弩,一种把若干张弩并排组成一组,用机栝控制,可以连续发射的装置。

[译文]

武王向太公问道:"率军深入敌国境内,突然与敌人遭遇,敌军人数众多而且勇猛凶狠,并以武冲大扶胥战车和骁勇的骑兵包围我左右两翼。我全军震恐,纷纷逃跑,不可阻止。在这种情况下,应该怎么办?"

太公回答道:"军队处于这种境地,只能称之为败兵了。如果善于指挥,行动得当,还有希望取胜;如果不善于用兵,行动失误,必然败亡。"

武王问:"面对这种局面,应该采取什么办法处置?"

太公回答道:"应该派我军精锐勇猛的战士手持强弩埋伏起来,并把威力大的武冲大扶胥战车和骁勇的骑兵配置在左右两翼,伏击地点一般放在距离我军主力前后约三里的地方。敌人如果前来追击,就出动我军的战车和骑兵,攻击敌人的左右两侧,这样,敌军就会陷于混乱,我军逃跑的士卒就会自动停下来了。"

武王问:"敌我双方的战车和骑兵相遇,敌众我寡,敌强我弱。敌人前来进攻,阵势整齐,士卒精锐。我军所列的阵势难以抵挡,应该怎么办?"

太公回答道:"在这种情况下,应挑选我军的精锐战士手持强弩,埋伏在左右两侧,并把战车和骑兵布成坚固的阵势进行防守。当敌人通过我军埋伏的地方时,就用密集的强弩射击他们的左右两翼，并出动战车和骑兵以及勇锐士卒猛烈地攻击敌军，一部分攻击敌人的正面，另一部分攻击敌人的侧后。这样，敌人虽然众多，其主将也会因战败而被迫逃走。"

武王说："您讲得真好啊！"

乌云山兵

武王问太公曰："引兵深入诸侯之地，遇高山磐石①，其上亭亭②，无有草木，四面受敌，吾三军恐惧，士卒迷惑。吾欲以守则固，以战则胜，为之奈何？"

太公曰："凡三军处山之高，则为敌所栖③；处山之下，则为敌所囚④。既以被山而处，必为乌云之陈⑤。乌云之陈，阴阳⑥皆备，或屯其阴，或屯其阳。处山之阳，备山之阴；处山之阴，备山之阳。处山之左，备山之右；处山之右，备山之左。其山，敌所能陵⑦者，兵备其表⑧，衢道通谷⑨，绝⑩以武车，高置旌旗，谨敕三军，无使敌人知我之情，是谓'山城'⑪。行列已定，士卒已陈，法令已行，奇正已设，各置冲陈于山之表，便兵所处，乃分车骑为乌云之陈。三军疾战，敌人虽众，其将可擒。"

[注释]

①磐石：巨石。②亭亭：山峰高兀耸峙的样子。③栖：鸟类歇宿于树上。言为敌所逼而不能下来。④囚：囚禁，为敌所围困。⑤乌云之陈：如鸟雀之聚散无常，行云之流动不定，时分时合的阵形。⑥阴阳：此指山之南北。古代称山南为阳，山北为阴。⑦陵：登临居高。⑧表：此指明显之处。⑨衢道：四通八达的道路，此指交岔路口。通谷：山谷通道，此指谷口。⑩绝：阻绝，拦断。⑪山城：谓防守坚固，整座山就像城堡一样。

[译文]

武王向太公问道:"率军深入敌国境内,遇到高山巨石,山峰高耸,没有草木,处于四面受敌的境地。我全军因而恐惧,士兵迷惑惶乱。我军要想进行防守就能稳固,实施进攻就能取胜,应该怎么办?"

太公答道:"凡是把军队配置在山顶之上,就容易被敌人所隔绝孤立,就像鸟栖高树不能飞下一样,难脱困境;凡是把军队配置在山麓,就容易被敌人所围困,就像囚徒被拘禁于狱中一样,不得自由。既然是在山地环境中作战,就必须把部队布置成忽聚忽散的鸟云之阵。所谓鸟云之阵,就是对山南山北各个方面都要戒备。军队或者驻守山的北面,或者驻守山的南面,以利机动。驻扎在山的南面,要戒备山的北面;驻扎在山的北面,要戒备山的南面;驻扎在山的左面,要戒备山的右面;驻扎在山的右面,要戒备山的左面。山上凡是敌人所能攀登的地方,都要派兵守备,交通要道和能通行的谷地,要用武冲大扶胥战车加以阻绝。高挂旗帜,以便联络;整饬三军,严阵以待,不要让敌人察知我军情况,这样整座山可以称之为一座山城。部队的行列已经排定,士卒已经列阵,法令已经颁行,奇正的计谋已经确定,各部队都在山坡比较突出适宜军事行动的高地组成若干个武冲大扶胥战车捍卫四侧的战斗队形。然后把一部分战车和骑兵布成鸟云之阵,随机应变。这样,当敌人来攻时,我全军猛烈战斗。敌军虽多,必被打败,其主将也可被我俘获。"

鸟云泽兵

武王问太公曰:"引兵深入诸侯之地,与敌人临水相拒,敌富而众，我贫而寡，逾水击之则不能前，欲久其日则粮食少。吾居斥卤之地①，四旁无邑，又无草木，三军无所掠取、牛马无所刍牧②，为之奈何？"

太公曰："三军无备③，牛马无食，士卒无粮，如此者，索便④诈敌而亟去之，设伏兵于后。"

武王曰："敌不可得而诈，吾士卒迷惑，敌人越我前后，吾三军败乱而走，为之奈何？"

太公曰："求途之道，金玉为主⑤。必因敌使，精微为宝⑥。"

武王曰："敌人知我伏兵，大军不肯济，别将分队以逾于水，吾三军大恐，为之奈何？"

太公曰："如此者，分为冲陈，便兵所处，须⑦其毕出，发我伏兵，疾击其后；强弩两旁，射其左右。车骑分为鸟云之陈，备其前后，三军疾战。敌人见我战合，其大军必济水而来，发我伏兵，疾击其后，车骑冲其左右，敌人虽众，其将可走。凡用兵之大要，当敌临战，必置冲陈，便兵所处，然后以（军）[车]骑分为鸟云之陈，此用兵之奇也。所谓鸟云者，鸟散而云合，变化无穷者也。"

武王曰："善哉！"

[注释]

①斥卤之地：盐碱地带。此处指荒芜贫瘠的地方。斥，碱。卤（lǔ），盐。②刍牧：饲养和放牧。刍，割草，又指以草料喂牲口。③备：军备，此指渡河的器械。④索便：寻找合适的机会。亟（jí）：赶快，急速。⑤金玉为主：以金玉财宝为欺诱敌人的主要手段。⑥精微为宝：指谋划或行动时，把精细秘密，作为最宝贵的手段。⑦须：等待，等到。

[译文]

武王向太公问道："率军深入敌国境内，与敌军隔河对峙，敌人物资充足，兵力众多，我军物资贫乏，兵力寡少。我军想渡河进攻，却无力前进；想拖延时日，又粮食不足。而且我军处于荒芜贫瘠的盐碱之地，附近既没有城邑又没有草木，军队无处可以掠取物资，牛马无处可以放牧、找到饲料。在这种情况下，应该怎么办？"

太公答道："军队没有必要的器械，牛马没有必需的饲料，士卒没有必需的粮食，在此情况下，应当寻找机会，欺骗敌人，迅速向别处转移，并在大军之后设置伏兵，以阻击敌人的追击。"

武王问："如果敌人不受诈骗，我军士卒迷惑恐惧，敌人进击我军前后，全军溃退败逃，应该怎么办？"

太公答道："这时寻求退路的方法，主要靠使用金银财宝。一定要通过敌人的军使实施贿赂，此事必须精密细致，不能泄露出去。"

武王问："敌人已侦知我方设有伏兵，大军不肯渡河。另派一支小部队渡河向我进攻，我全军震恐，应该怎么办？"

太公答道："在这种情况下，我军应部署为若干个武冲大扶胥战车捍卫四方的战斗队形，配置在便于作战的地方。等前来进攻的那支敌军全部渡河后，发动我方伏兵，猛烈攻击敌人侧后，强弩从两旁射击敌人左右。同时把我军战车和骑兵布列为乌云之阵，戒备前后，使全军猛烈战斗。敌人发现我军与他们的过河部队交战，其大军必会渡河前来。这时就发动我军的伏兵，猛烈攻击敌军侧后，并用战车和骑兵冲击敌军两翼，这样，敌军虽然人数众多，其主将也会因战败逃走。大凡用兵，其基本原则是，当与敌对阵面临作战时，必须把军队布列为若干个武冲大扶胥战车捍卫四方的战斗队形，配置在便于作战的地方，然后再把战车和骑兵布成乌云之阵，这就是出奇制胜的方法。所谓乌云，就是像乌散云合那样，灵活机动，变化无穷。"

武王说："您讲得真好啊！"

少　众

武王问太公曰:"吾欲以少击众,以弱击强,为之奈何?"

太公曰:"以少击众者,必以日之暮,伏于深草,要之隘路;以弱击强者,必得大国而与,邻国之助。"

武王曰:"我无深草,又无隘路。敌人已至,不适日暮,我无大国之与,又无邻国之助,为之奈何?"

太公曰:"妄张诈诱,以荧惑其将;迂其道,令过深草;远其路,令会日(路)[暮]。前行未渡水,后行未及舍,发我伏兵,疾击其左右,车骑扰乱其前后。敌人虽众,其将可走。事①大国之君,下②邻国之士,厚其币③,卑其辞。如此则得大国之与,邻国之助矣!"

武王曰:"善哉!"

[注释]

①事:服侍、侍奉。②下:此指谦恭地对待,在礼貌上把自己放在比对方卑下的地位。③币:本指缯帛,是古时候朝聘进献或馈赠宾客的礼物,后又用以泛指各种财物。

[译文]

武王向太公问道:"我要以少击众,以弱击强,应该怎么办呢?"

太公答道:"要以少击众,必须乘黄昏天黑,把军队埋伏在深草丛生的地带,在险隘的道路上截击敌人。要以弱击强,必须得到大国的协助、邻国的支援。"

武王问:"如果我方没有深草地带可供设伏,又没有险隘道路可以利用,敌人大军到达时又不在日暮时候;我方既没有大国的协助,也没有邻国的支援,又该怎么办呢?"

太公答道："应用虚张声势、引诱诈骗手段迷惑敌将,诱使敌人迂回前进,使其必定经过深草地带;引诱敌人绕走远路,延误时间,使其正好在黄昏天黑时同我军交战。乘敌人先头部队尚未全部渡水,后续部队来不及宿营时,发动我军伏击部队,迅速猛烈地攻击敌人的两翼,并令我军战车和骑兵扰乱敌人的前后。这样,敌人虽然众多,其主将也会因战败被迫逃走。恭敬事奉大国的君主,礼遇邻国的贤士,多送钱财,言辞谦逊,这样就能够得到大国的支持,邻国的援助了。"

武王说:"好啊!"

分　险

武王问太公曰:"引兵深入诸侯之地,与敌人相遇于险厄①之中。吾左山而右水,敌右山而左水,与我分险相拒。各欲以守则固,以战则胜,为之奈何?"

太公曰:"处山之左,急备山之右;处山之右,急备山之左。险有大水,无舟楫者,以天潢济吾三军;已济者,亟广吾道,以便战所。以武冲为前后,列其强弩,令行陈皆固。衢道谷口,以武冲绝之。高置旌旗,是谓'车城'②。

"凡险战③之法,以武冲为前,大橹为卫,材士强弩翼吾左右。三千人为屯,必置冲陈,便兵所处。左军以左,右军以右,中军以中,并攻而前。已战者还归屯所,更战更息,必胜乃已。"

武王曰:"善哉!"

[注释]

①厄:通"阸"(è),险隘。②车城:通过联结战车而构筑起来的营寨。

③险战:险隘地带的战斗。

[译文]

武王向太公问道:"率军深入敌国境内,同敌人在险阻狭隘的地方相遇。我军所处的地形是左依山右临水,敌军所处的地形是右依山左临水,双方各据险要,相互对峙。在此情况下,我军想进行防守就能稳固,进行进攻就能胜利,应该怎么办?"

太公答道:"当我军占领山的左侧时,应迅速戒备山的右侧;占领了山的右侧时,应迅速戒备山的左侧。险要地区如有大江大河,又没有船只可以利用,就应用天潢等浮渡器材渡过我军。已经渡过江河的先头部队,要迅速开辟前出道路,抢占有利地形,以便主力跟进。要用武冲大扶胥战车掩护我军的前后,布列强弩,以使我军行列和阵形稳固。对交通要道和山谷的谷口,要用武冲大扶胥战车加以阻绝,并高挂旌旗,这样就构成了一座用战车连接起来的防御阵势,可以称之为车城。

"大凡在险要地带作战的方法是,把武冲大扶胥战车居前冲击,以武翼大橹矛戟扶胥战车担任后卫,用精锐的战士手持强弩保障我军左右两翼。每三千人为一屯,必须编成武冲大扶胥战车捍卫四侧的战斗队形,配置在便于作战的地形上。战斗时,左军用于左翼,右军用于右翼,中军用于中央,三军并肩攻击,向前推进。已战的部队回到原屯驻之处休整,未战的依次投入战斗,轮番作战,轮番休息,直到取得胜利为止。"

武王说:"您讲得真好啊!"

卷六　犬韬

分　兵

武王问太公曰："王者帅师，三军分为数处，将欲期会合战①，约誓②赏罚，为之奈何？"

太公曰："凡用兵之法，三军之众，必有分合之变。其大将先定战地、战日，然后移檄书与诸将吏期③：攻城围邑，各会其所，明告战日，漏刻有时④。大将设营布陈，立表辕门⑤，清道而待。诸将吏至者，校其先后⑥，先期而至者赏，后期而至者斩。如此则远近奔集，三军俱至，并力合战。"

[注释]

①期会合战：约定时间地点，集中军队与敌交战。期，约定。②约誓：作战前夕集合军队，宣布作战目的、原因，申明军纪，告诫将士。③移：此谓下达。檄书：古代官府用以征召、晓谕或声讨的文书，此指军事文书。④漏刻有时：意谓规定军队到达的时间。漏刻，古代的一种计时器。其法用两铜壶，分置上下，上壶盛水，使漏入下壶。下壶设有浮标，标杆上刻有分画。上壶之水漏入下壶时，标杆渐渐升起，以此计算时间。"漏刻有时"意即对具体的时间有明确规定，是否按时到达，可根据漏刻判定。⑤立表：古代立木为表，通

过观察日影来计算时间。表,标杆,白天标竿影子的正斜长短随着太阳位置的不同而有所变化。辕门,军营的正门。古时军队驻扎时,四周以车辆为垣,在营门处用两车仰置,以车上系马之辕杆两条,树立于门之两侧以为门,故称之。⑥校(jiào):考核。

[译文]

武王向太公问道:"君王率兵出征,全军分驻数处,主将要按期集结军队同敌人交战,并号令全军官兵,明定赏罚制度,应该怎么办?"

太公答道:"一般用兵的方法,由于三军人数众多,必然有兵力分散和集中等作战部署上的变化。主将如果需要约集各路部队会合作战,要首先确定作战的地点和日期,然后将战斗文书下达给诸部将官,明确规定要攻打和包围的城邑、各军集结的地点,明确规定作战的日期及各部队到达的时间。然后,主将提前到达集结地点设置营垒,布列阵势,在营门竖立标杆以观测日影,计算时间。禁止行人通行,等待将吏报到。各部将吏到达时,要核实其到达的先后次序,先期到达的给予奖励,延期到达的杀头示众。这样,不论远近,都会按期赶至集结地域。三军全部到达后,就能集中力量与敌交战了。"

武　锋

武王问太公曰:"凡用兵之要,必有武车、骁骑、驰陈选锋①,见可则击之。如何则可击?"

太公曰:"夫欲击者,当审察敌人十四变②。变见则击之,敌人必败。"

武王曰:"十四变可得闻乎?"

太公曰："敌人新集，可击；人马未食，可击；天时不顺，可击；地形未得，可击；奔走，可击；不戒，可击；疲劳，可击；将离士卒，可击；涉长路，可击；济水，可击；不暇③，可击；阻难狭路，可击；乱行④，可击；心怖，可击。"

[注释]

①驰陈：指敢于领头向敌阵驰骋冲锋的勇士。选锋：突击队，敢死队。驰陈选锋，指用于冲锋陷阵的精锐士兵。古代兵家均极为注重突击力量，《孙子》、《孙膑兵法》均有这方面的论述。②变：变故。此处指对敌不利的情况。③不暇：忙乱不整。暇，从容。④乱行：队列散乱。

[译文]

武王向太公问道："用兵的重要原则，就是必须有强大的战车、骁勇的骑兵和能够冲锋陷阵的突击部队，发现敌人有可乘之机就发起攻击。那么，究竟什么样的时机可以发起攻击呢？"

太公答道："要攻击敌人，应当详细察明不利于敌人的十四种情况。这些情况一旦出现，就可以发起攻击，敌人必定会被打败。"

武王再问："你可以把这十四种对敌不利的情况讲给我听听吗？"

太公再答道："这十四种对敌不利的情况是：敌人刚集结而立足未稳时，可以发起攻击；敌人人马饥饿，尚未进食喂料时，可以发起攻击；气候季节对敌人不利时，可以发起攻击；地形对敌人不利时，可以发起攻击；敌人仓促奔走赶路时，可以发起攻击；敌人戒备懈怠时，可以发起攻击；敌人疲劳倦怠时，可以发起攻击；敌人主将离开士卒而无指挥时，可以发起攻击；敌人长途跋涉时，可以发起攻击；敌人渡河时，可以发起攻击；敌人忙乱不堪时，可以发起攻击；敌人通过险要狭隘的道路时，可以发起攻击；敌人行列散乱不整时，可以发起攻击；敌人军心恐惧不安时，可以发起攻击。"

练　士

武王问太公曰："练士之道①奈何？"

太公曰："军中有大勇、敢死、乐伤者，聚为一卒②，名曰冒刃③之士；有锐气、壮勇、强暴者，聚为一卒，名曰陷陈之士；有奇表、长剑、接武齐列者④，聚为一卒，名曰勇锐之士；有拔距伸钩⑤、强梁⑥多力、溃破金鼓⑦、绝灭旌旗者⑧，聚为一卒，名曰勇力之士；有逾高绝远⑨、轻足善走者，聚为一卒，名曰冠兵⑩之士；有王臣失势，欲复见功者，聚为一卒，名曰死斗之士；有死将之人子弟，欲与其将报仇者，聚为一卒，名曰敢死之士；有赘婿人虏⑪，欲掩迹扬名者，聚为一卒，名曰励钝⑫之士；有贫穷愤怒、欲快其心者，聚为一卒，名曰必死之士；有胥靡免罪之人⑬，欲逃⑭其耻者，聚为一卒，名曰幸用⑮之士；有材技兼人⑯，能负重致远者，聚为一卒，名曰待命之士。此军之（服习）［练士］，不可不察也。"

[注释]

①练士之道：挑选士卒的方法。练，同"拣"，选择、挑选。②卒：古代军队的一级编制，一般百人为卒。此处可理解为"队"。③冒刃：敢于冒险。刃，刀口，刀锋，喻指危险。④奇表：相貌奇异。长剑：此指好佩带、使用长剑之人。接武：前后足迹相连。武，足迹。这里意为步伐稳健整齐。⑤拔距伸钩：拔距，古代运动习武的游戏，类似现在的拔河。伸钩，把弯钩拉直。⑥强梁：强横、强悍、强暴。⑦溃破金鼓：指能攻破敌军金鼓所在的指挥中心。⑧绝灭旌旗者：指能夺取、毁灭敌军指挥中心的旗帜。⑨逾高：登高城。绝远：走远路。⑩冠兵：一本作"寇兵"，与文意合。寇兵即像盗贼一样出没无常的军队。⑪赘（zhuì）婿：男到女家成婚，加入女方家庭的男子。古代法律

有歧视赘婿的规定,社会习惯也认为当赘婿是一种耻辱。虏:通"奴"。⑫励钝:激励迟钝萎靡之人,让他振作起来。⑬胥靡:刑徒囚犯。⑭逃:避开。⑮幸用:超过本分,侥幸得用。⑯兼人:超过常人。

[译文]

武王向太公问道:"选编士卒的办法应是怎样的?"

太公答道:"把军队中勇气超人、不怕牺牲、不怕负伤的人,编为一队,称为冒刃之士;把锐气旺盛、年轻壮勇、强横凶暴的人,编为一队,称为陷阵之士;把体态奇异,善用长剑,步履稳健、能在行列中整齐行动的,编为一队,称为勇锐之士;把臂力过人能拉直铁钩、强壮有力,敢于冲入敌阵捣毁敌人金鼓、撕折敌人旗帜的人,编为一队,称为勇力之士;把能够攀高行远,轻便灵活、善于奔路的人,编为一队,称为冠兵之士;把曾经是贵族大臣已经失势而想重建功勋、恢复原来荣耀的人,编为一队,称为死斗之士;把阵亡将帅的子弟,急于为自己父兄报仇的人,编为一队,称为敢死之士;把曾入赘为婿和当过敌人俘虏,一心想扬名遮丑的人,编为一队,称为励钝之士;把因自己贫穷而愤怒不满,要求立功受赏而满足心愿,以求扬眉吐气的人,编为一队,称为必死之士;把曾是刑徒,服过劳役,后又免罪,想掩盖自己耻辱的人,编为一队,称为幸用之士;把才技胜人,能够背负重物长途跋涉的人,编为一队,称为待命之士。以上所说,就是军中选编士卒的方法,当主将的不可不详加考察。"

教　战

武王问太公曰:"合三军之众,欲令士卒练士,教战①之道奈何?"

太公曰："凡领三军，有金鼓之节②，所以整齐士众者也。将必先明告吏士，申之以三令，以教操兵起居、旌旗指麾之变法③。故教吏士，使一人学战，教成，合之十人；十人学战，教成，合之百人；百人学战，教成，合之千人；千人学战，教成，合之万人；万人学战，教成，合之三军之众；大战之法，教成，合之百万之众。故能成其大兵，立威于天下。"

武王曰："善哉！"

[注释]

①教战：指军事训练。②有金鼓之节：节，节制，指挥。③以教操兵起居、旌旗指麾之变法：操兵起居，操兵指使用兵器，起居指坐、站、进、退、分、合等，意为操持兵器，练习各种战斗动作。指麾，指挥。麾（huī），同"挥"，指挥。

[译文]

武王向太公问道："集合全军部队，要使士卒们娴熟战斗技能，其训练方法应该怎样？

太公答道："凡是统率三军，必须用金鼓来指挥，这是为了使全军的行动整齐划一。主将必须首先明确告诉官兵应该怎样操练，并且要反复申明讲解清楚，然后再训练他们操作兵器，熟悉战斗动作，以及根据各种旗帜指挥信号的变化而行动的方法。所以，训练军队时，要先进行单兵教练，单兵训练好了，再十人合练；十人学习战法，把他们训练好了，再百人合练；百人学习战法，把他们训练好了，再千人合练；千人学习战法，把他们训练好了，再万人合练；万人学习战法，把他们训练好了，再全军合练；全军统一训练，训练好了，再进行百万大军的合练。这样，就能组成强大的军队，立威无敌于天下。"

武王说："您讲得真好啊！"

均　兵①

武王问太公曰："以车与步卒战，一车当几步卒？几步卒当一车？以骑与步卒战，一骑当几步卒？几步卒当一骑？以车与骑战，一车当几骑？几骑当一车？"

太公曰："车者，军之羽翼②也，所以陷坚陈，要③强敌，遮走北也；骑者，军之伺候④也，所以踵⑤败军，绝粮道，击便寇⑥也。故车骑不敌战⑦，则一骑不能当步卒一人。三军之众，成陈而相当，则易战⑧之法：一车当步卒八十人，八十人当一车；一骑当步卒八人，八人当一骑；一车当十骑，十骑当一车。险战⑨之法：一车当步卒四十人，四十人当一车。一骑当步卒四人，四人当一骑。一车当六骑，六骑当一（卒）［车］。夫车骑者，军之武兵⑩也。十乘败千人，百乘败万人。十骑败百人，百骑走千人，此其大数也。"

武王曰："车骑之吏数⑪、陈法奈何？"

太公曰："置车之吏数，五车一长，十车一吏，五十车一率⑫，百车一将。易战之法：五车为列，相去四十步，左右十步，队间六十步。险战之法：车必循道，十车为聚⑬，二十车为屯，前后相去二十步，左右六步，队间三十六步。五车一长，纵横相去二里，各返故道。置骑之吏数，五骑一长，十骑一吏，百骑一率，二百骑一将。易战之法：五骑为列，前后相去二十步，左右四步，队间五十步。险战者，前后相去十步，左右二步，队间二十五步。三十骑为一屯，六十骑为一辈⑭，十骑一吏，纵横相去百步，周环各复故处。"

武王曰："善哉！"

[注释]

①均兵：本篇论及车、骑、步三军种合理使用时的力量均衡关系，故名。②军之羽翼：意为战车对于军队来说，好比鸟之羽翼，是用来增强战斗力的。③要：同"邀"，邀击。④军之伺候：意为骑兵如同侦察人员一样，是窥探敌人，乘敌之隙的。⑤踵：跟踪追击。⑥便寇：敌人的游动部队。⑦车骑不敌战：意为车骑使用的地形不适宜，车骑的编制配合不恰当。⑧易战：在平坦的地形作战。⑨险战：在险厄阻隘的地形作战。⑩武兵：战斗力最强的兵种。⑪吏数：军官的数量。⑫率：通"帅"，在此泛指头目、首领。⑬聚：与下文的"屯"，都是车兵的一种战斗编组。⑭辈：骑兵的一种战斗编组。

[译文]

武王向太公问道："用战车同步兵作战，一辆战车能抵挡几名步兵？几名步兵能抵挡一辆战车？用骑兵同步兵作战，一名骑兵能抵挡几名步兵？几名步兵能抵抗一名骑兵？用战车同骑兵作战，一辆战车能抵挡几名骑兵？几名骑兵能抵挡一辆战车？"

太公回答道："鸟无翅膀不飞，战车，犹如军队的翅膀，具有强大的战斗力，是用来攻坚陷阵、截击强敌、断敌退路的；骑兵就像军队的眼睛，可以用来侦察警戒，跟踪追击溃逃之敌、切断敌人粮道和袭击散乱流窜的敌人。因此，战车和骑兵的运用不恰当，在战斗中一名骑兵还抵不上一名步兵。全军布列成阵，车、骑、步兵配合得当，那么在平坦地形上作战的法则是：一辆战车的战斗力相当于步兵八十人，八十名步兵相当一辆战车。一名骑兵的战斗力相当于步兵八人，八名步兵相当一名骑兵。一辆战车的战斗力相当骑兵十人，十名骑兵相当一辆战车。在险阻地形上作战的法则是：一辆战车的战斗力相当步兵四十人，四十名步兵可以相当一辆战车。一名骑兵的战斗力相当步兵四人，四名步兵相当骑兵一人。一辆战车的战斗力相当骑兵六人，六名骑兵相当战车一辆。战车和骑兵，是军队中最具有威力的战斗力量，十辆战车可以击败敌人千名，百辆战车可以击败敌人万名。十名骑兵可以击败敌人百名,百名骑兵可以击败敌人千名,这些都是大概的数字。"

武王再问:"战车和骑兵的军官数量配置和作战方法应该怎样?"

太公再答道:"战车应配备的军官数量是:五辆战车设一长,十辆战车设一吏,五十辆战车设一率,百辆战车设一将。在平坦地形上作战的方法是:五辆战车为一列,每列前后相距四十步,每辆左右间隔为十步,每队间的前后距离和左右间隔各六十步。在险阻地形上作战的方法是:战车必须沿着道路前进,十辆战车为一聚,二十辆战车为一屯。车与车前后距离二十步,左右间隔六步。队间的前后距离和左右间隔各三十六步,五辆战车设一长,活动范围前后左右各二里,战车撤出战斗后仍由原路返回。骑兵应配备的军官数量是:五名骑兵设一长,十名骑兵设一吏,百名骑兵设一率,二百名骑兵设一将。在平坦地形上作战的方法是:五骑为一列,每列前后相距二十步,每骑左右间隔四步,队与队之间的前后距离和左右间隔为五十步。在险阻地形上作战的方法是:每列前后相距十步,左右间隔二步,队间距离和左右间隔各二十五步。三十名骑兵为一屯,六十名骑兵为一辈,每十名骑兵设一吏,活动范围前后左右各百步,撤出战斗后各自返回原来的位置,恢复队形。"

武王说:"您讲得真好啊!"

武车士

武王问太公曰:"选车士^①奈何?"

太公曰:"选车士之法,取年四十已下,长七尺五寸已上;走能逐奔马,及驰而乘之^②;前后、左右、上下周旋,能缚束旌旗；力能彀八石弩③，射前后左右皆便习④者，名曰武车之士，不可不厚也。"

[注释]

①车士：乘车战斗的武士。②及驰：谓能追及奔驰的战车。③彀（gòu）：张满弓弩。八石弩：即拉力为960斤的强弩。石（dàn），古代计量单位，120斤为一石。周制，每斤约合今228.86克。④便习：熟练地掌握。

[译文]

武王向太公问道："怎样选拔乘战车作战的武士？"

太公答道："选拔乘战车作战武士的标准是：选取年龄在四十岁以下、身高七尺五寸以上，跑起来能追得上奔跑的马，能在奔驰中跳上战车，并能在战车上前后、左右、上下各方应战，能执掌旌旗，并能拉满八石弩，熟练地向左右、前后射箭的人。这种人称为武车士，对他们一定要给予优厚待遇。"

武骑士

武王问太公曰："选骑士①奈何？"

太公曰："选骑士之法，取年四十已下，长七尺五寸已上；壮健捷疾，超绝伦等②；能驰骑彀射，前后、左右、周旋进退；越沟堑，登丘陵，冒险阻，绝大泽③，驰④强敌，乱大众者，名曰武骑之士，不可不厚也。"

[注释]

①骑士：骑马作战的武士。②超绝伦等：身怀特异才能，本领远远超过一般人。③泽：聚水的洼地、河流。④驰：追逐，追赶。

[译文]

武王向太公问道："选拔骑士的方法是怎样的？"

太公答道："选拔骑士的标准是：选取年龄在四十岁以下，身高在七尺五寸以上；身强力壮，行动敏捷迅速超过常人；能骑马疾驰并在马上挽弓射箭，能在前后、左右各个方向应战自如，进退娴熟；能策马越过沟堑，攀登丘陵，冲过险阻，横渡大水，追逐强敌，打乱众多敌人的人。这种人称为武骑士，对他们一定要给予优厚的待遇。"

战 车

武王问太公曰："战车①奈何？"

太公曰："步贵知变动，车贵知地形，骑贵知别径奇道②，三军同名而异用也，凡车之死地③有十，其胜地④有八。"

武王曰："十死之地奈何？"

太公曰："往而无以还者，车之死地也；越绝险阻，乘敌远行⑤者，车之竭⑥地也；前易后险者，车之困地也；陷之险阻而难出者，车之绝⑦地也；圯下渐泽、黑土黏埴⑧者，车之劳⑨地也；左险右易，上陵仰阪⑩者，车之逆⑪地也；殷草横亩⑫，犯历⑬深泽者，车之拂地⑭也；车少地易，与步不敌者，车之败地也；后有沟渎⑮，左有深水，右有峻阪者，车之坏⑯地也；日夜霖雨，旬日不止，道路溃陷，前不能进，后不能解⑰者，车之陷地也。此十者，车之死地也。故拙将之所以见⑱擒，明将之所以能避也。"

武王曰："八胜之地奈何？"

太公曰："敌之前后，行陈未定，即陷⑲之；旌旗扰乱，人马数动，即陷之；士卒或前或后，或左或右，即陷之；陈不坚固，士卒前后相顾，即陷之；前往而疑，后恐而怯，即陷之；

三军卒惊，皆薄⑳而起，即陷之；战于易地，暮不能解㉑，即陷之；远行而暮舍，三军恐惧，即陷之。此八者，车之胜地也。将明于十害八胜，敌虽围周，千乘万骑，前驱旁驰，万战必胜。"

武王曰："善哉！"

[注释]

①战车：谓用战车作战。②别径奇道：岔路捷径。③死地：不利的地形。④胜地：有利的情况、处境。⑤乘敌远行：乘敌之弊，远途行军。⑥竭：指因人马困乏而战斗力衰竭。⑦绝：没有生路。⑧圮下渐泽：毁塌积水的地带。圮（pǐ），毁坏。下，低下。渐，浸水。泽，洼地，池沼。黏埴，泥泞的黏土。⑨劳：指因在泥泞中行动不便而人马劳困。⑩仰阪：迎着山坡。阪，山坡。⑪逆：不顺。⑫亩：田亩，此指土地。⑬犯历：这里是进入、越过的意思。⑭拂：违背。引申为不利。⑮沟渎：沟渠。⑯坏：此指车毁兵败。⑰道路溃陷，前不能进，后不能解：《通典》引《周书阴符》作"泥淖难行"。解，解脱，谓解开阵势，迅速遁走。⑱见：被。⑲陷：进攻、攻破。⑳薄：逼迫，这里是急促的意思。㉑解：两军分开，脱离接触。

[译文]

武王向太公问道："战车的作战方法是怎样的？"

太公答道："步兵作战关键在熟悉战场情况变化，战车作战关键在熟悉地形状况，骑兵作战关键在懂得走小路、抄近路。车、步、骑都是作战部队，只是用法有所不同。战车作战有十种死地，也有八种有利的情况。"

武王问："十死之地是哪些？"

太公答道："十死之地是：可以前进而不能退回的，就是战车的死地；逾越险阻、长途追逐敌人的，就是战车的竭地；前面平坦易行，后面险阻难通的，就是战车的困地；陷于险阻而难以出来的，就是战车的绝地；道路崩塌下陷，地势低洼潮湿，黑土黏泥地带，就是战车的劳地；左面险阻右面平坦，还要向上爬坡的，就是战车的逆地；通过长满深草的区域，还要渡过深水的，就是战车的拂地；战车数量少，地形平坦，战车与步兵又配合不当的，就是战车的败地；后面有沟渠，左面有深水，右面有高坡，就是战车的坏地；昼夜大雨，连日不停，道路毁坏，前不能进，后不能退的，就是战车的陷地。这十种地形都是战车的死地。所以笨拙的将领由于不了解这十种死地的危害而失败被擒，明智的将领由于能避开这十种死地而取得胜利。"

武王问："八种有利的情况是哪些？"

太公答道："八种有利的情况是：敌人的前后行阵尚未布定，就用战车乘机攻破他们；敌人旌旗紊乱，人马频繁调动，就用战车乘机攻破他们；敌人士卒有的向前，有的退后，有的往左，有的往右，就用战车乘机攻破他们；敌人阵势不稳，士兵在前后相互观望，就用战车乘机攻破他们；敌人前进则犹疑不定，后退时恐惧害怕，就用战车乘机攻破他们；敌人全军突然惊乱，挤成一团，就用战车乘机攻破他们；敌人在平坦地形上与我交战，至黄昏时还未结束战斗，就用战车乘机攻破他们；敌人长途行军，至大黑才宿营，三军恐惧不安，就用战车乘机攻破他们。这八种情况都对战车作战有利。统军主将知道了上述战车作战的十种死地和八种有利情况，即使敌人把我四面包围，用千乘万骑向我正面进攻，两侧突击，我军也能每战必胜。"

武王说："您讲得真好啊！"

战　骑

武王问太公曰："战骑奈何？"

太公曰："骑有十胜九败[1]。"

武王曰："十胜奈何？"

太公曰："敌人始至，行陈未定，前后不属②，陷其前骑，击其左右，敌人必走；敌人行陈整齐坚固，士卒欲斗，吾骑翼③而勿去，或驰而往，或驰而来，其疾如风，其暴如雷，白昼如昏④，数更旌旗，变易衣服，其军可克；敌人行陈不固，士卒不斗，薄其前后，猎⑤其左右，翼而击之，敌人必惧；敌人暮欲归舍，三军恐骇，翼其两旁，疾击其后，薄其垒口⑥，无使得入，敌人必败；敌人无险阻保固⑦，深入长驱，绝其粮路，敌人必饥；地平而易，四面见敌，车骑陷之，敌人必乱；敌人奔走，士卒散乱，或翼其两旁，或掩其前后，其将可擒；敌人暮返，其兵甚众，其行陈必乱，令我骑十而为队，百而为屯，车五而为聚，十而为群，多设施旗，杂以强弩，或击其两旁，或绝其前后，敌将可虏。此骑之十胜也。"

武王曰："九败奈何？"

太公曰："凡以骑陷敌，而不能破陈，敌人佯走，以车骑返击我后，此骑之败地也；追北逾险，长驱不止，敌人伏我两旁，又绝我后，此骑之围地也；往而无以返，入而无以出，是谓陷于天井，顿于地穴，此骑之死地也；所从入者隘，所从出者远，彼弱可以击我强，彼寡可以击我众，此骑之没地也；大涧深谷，翳秽林木，此骑之竭地也；左右有水，前有大阜，后有高山，三军战于两水之间，敌居表里，此骑之艰地也；敌人绝我粮道，往而无以返，此骑之困地也；汙下沮泽⑧，进退渐洳，此骑之患地也；左有深沟，右有坑阜⑨，高下如平地，进退诱敌，此骑之陷地也。此九者，骑之死地也。明将之所以远避，暗将之所以陷败也。"

[注释]

①十胜：十种制胜的战机。原文只有八胜，疑有脱简。九败：九种致败的地形。②属：连接。③翼：指从两侧包抄。④白昼而昏：《直解》本"而"均作"如"。⑤猎：打猎，此处指袭击。⑥垒口：营垒的入口。⑦保固：凭险固守。⑧沮泽：水草所聚的地方，即沼泽地。⑨坑阜：指地形高低凹凸不平，坑，凹陷地。阜，土山。

[译文]

武王向太公问道："骑兵的战法应该是怎样的？"

太公答道："骑兵作战有十胜九败。"

武王问："十胜是哪些？"

太公答道："十胜是：敌人刚到，行列阵势还未稳定，前后不相衔接，我军立即用骑兵击破敌先头骑兵部队，夹击其两翼，敌人必然溃逃；敌人行列阵势整齐坚固，士兵斗志高昂，我骑兵应缠住敌人两翼不放，时而奔驰过去，时而奔驰回来，快捷如风，猛烈如雷，从白天战至黄昏，不断更换旗帜，改变服装，使敌人惊恐疑惑，就能够打败敌人；敌人行阵不坚固，士卒没有斗志，就用骑兵进逼敌人的正面和后方，袭击其左右，夹击其两翼，敌人必然震恐；敌人黄昏时疲惫不堪，急欲回营休息，军心恐惧，就用骑兵夹击其两翼，急速袭击其后尾，逼近其营垒的出入口，阻止其进入营垒，敌人必然失败；敌人没有险阻地形可以固守，我骑兵应长驱深入，切断敌人粮道，敌人必然陷入饥饿；敌人处于平坦地形，四面都易遭受攻击，我军用骑兵协同战车攻击它，敌人必然溃乱；敌人败逃，士卒散乱，我骑兵或从两翼夹击，或从前后袭击，敌军主将就可以被擒获；敌人黄昏时返回营垒，部队众多，队形一定混乱，就令我骑兵以十人为一队，百人为一屯，战车五辆为一聚，十辆为一群，多插旗帜，配备强弩，或扫击其两翼，或断绝其前后，敌人主将就可以被俘虏。上述这些，就是骑兵作战十种取胜的战机。"

武王问："九败是哪些？"

太公回答道："九败是：凡是用骑兵攻击敌人而不能攻破敌阵，敌人假装逃跑而用战车和骑兵攻我后方，这就是骑兵作战上的败地；追击败逃之敌，越过险阻，长驱深入而不停止，敌人埋伏在我左右两旁，又断绝我的后路，这就是骑兵作战上的围地；前进后不能退回，进入后不能出来，这叫作陷入天井之内，困于地穴之中，这就是骑兵作战上的死地；前进的道路狭隘，退归的道路迂远，敌人可以弱击强，以少击多，这就是骑兵的没地；大涧深谷，林木茂盛，活动困难，这就是骑兵作战上的竭地；左右两边有水，前面有大山，后面有高岭，我军在两水之间同敌作战，敌人内守山险，外居水要，骑兵无法施展，这就是骑兵作战上的艰地；敌人断我后方粮道，我军只能前进而没有退路，这就是骑兵作战上的困地；低洼泥泞，沼泽遍布，进退困难，这就是骑兵作战上的患地；左有深沟，右有坑坎，高低不平，看似平地，进退都会招致敌人袭击，这就是骑兵作战上的陷地。上述九种情况，都是骑兵作战的死地，英明的领兵主将所要竭力避开的地方，昏庸的主将所以陷于失败的原因。"

战　步

武王问太公曰："步兵与车骑战，奈何？"

太公曰："步兵与车骑战者，必依丘陵险阻，长兵①强弩居前，短兵②弱弩居后，更发更止③。敌之车骑，虽众而至，坚陈疾战，材士强弩，以备我后。"

武王曰："吾无丘陵，又无险阻，敌人之至，既众且武，车骑翼我两旁，猎我前后，吾三军恐怖，乱败而走，为之奈何？"

太公曰:"令我士卒为行马、木蒺藜,置牛马队伍,为四武冲陈。望敌车骑将来,均置蒺藜,掘地匝后④,广深五尺,名曰命笼⑤。人操行马进步,阑车以为垒,推而前后,立而为屯⑥,材士强弩,备我左右。然后令我三军,皆疾战而不解⑦。"

武王曰:"善哉!"

[注释]

①长兵:指戈、矛、戟等长柄兵器。②短兵:刀、剑等短兵器。③更发更止:指把击弩手分为两部分,轮番发射,轮番休息。④掘地匝后:指在四周开掘壕沟。⑤命笼:可理解为沟堑、障碍物等构成的环形防御体系。⑥屯:军屯,营寨。⑦不解:解,同"懈",松弛。

[译文]

武王向太公问道:"步兵与战车、骑兵作战的方法是怎样的?"

太公答道:"步兵与战车、骑兵作战,必须依托丘陵、险阻的地形列阵,把长兵器和强弩配置在前面,把短兵器和弱弩配置在后面,轮流战斗,更番休整。敌人战车和骑兵大量到达时,我军即坚守阵地,顽强战斗,并派精锐战士手持强弩戒备后方。"

武王问:"我军既无丘陵又没有险阻可以依托,敌军到达的兵力既众多又强大,战车骑兵夹击我军两翼,突击我军前后,致使我全军恐惧,溃败逃跑,应该怎么办?"

太公答道:"命令我军士兵制作行马和木蒺藜等障碍器材,把牛马集中编在一起,步兵结成武冲大扶胥战车捍卫四侧的战斗队形。看见敌军战车骑兵即将发起进攻,就广泛布设蒺藜,并挖掘环形壕沟,宽深各五尺,这样的阵地可称之为命笼。步兵们推着行马进退,用车辆连接成营垒,推着它前后移动,停止下来时即成营寨。同时布置精锐的战士手持强弩,注意戒备我军左右两侧,然后号令我全军猛烈战斗,不得懈息。"

武王说:"您讲得真好啊!"

鬼谷子

前　言

在中国辉煌灿烂的五千年文明长河中，无数的谋臣策士呕心研究，沥血践行，写下了一部部彪炳史册的智谋典籍，创立了一个个完整而具鲜明个性的智谋理论体系，共同创造了独步世界的中国智谋文化。

而追溯这一文化的源头，我们的目光就会聚集在诸侯林立、战争频仍的战国时代。当时，由于儒学思想还没有占据意识形态的统治地位，社会政治环境相对宽松、活跃、自由、开放，诸子蜂起，百家争鸣，圣贤和英雄辈出，雄辩和华章毕呈，使这一时期成为中国历史上绝无仅有的璀璨瑰丽的文明黄金时期。诸子百家中，以鬼谷子、苏秦、张仪等为代表的纵横家们凭借其超人的智谋和善辩的口舌，合纵连横，不仅操纵社会政局数百年，而且为后人的为官经商、处世为人提供了最有力的指导。

成书于战国中期的《鬼谷子》是战国纵横学派的独传子书，集中反映了纵横家的处世哲学和智谋思想。该书涵盖内容丰富、庞杂，理论系统完整，不仅是一部纵横家之书，同时也是一部对当今很有借鉴意义的外交书、兵书、商书。它不仅阐述了一个人们要利用阴阳互生而充分发挥主观能动性改造世界的理论主张，开创了战国时期重人轻神的人文思潮，而且通过具体的游说过程和游说策略的精到描述，教出了一代又一代滔滔雄辩、叱咤风云的名臣谋士，再配以交友术、御臣术、取宠术娓娓道来，上至人君，下至黎民，无不把它视为至宝。《鬼谷子》的以自己为中心，为谋取富贵荣华而崇尚奇诡变诈、阴密隐匿之权术的思想，在今天看来有它张扬个性、充分发挥自身主观能动性的一面，对处于复杂而竞争激烈的当今社会中的人们，无论是为官经商，还是立身处世，都有积极的指导意义。

《鬼谷子》不仅文字古奥艰涩，立论奇诡幽玄，而且由于受长期占意识形态统治地位的儒学思想的排斥，《鬼谷子》的研究和传播经历了一个长期的低迷时期，因而在它久远的年轮上盖着一层层神秘的面纱。

对于《鬼谷子》的作者，由于年代久远，说法不一，至今仍有争议，主要有两汉时期的"纵横家说"、南北朝时期的"神仙说"、魏晋时期的"隐士说"、明清时期的"孙膑庞涓说"，还有"苏秦假托说"。《史记》是较早记载鬼谷子其人生平的典籍之一，《史记·张仪列传》云："张仪者，魏人也，始尝与苏秦俱事鬼谷先生学术，苏秦自以不及张仪。"这里能够肯定的是鬼谷子与苏秦、张仪同时而稍前。

关于作者的隐居地，亦是众说纷纭，主要有"颍川阳城说"、"雒县城北说"、"扶风池阳说"、"淇县云梦山说"、"清水谷说"、"临沮青溪山说"，等等。唐代著名史学家司马贞《史记索隐》云："鬼谷，地名也，扶风池阳、颍川阳城并有鬼谷墟，盖是其人所居，因为号。"因此，后人多认为鬼谷并非实指地名，而是泛指世外高人的居住地。

该书流传的版本更是让人眼花缭乱，明代该书的刻本、抄本就有十几种，而清代至近代的抄本、刻本又有十多种，主要有陶弘景、皇甫谧、乐一和尹知章四家注本，而年代久远的南北朝时期南齐的世外高人陶弘景的注本，多作为明清时代刻本的蓝本。此次整理注译，亦是以《四部丛刊》陶弘景注本为底本,并参考其他注本,把它艰涩的文字加以解释,再以现代人的口味和眼光配以通俗的点评,进而利用大量鲜活的实例进行再论证,以帮助读者理解原文主旨。

历史在不断发展和变化。但过去的历史不是布满灰尘的老皇历,也不是令人生厌的垃圾场,这些纵横家们留下的智谋典籍和他们经过毕生践行和思考的这些处世策略仍然有它存在的深厚土壤和广泛的应用之地。在物竞天择、适者生存、人人追求成功的当今社会,不仅需要这鲜活的历史,更需要有利用历史的人,要求人们会用今日的眼光,取其精华,弃其糟粕,将历史变为自身的智慧和才能。只有这样,我们才不会愧对先人,才能将中华五千年的文化传承和发扬光大。

捭阖^① 第一

粤^②若^③稽^④古，圣人之在天地间也，为众生之先。观阴阳^⑤之开阖以命^⑥物，知存亡之门户^⑦；筹策^⑧万类之终始，达人心之理；见变化之朕^⑨焉，而守司^⑩其门户。故圣人之在天下也，自古及今，其道一也。

[注释]

①捭：开的意思。如打开心扉、积极行动、采纳良言、任用贤才皆可谓之捭。阖：闭的意思。如封闭心扉、采取守势、拒绝外物、排斥人才皆可谓之阖。②粤：句首语助词。③若：顺。④稽：考察。⑤阴阳：指宇宙万物相反相成的两个方面，如昼夜、明暗、君臣、男女、积极和消极、开放和封闭等。⑥命：辨别。⑦门户：这里是途径、关键的意思。⑧筹策：推算和预测。⑨朕：事物发展变化的征兆。⑩司：《四部丛刊》本陶弘景注（以下简称"陶注"）："司，主守也。"可以解释为把握。

[译文]

考察远古的历史可知，圣人之所以生存在世界上，就是要成为芸芸众生的先导。通过观察阴阳、分合等现象的变化来对事物进行辨别，并进一步了解和掌握事物存亡的途径；推算和预测事物的发展过程，通晓人们心理变化的规律；及时发现事物发展变化的征兆，从而把握和利用事物发展变化的关键。所以圣人生存在世界上，自古至今,其立身处世之道是始终如一的。

变化无穷,各有所归。或阴或阳,或柔或刚,或开或闭,或弛或张。是故圣人一守司其门户,审察其所先后;度权量能①,校②其伎巧③短长。夫贤不肖、智愚、勇怯、仁义有差,乃可捭,乃可阖;乃可进,乃可退;乃可贱,乃可贵,无为以牧④之。审定有无与其虚实,随其嗜欲以见其志意。微排其所言而捭反之,以求其实。实得其指⑤,阖而捭之,以求其利⑥。或开而示之,或阖而闭之。开而示之者,同其情也;阖而闭之者,异其诚也。可与不可,审明其计谋,以原⑦其同异。离合⑧有守⑨,先从其志。

[注释]

①度权量能:度和量都是动词,测度、比较的意思。权,指智谋。度权量能即测度和比较其智谋和能力的优劣。②校:考校。③伎巧:即技巧。④牧:控制,掌握。⑤指:同"旨",旨意,意图。⑥求其利:意思是了解对方所说的是否于己有利。⑦原:追源,考察。⑧离合:指彼此计谋的乖离或契合。⑨守:执守。

[译文]

万事万物的发展变化是无穷无尽的,然而最终都有其各自的归属:有的属阴,有的属阳;有的柔弱,有的刚强;有的开放,有的封闭;有的松弛,有的紧张。因此,圣人要始终把握事物发展变化的关键,审慎地考察何事当先,何事当后。任用人才要度量其智谋和能力的优劣,考校其技巧才艺的短长。至于人们的贤良与不肖,聪明与愚蠢,勇敢与怯懦,以及仁义诸方面,都是有差别的,因而对待各色人等的态度和方法也就彼此不同,可以迎为上宾,也可以拒之门外;可以引进重用,也可以废黜斥退;可以使其卑贱,也可以使其尊贵;遵循无为而治的原则加以控驭和掌握。鉴别和选择贤才的方法,必须考察其才能的有无大小,性格品行的虚实优劣;放任其随个人嗜好和欲望行事，以发现其意趣和志向。适当地贬抑或质疑对方的言论，以便刺激他敞开议论；然后再反驳和诘难，从而求得事情的原委，摸清其真实意图。随后，自己闭口不言以挑动对方畅所欲言，以便了解对方所说是否于己有利。全面把握了真实情况后，或者向对方敞开心扉，或者封闭心扉，不露心迹。敞开心扉，是因为双方的意愿相同；不露心迹，是因为双方的意愿相悖。确定计谋的可行与否，应该审慎地对计谋的不同方案进行仔细研究，从而搞清彼此的异同优劣。彼此的计谋或相乖离，或相契合，如果都有其合理性和可行性，应该首先采纳对方的计谋。

即欲捭之贵周，即欲阖之贵密。周密之贵微，而与道相追①。捭之者，料其情②也；阖之者，结其诚③也。皆见其权衡轻重，乃为之度数④，圣人因而为之虑。其不中权衡度数⑤，圣人因而自为之虑。故捭者，或捭而出之，或捭而内⑥之；阖者，或阖而取之，或阖而去之。捭阖者，天地之道。捭阖者，以变动阴阳，四时开闭⑦，以化⑧万物。纵横⑨、反出、反覆、反忤必由此矣。捭阖者，道之大化。说之变也，必豫⑩审其变化。

[注释]

①追：追随，这里指与道相合。②料其情：意思是了解和考察真实的情况。料，考察，了解。③结其诚：即坚定和约束对方的诚心。结，陶注："结为系束。"系束，即约束。④为之度数：测量重量和长度的数值，即作出测度和分析。⑤不中权衡度数：即有失轻重之理，不合度量之数。中，动词，符合，适合。⑥内：同"纳"，收纳，这里指把别人的建议纳入脑中而深藏起来。⑦四时开闭：开，即开始；闭，即结束。四时开闭即四季更替。⑧化：化育。这里是使动用法，使万物化育、社会进步。⑨纵横：指事物的自然变化。⑩豫：事先，预先。

[译文]

如果想要畅所欲言，阐明自己的见解，贵在严密周详；如果想要不露心迹,隐藏自己的观点,贵在深藏不露、严守机密,这样方可谨慎地遵循客观规律的要求。之所以要畅所欲言,是为了全面了解和考察真实的情况;之所以闭口不谈,是为了坚定和约束对方的诚心。所有这些做法,都是为了权衡得失利害、轻重缓急,从而作出测度和分析,圣人根据这些分析,进一步谋划行动的方略。如果这些分析建议有失轻重之理、不合度量之数,那么圣人也只好舍弃不用,自筹良策了。因此,所谓开放,或者是把自己的建议推出而实施,或者是把别人的建议纳入脑中而深藏起来;所谓封闭,或者是采纳别人的建议并付诸实施,或者是拒绝采纳而弃置不用。开放和封闭是天地间万事万物发展变化的基本形式。开放和封闭导致了阴阳对立统一运动、春夏秋冬四季交替,从而使得万物化育、社会进步。事物的自然变化,或离开,或返回,或翻覆,或忤逆,都是由开放和封闭这种基本的运动形式所决定的。开放和封闭的矛盾运动,是大自然的造化、万事万物运行的规律。而就言语应对而言,也存在这样的变化,所以必须事先审慎地考察其间的不同变化。

口者,心之门户也;心者,神之主①也。志意、喜欲、思虑、智谋,此皆由门户出入,故关之以捭阖,制之以出入。捭之者,开也,言也,阳也;阖之者,闭也,默也,阴也。阴阳其和,终始其义。故言长生、安乐、富贵、尊荣、显名、爱好、财利、得意、喜欲为阳,为始。故言死亡、忧患、贫贱、苦辱、弃损、亡利、失意、有害、刑戮、诛罚为阴,为终。诸言法②阳之类者,皆曰始,言善以始其事;诸言法阴之类者,皆曰终,言恶以终其谋。

[注释]

①主:主宰。②法:效法,这里是遵循的意思。

[译文]

口是人们心灵的门户,而心灵则是人们精神的主宰。一个人的意志、喜好、思虑、智谋都要通过这个门户出入，加以表现。因此，要通过开放和封闭来把守关口，控制出入。所谓"捭之"，就是开放、言语、阳气（公开）；所谓"阖之"，就是封闭、沉默、阴气（隐匿）。阴阳二气相中和、相协调，那么开放和封闭就有节度，有始有终，各得其宜。所以说长生、安乐、富贵、尊荣、显名、爱好、财利、得意、喜欲等，都属于阳，叫作开始；而死亡、忧患、贫贱、羞辱、弃损、亡利、失意、灾害、刑戮、诛罚等，都属于阴，叫作终结。凡是遵循阳道进行游说的人，其谈论的均属于"开始"的内容，也就是通过论证有利的方面以使自己的建议得到采纳，进而付诸实践；凡是遵循阴道进行游说的人，其谈论的都属于"终结"的内容，也就是通过论证有害的方面来终止某种计谋方略的实施。

捭阖之道，以阴阳试①之，故与阳言者依崇高，与阴言者依卑小②。以下求小，以高求大③。由此言之，无所不出，无所不入，无所不可。可以说人，可以说家，可以说国，可以说天下。为小无内，为大无外④。益损、去就、倍反⑤，皆以阴阳御其事。阳动而行，阴止而藏；阳动而出，阴隐而入。阳还终阴，阴极反阳。以阳动者，德相生也；以阴静者，形相成也。以阳求阴，苞以德也；以阴结阳，施以力也。阴阳相求，由捭阖也。此天地阴阳之道，而说人之法也，为万事之先，是谓圆方⑥之门户。

[注释]

①试：这里指实验，实施。②与阳言者依崇高，与阴言者依卑小：陶注："与情阳者，言高以引之；与情阴者，言卑以引之。"意思是说，同富有阳刚之气的人谈论，适合用崇高的语言来引导他；与富有阴柔之气的人谈论，适合用卑下的语言引导他。③以下求小，以高求大：陶注："阴言卑小，故曰以下求小；阳言崇高，故曰以高求大。"这句话的意思是，以低下求取卑小，以崇高求取博大。④为小无内，为大无外：意思是，表现小，可以小到不能再小；

表现大，可以大到不可再大。⑤倍反：倍，同"背"，背叛。反，复归。⑥圆方：古人认为天圆地方，因此圆方在这里指天地。

[译文]

运用开放和封闭的方法，需要从阴阳两方面来实验和实施。因此，同富有阳刚之气的人谈论，适合用崇高的语言来引导他；与富有阴柔之气的人谈论，适合用卑下的语言引导他。这样以低下求取卑小，以崇高求取博大。由此看来，就可以随心所欲，出入由己，没有办不成的事情。用这样的方法去游说，可以说服一个人，可以说服一个家族，可以说服一个封国，可以说服整个天下。表现小，可以小到不能再小；表现大，可以大到不可再大。损害和裨益、离去和接近、背叛和复归，这些复杂的情形，都需要运用阴阳两种手段加以驾驭和控制。面对阳势（有利的形势），就要积极运动前进；面对阴势（不利的形势），就要停止行动而隐藏。面对阳势，就要主动出击；面对阴势，就要退避隐藏。阳势运动发展的终点是阴势，阴势运动发展的极致则是阳势。乘阳势而动的人，上下左右道德意志相生相长；乘阴势而静的人，上下左右形势相辅相成。以阳势而求助于阴势，需要用恩德相感召；以阴势而求助于阳势，则需要竭力尽智，以诚感人。阴势和阳势相互求助，遵循的正是开放与封闭的法则。这是天地万物阴阳变化的规律，同时也是游说所应遵循的基本法则。开放与封闭是万事万物生长变化的基本前提，也就是所谓的天地之门户。

[评析]

本篇谈论的是在交谈过程中如何恰如其分地选择说辞，把握谈话的节奏和技巧，或开口（捭），或不开口（阖），因势利导，使对方的心情、实力和计谋自然地暴露出来。

捭是开的意思，为阳；阖即闭的意思，为阴。捭阖之术即阴阳之道,是《鬼谷子》的中心思想,为历代说客谋士立身处世、游说人主的基本原则。《鬼谷子》运用运动发展的观点、辩证的方法不仅将阳引申为刚、开、张,阴拓展为柔、闭、弛,而且指出世上万物是由阳开阴阖的运动转化生成的,更指出了说客的作用就是"变动阴阳",在认识事物阴阳属性的基础上促使其向有利于社会和个人的方向转化。

本篇隐含了发挥主观能动性变阳为阴或变阴为阳的"捭阖阴阳术",软硬兼施、刚柔相济的"刚柔弛张术",抓住事情的关键环节而去处理事情的"守司门户术",计谋实施中要注意保密的"周密贵微术",为他人制定计划时要暗中对自己有利的"为人自为术",等等。不管是在战火纷飞的战争时期,还是在歌舞升平的和平时期;不管是在遥远的过去,还是在我们身处的现在,捭阖之术都被无数的有识之士当成取胜之法宝,他们不仅验证了这一百试不爽的法则,而且在创造的一个个被人传唱的故事中丰富和光大了它的内涵,使它在绵绵的历史长河中更加璀璨。风起云涌、诸子蜂起的春秋战国时代,苏秦凭其三寸不烂之舌,合纵六国,尔后张仪又凭其谋略与游说技巧,使六国合纵土崩瓦解。三国时期,孙刘之合,有曹操赤壁之败,形成鼎足之势;孙刘之分,有蜀猇亭之败,刘备白帝之哀;吴蜀再合,有诸葛亮南中之征、北伐之举。民主革命期间,毛泽东创立的人民游击战争思想,以星星之火得燎原之势。这些无不把《鬼谷子》的捭阖之术发挥得淋漓尽致。这里我们不妨看看春秋时期晋国的程婴与老臣公孙杵臼运用"捭阖阴阳术"保护友人赵朔之子的故事。

春秋时期,晋侯偏听谗言,诛戮秉忠直谏的相国赵盾,贬逐屡建战功的韩厥,致老臣公孙杵臼愤而弃官。随后又命佞臣屠岸贾带兵抄斩赵家满门,赵氏一家三百余口被害,仅有怀有身孕的赵朔夫人逃到宫中。屠岸贾得知赵夫人产下一男婴后,为斩草除根,限令三天之内，倘无人交出赵氏孤儿，就将国中同年婴孩杀绝。赵朔的朋友程婴为救举国无辜婴孩，保存赵家一脉，与老臣公孙杵臼共商苦计：一易婴儿以代赵孤，一舍生命冒认"藏孤"之罪，并由程婴出面告发。

宫中孤儿被救出后，屠岸贾大怒，派人四处搜查，并悬赏重金。程婴便向屠岸贾告发，说他为得重金，愿帮屠岸贾抓到这孤儿。他们找到公孙杵臼后，公孙杵臼大骂程婴不仁不义，出卖朋友，从而使屠岸贾信以为真，一并将公孙杵臼和其身边的假孤儿处死，使赵朔之子得以保全，并随程婴藏匿于山中。

十五年后，程婴便把长大成人的赵氏孤儿献给晋景公，并和韩厥一起谋划，将屠岸贾满门抄斩，为赵家报了仇，孤儿赵武得以复立继位，而程婴则在孤儿成人后自杀，随赵盾和公孙杵臼而去。

围绕着赵氏孤儿的生死存亡，程婴等人冒死历险，终遂大愿。在救孤之险、育孤之艰以及被叫骂的屈辱、被误解的痛苦的重重折磨中，程婴、公孙杵臼身上闪耀着人性的光辉，同时他们将捭阖之术运用得天衣无缝、发挥得淋漓尽致：向屠岸贾泄密是阳，暗保赵氏遗孤是阴；公孙杵臼大骂程婴是阳，骗得屠岸贾信以为真是阴。在虚虚实实、阴阴阳阳中，他们始终把握主动权，最终达到保孤的目的。

反应第二

古之大化者①，乃与无形②俱生。反以观往，复以验来③；反以知④古，复以知今；反以知彼，复以知己。动静虚实之理，不合于今，反古而求之⑤。事有反而得复者⑥，圣人之意也，不可不察。

[注释]

①大化者：指能以大道化育万物的人。化，化育。②无形：陶注："无形者道也。"无形指无形的自然之道，即自然规律。③反以观往，复以验来：意思是回首以观察既往的历史，然后再据以向前去验证未来。④知：了解的意思。⑤反古而求之：意思是追溯既往的历史以寻求答案。⑥事有反而得复者：意思是事情往往有反求于远古而得到成功的启示的。反，指反求于远古。

[译文]

古代能以大道化育万物的圣人，是与无形的自然之道（自然规律）共生的。回首以观察既往的历史，然后再据以向前去验证未来；回首以了解历史，然后再据以了解当今；回首以认识他人，然后再据以认识自己。动静、虚实的道理，如果与今天的现实不符，就追溯到既往的历史中去寻找答案。事情往往有反求于远古而得到成功的启示的，这便是圣人的方法，不可不认真地加以考察。

人言者，动也；己默者，静也。因①其言，听其辞。言有不合者，反而求之，其应②必出。言有象③，事有比④，其有象比，以观其次⑤。象者象其事，比者比其辞也。以无形求有声。其钓语⑥合事，得人实也。其张罝⑦网而取兽也，多张其会⑧而司⑨之。道合其事，彼自出之，此钓人之网也。常持其网驱之，其言无比，乃为之变，以象动之，以报其心，见其情，随而牧⑩之。己反往，彼复来⑪，言有象比，因而定基。重之袭⑫之，反之复之，万事不失其辞⑬。圣人所诱愚智，事皆不疑。

[注释]

①因：介词，依靠，根据。②应：指对应之词。③象：形象。这里指语言可以模拟的形象。④比：类比。这里指事物类比的规范。⑤次：这里指对方下一步的言行。⑥钓语：指在诱导下说出的言辞。⑦罝：捕兽的网。《尔雅·释器》："兔罟谓之罝。"⑧会：会合，这里指汇集。⑨司：同"伺"，等待的意思。⑩牧：控制，控驭。⑪己反往，彼复来：意思是我们向对方的言辞提出反诘，对方作出相应的回复。⑫袭：重复。⑬不失其辞：意思是不会因语言失实而招致失败。

[译文]

别人说话，是动态；自己沉默，是静态。要根据别人的言谈，来听和分析出其辞意。如果其言辞有矛盾和不合事理之处，可以反过来诘难他，那么对方必定会有对应之辞。语言有其可以模拟的形象，事物有其可以类比的规范；既然语言有可以模拟的形象，事物有可以类比的规范，就可以从中预见其下一步的言行。所谓"象"，就是模拟事物；所谓"比"，就是类比言辞。要把无形的道理用有声的语言表达出来。诱导别人说出的言辞，如果与事实相一致，也就可以得知对方的实情。这就如同张开网诱捕野兽一样，要多张几张网，汇集在一起，等待野兽落入。如果方法得当，对方就会自投罗网，这就是钓人的网。经常张开钓人的网去追逐对方，如果对方言辞不再有平常的规范,这时就需要改变钓人的方法,要以形象的事物去激发、打动他的感情,这样就可能使对方披露实情,从而根据对方的实际情况控驭他。我们向对方的言辞提出反诘,对方做出相应的回复,这样就有了模拟和类比,据此便有了一定的基础。再经过反复详审,抛弃妄谬的成分,那么任何事物就不会因语言失实而招致失败。圣人以此诱导智愚众人,诸事遂顺,无可置疑。

故善反听①者,乃变鬼神②以得其情。其变当也,而牧之审也。牧之不审,得情不明;得情不明,定基不审。变象比,必有反辞③,以还听之④。欲闻其声反默,欲张反敛,欲高反下,欲取反与。欲开情⑤者,象而比之,以牧其辞,同声相呼,实理同归。或因此,或因彼,或以事⑥上,或以牧下。此听真伪、知同异,得其情诈也。动作言默,与此出入⑦,喜怒由此以见其式,皆以先定⑧为之法则。以反求复,观其所托⑨。故用此者,己欲平静,以听其辞,察其事,论万物,别雌雄。虽非其事,见微知类⑩。若探入而居其内,量其能射⑪其意也。符应不失⑫,如螣蛇之所指⑬,若羿之引矢⑭。

[注释]

①反听:指从反面听取他人的言论。②变鬼神:这里指用鬼神般变幻莫测的方法。③反辞:指问难的言辞。④以还听之:陶注:"令其先说,我乃还静以听之。"意思是平静地听取对方讲下去,以观察其真实情况和意图。⑤开情:意思是让对方敞开情怀,吐露真言。⑥事:侍奉的意思。⑦与此出入:意思是要根据所掌握的情况作出反应。⑧先定:事先掌握的情况。⑨托:寄托,指对方心理情感的寄托。⑩虽非其事,见微知类:意思是即使所谈的内容不切实际,但是仍可以从微小的征兆中探知同类的大事。虽,即使。微,微小,这里指细微的征兆。类,种类,这里指同类的大事。⑪射:猜度。⑫符应不失:意思是用这种方法所得到的情况,就会像符契一样切合不误。⑬如螣蛇之所

指：意思是像螣蛇所指一样祸福不爽。螣蛇，传说中的一种神蛇，能兴云作雾，六朝术士用青龙、白虎、朱雀、玄武、螣蛇、勾陈六神以占算，谓螣蛇所指，福祸不差。⑭若羿之引矢：意思是像后羿射箭一样准确不差。羿，即后羿，古代传说中夏代有穷国的君主，善于射箭。

[译文]

所以善于从反面听取他人言论的人，能用鬼神般变幻莫测的方法诱得他人的实情。谈话的方式随机应变而且得当，就可以周详而有效地控驭对方，从而明察其言语。如果控驭不周详，不能明察其言语，那么得到的情况就不明确；得到的情况不明确，据以制定决策的基础也就不坚实、不周密。如果我们改变了事物的模拟和事理的类比，那么对方必定随之有问难的言辞，这样我们就平静地听取对方讲下去，以观察其真实情况和意图。所以要想倾听别人的言论，自己就得先沉默；要想敞开和伸张，反而需要先收敛；要想居高，反而需要先居下；要想获取，反而需要先给予。如果想让对方敞开情怀，吐露真言，就要先用形象的模拟和比喻去诱导他，以便把握对方的言辞，这样同声相应，真情实理就会归我掌握。对方所谈的事情，有的因此而发端，有的因彼而产生，有的宜于侍奉君上，有的适宜统御臣下。根据这些不同的情况，就可辨别真伪，比较异同，得到真实或者伪诈的情形。我方的行动、运作、言语、沉默，都要根据所掌握的情况作出反应，欢喜与愤怒的方式和程度应据此作出决定。总之，行动、运作、言语、沉默、欢喜、愤怒都应该根据事先掌握的情况来确定法度。用主动试探的方法求得对方的反应或答复，借以观察对方心理情感的寄托。知人的关键在于了解其内心的情感，所以要选用这样的方法。听取他人讲话的法则是，自己先要平静，才能听进他人的言辞，据以分析事情的原委，论说万物的道理，辨别动物的雌雄。即使所谈的内容不切实际，但是仍可以从微小的征兆中探知同类的大事。这就好比探知他人的情况而深入其内部一样,通过分析他的能力,进一步探测其行动意图。用这种方法所得到的情况,就会像符契一样切合不误,像螣蛇所指一样祸福不爽,像后羿射箭一样准确不差。

故知之始己,自知而后知人也。其相知也,若比目之鱼①。其伺②言也,若声之与响;其见形也,若光之与影也。其察言也不失,若磁石之取针,如舌之取燔骨③。其与人也微,其见情也疾④。如阴与阳,如阳与阴;如圆与方,如方与圆。未见形圆以道之⑤,既见形方以事之⑥。进退左右,以是司之⑦。己不先定,牧人不正。事用不巧⑧,是谓忘情失道⑨。己审先定以牧人,策而无形容⑩,莫见其门,是谓天神。

[注释]

①其相知也,若比目之鱼:意思是对人的相互了解,如同比目鱼的两目一般,彼此明晰可见。按:古人谓比目鱼相并而行。②伺:探察。③燔骨:烤肉中的骨头。④见情也疾:意思是洞悉对方的情况非常迅速。疾,迅速。⑤圆以道之:意思是用圆融的道理诱导对方。道,通"导",引导,诱导。⑥方以事之:意思是用方正的道理去控驭对方。⑦进退左右,以是司之:意思是用人之道,不论升迁、黜退、贬左、崇右都应该用圆与方的道理进行操作。进,升迁。退,黜退。左,贬左。右,崇右。是,代词,这,这里指代圆与方的道理。司,掌握。⑧事用不巧:意思是如果做事不掌握法则技巧。巧,技巧。⑨忘情失道:意思是丧失人伦真情和成功之道。⑩策而无形容:意思是于无形之中驱策众人达于成功。策,驱策。

[译文]

所以认识别人要从认识自己开始,只有先认识自己,然后才能认识他人。对人的相互了解,如同比目鱼的两目一般,彼此明晰可见;掌握对方的言辞,就如同声音和回响一样相符;观察对方的外形,就好比光和影子一样不走样;分析对方的言论,就如同磁石吸针一样没有差失,如同舌头吸取烤肉中的骨头一样得心应手。自己暴露给对方的微乎其微，而洞悉对方却非常迅速，就如同阴与阳、阳与阴、方与圆、圆与方一样，运用自如，相辅相成。在对方的基本情况尚未暴露之前，就应该用圆融的道理诱导他；基本情况明朗之后，就应该用方正的道理去控驭他。用人之道，不论升迁、黜退、贬左、崇右都应该用圆与方的道理进行操作。如果不首先确定方圆进退的策略，那么统帅下属也就无法公正有序。如果做事不掌握法则技巧，这就叫作"忘情失道"（丧失人伦真情和成功之道）。自己首先确定周密的行动方略，据此以控驭自己的下属，就能于无形之中驱策众人达于成功，而下属尚不知其门道所在，这才可以称为"天神"。

[评析]

本篇谈论的是在交谈过程中，如何用历史和发展的眼光观察事物，洞察对方的反应，如何以恰当的听者姿态诱使对方说出实情。

这里的反应和我们现在所说的反应不同，它指的是经过刺探使对手发生变化。《鬼谷子》认为别人说话是动态，自己缄默（听话）是静态，主张以静测动。在运用反应之术中，关键就是要掌握"动静"，要想让人说话，自己就要沉默，侧耳静听；要想让人敞开心扉，高谈阔论，自己就要先有所收敛；……认真听取对方言论，并适当加以诱导和分析，探取对方的实情；同时要"张网得食"，先投以作为诱饵的话，抓住对方说话的主旨，有目的有步骤地激发对方发言，从而使对方吐露真情。如果对方仍未吐出实情，就不断改变策略，观察对方的反应：或是反复交谈，从中洞察对方的意图；或是主动出击，提出一些反对观点以刺激对方说出真情。

本篇隐含了设饵钓鱼、张网捕食的"张网得实术"（使用手段，投其所好，而实现自己的愿望）；想从对方那里得到你要的，就要先给对方一点他所需的"欲取反与术"；抓住事物的共性，推测其发展趋势，早做安排的"见微知类术"；事情真相未明就加以引导，等完全暴露再去解决的"圆方之术";要想了解别人就先了解自己,由己度人的"由己推人术",等等。宋真宗时期鄜延路缘边安抚使向敏中深谙鬼谷之术,在一次事变中巧妙运用"圆方之术"成功粉碎了敌人的阴谋。

景德元年,为挫败频频犯边的北辽,宋真宗决定御驾亲征。当时,北方的西夏也对宋蠢蠢欲动,叛意十分明显。为了防止西夏乘虚而入,真宗授意鄜延路缘边安抚使向敏中,若发现西夏有反叛之举,可当机立断。

进入腊月,当地要举行迎神赛会,驱逐疫鬼。活动前,向敏中接到密报,有西夏奸细想借机起事。当时无法断定消息的准确性,为了不打草惊蛇,向敏中冷静处之,像往常一样积极筹备赛会。当日,向敏中还令当地的军政官员一同观看。

驱鬼队伍到衙门前,向敏中仍令他们尽情舞蹈,装出若无其事的样子。之后,向敏中叫他们转至衙内,接着一声令下,事先埋伏的官兵一拥而上,将驱鬼队伍团团围住。结果搜出了很多起事兵器,一举粉碎了敌人的阴谋。

冷静处之、不露声色是向敏中在敌人尚未露出马脚阶段的一种策略,即"圆"的策略,以麻痹对方,使之渐渐露出真相;时机一旦成熟,该出手时就出手,运用"方"的策略,一举灭之。

内揵① 第三

君臣上下之事，有远而亲，近而疏，就之不用②，去之反求③。日进前而不御④，遥闻声而相思⑤。事皆有内揵，素结本始⑥。或结以道德，或结以党友⑦，或结以财货，或结以采色⑧。用其意⑨，欲入⑩则入，欲出⑪则出，欲亲则亲，欲疏则疏，欲就则就，欲去则去，欲求则求，欲思则思。若蚨⑫母之从其子也，出无间，入无朕⑬，独往独来，莫之能止。

[注释]

①内揵：内，就是向君王进谏说辞，从而结交君王取得信任；揵，就是向君王进献计策，以辅佐君王，成就事业。②就之不用：意思是主动谋求职位的却不被任用。就，靠近，这里指接近以谋求职位。③去之反求：意思是想要离去（即无所求）反而被召请受到重用。去，离开。求，这里是被动用法，被求，即被重用。④御：有侍奉君王的意思。不御，即不能侍奉君王，也就是得不到君王的赏识。⑤思：思念，这里指引起君王的思念。⑥素结本始：意思是平时就建立了感情基础。素，平素，平时。结，结交。本，本源，在这里和始都是一开始、起初的意思。⑦党友：同道的朋友。⑧采色：这里指声色娱乐。⑨用其意：君王采用其意，即得到君王的信任。⑩入：意思是在朝为官。⑪出：意思是出镇外邑。⑫蚨：即青蚨，传说中的虫名。古代巫术以为青蚨之母与子的血可以相互吸引，用母血和子血涂在铜钱上，两铜钱也可以互相吸引。⑬朕：痕迹。

[译文]

君臣上下之间的关系,有的貌似疏远而实际上却非常亲密,有的貌似亲近而实际上却彼此疏远,主动谋求职位的却不被任用,而那些离去而无所求的反而被召请受到重用。每天晋见的人得不到君王的赏识,距离遥远的人反而能引起君王的思念。这些事情,都是由于性情投合,平素就建立了感情基础的缘故。有的是以道德相结于君王,有的是以同道朋友相结于君王,有的是以钱财货刊相结于君王,有的则是以声色娱乐相结于君王。做臣下的一旦得到君王的信任,那么无论是想在朝为官,或者是出镇外邑,无论是想表现出亲近或者是疏远,或有所去,或有所就,或有所求,或有所思,都可以随心所欲。就如同土蜘蛛这种动物的母亲完全依从其子那样,出去时不留间隙,进来时不留痕迹,独自出来,独自返回,谁也无法阻止它。

内者进说辞,揵者揵所谋也。欲说者务隐度①,计事者②务循顺③。阴虑④可否,明言得失,以御其志⑤。方来应时⑥,以合其谋。详思来揵,往应事当也。⑦夫内⑧有不合者,不可施行也。乃揣切时宜,从便所为,以求其变。以变求内者,若管取揵⑨。言往者,先顺辞⑩也;说来者,以变言⑪也。善变者审知地势,乃通于天,以化四时,使鬼神,合于阴阳,而牧人民。见其谋事,知其志意。事有不合者,有所未知也。合而不结者,阳亲而阴疏⑫。事有不合者,圣人不为谋也。故远而亲者,有阴德⑬也;近而疏者,志不合也;就而不用者,策不得也;去而反求者,事中来也;日进前而不御者,施不合也;遥闻声而相思者,合于谋待决事也。故曰:不见其类而为之者,见逆⑭;不得其情而说之者,见非⑮。得其情,乃制其术⑯。此用可出可入,可揵可开。

[注释]

①隐度：意思是暗中揣度君王的心理。隐，暗中。度，揣摩。②计事者：指向君王进献策略的人。③循顺：意思是因势利导，顺其自然。④阴虑：私下考虑。⑤御其志：意思是掌握君王的思想与意志。御，控制。⑥方来应时：意思是计谋方略要顺应时宜。方，方略。⑦详思来楗，往应事当也：意思是首先审慎考虑建立同君王的稳固关系，然后再考虑拟献的方略计谋是否顺应时宜、合乎君王的心愿。⑧内：通"纳"，采纳。⑨若管取楗：意思是像一把钥匙开一把锁那样顺利。管，钥匙。楗，通"键"，锁。⑩顺辞：顺乎君王之心的言辞。⑪变言：指留有余地、随机应变的言辞。⑫阳亲而阴疏：君王的赏识亲近是表面上的，实际上其内心并不以为然。阳，指表面上。阴，指内心里。⑬阴德：指双方的情感心愿暗合。⑭不见其类而为之者，见逆：意思是不明了总体形势而贸然行动的人，其结果肯定是与自己的意愿背道而驰。类，这里指总体的形势。为，做。逆，相反。⑮见非：意思是遭到非议和拒绝。⑯制其术：意思是施展自己驾驭形势的计谋。

[译文]

所谓内，就是向君王进谏说辞，从而结交君王取得信任；所谓楗，就是向君王进献计策，以辅佐君王，成就事业。想要游说君王的，务必事先揣度君王的心理；向君王进献策略的，务必因势利导，顺其自然。首先私下深思熟虑其优劣可否、成败利钝，然后向君王阐明其利弊得失，从而掌握君王的思想与意志。计谋方略需要顺应时宜，以合乎君王的心愿。但首先要审慎考虑建立同君王的稳固关系，然后再考虑拟献的方略计谋是否顺应时宜、合乎君王的心愿。如果进献的计谋不合君王的心愿，就不可能被采纳并付诸实践。这就需要反复揣度，适应时势的要求，提出新的方案，以求其变通。这样以变通的方法求得君王的采纳，就会像一把钥匙开一把锁那样顺利。与君王谈论以往的事情，贵在顺应君王的心理加以合理解释；谈论未来的趋势，贵在留有余地，随机应变。善于应变的人能够审时度势，通于天地自然，以化合四时；役使鬼神，契合于阴阳变化的规律，从而得心应手地控驭天下百姓。看到君王谋划大事，就可洞悉君王的心理、志趣。如果提出的方略计谋不符合君王的心愿，那就是因为对君王的心愿了解还不够全面。如果提出的方略计谋合乎君王的心愿，但仍未得到重用，从而建立稳固的关系，那么就可以推断，君王的赏识亲近是表面的，实际上其内心并不以为然。如果进献的计谋不符合君王的心愿，即使圣贤之人也不愿再为谋划，无所作为了。因此，与君王表面疏远而实际上关系非常亲密的人，是因为双方的情感心愿暗合；表面亲近而实际上关系疏远的人，是因为双方的志向不相符合；主动谋求职位而得不到君王重用的人，是因为其计谋不当，没有功效；所言不合君王心理而离去、后来又被召用的人，是因为当初所献计策被后来的事实证明是正确可行的；每天晋见却不被赏识的人，是因为他的作为不合时宜；相距遥远反而能引起君王思念的人，是因为其言行合于君王的谋划，君王亟待与他共决大事。所以说不明了总体形势而贸然行动的人，其结果肯定是南辕北辙；不了解君王的心愿便贸然进献说辞的人，必然遭到非议和拒绝。只有充分了解情况，才可以施展自己驾驭形势的计谋。这样才可能出入自由，随心所欲。

  故圣人立事，以此先知①而揵万物。由②夫道德、仁义、礼乐、忠信、计谋，先取《诗》、《书》③，混说损益④，议论去就。欲合者，用内⑤；欲去者，用外⑥。外内者⑦，必明道数⑧，揣策⑨来事，见疑决之，策无失计，立功建德。治民入产业⑩，曰揵而内合⑪。上暗不治，下乱不寤，揵而反之。⑫内自得而外不留说⑬，而飞之⑭。若命自来⑮，已迎而御⑯之。若欲去之，因⑰危与⑱之。环转因化⑲，莫知所为，退为大仪⑳。

[注释]

①先知：指预先知晓全面情况。②由：来源于。③《诗》：即《诗经》。

内揵第三　199

《书》：即《尚书》。④混说损益：意思是综合分析其利弊得失。⑤欲合者，用内：意思是想要取得君王的信任与合作，就要在掌握君王心理方面下功夫。合，指合于君王的心意。内，内心。⑥欲去者，用外：意思是如果无意取得君王的信任和宠幸，就不必向君王苟合取宠。⑦外内者：指善于运用内外之术与君王周旋的人。⑧道数：指事物发展变化的规律。⑨策：通"测"，揣测。⑩治民入产业：陶注："理君臣之名，使上下有序；如赋税之业，是远近无差。"意思是使朝廷君臣有序，人民安居乐业。⑪曰捷而内合：这就叫作自己制定的计策符合君王之意。⑫上暗不治，下乱不寤，捷而反之：意思是君王昏庸不能治理朝政，臣下混乱不能明白各自的职责，如果君王仍执迷不悟，那么就可能被臣下所控制。寤，通"悟"。⑬内自得而外不留说：意思是那些自以为圣贤、自鸣得意的君王，不能接受贤哲的谏言。得，自鸣得意。说，说辞。⑭而飞之：陶注："如此者，则为作声誉而飞扬之，以钓观其心也。"意思是陶醉于一片歌功颂德的欢呼声中。⑮若命自来：意思是如果朝廷发出起用的诏令。⑯御：指施展自己的才智。⑰因：趁着。⑱与：指将职权还给君王。⑲环转因化：意思是在去就之际，要反复权衡，转圜周严，因情制变。⑳退为大仪：陶注："如是而退，可谓全身大仪。仪者，法也。"意思是这样退居才算是掌握了真正的秘诀。

[译文]

因此，圣人立身行事，都是预先知晓全面情况从而控制和驾驭万事万物。而这些都来源于道德、仁义、礼乐、忠信、计谋，首先要研究《诗经》、《尚书》的立论，再综合分析其利弊得失，并进一步议论选择去就。如果想要取得君王的信任与宠幸，就要在掌握君王心理方面下功夫；如果无意取得君王的信任和宠幸，自然就不必研究君王的心理，也就会被拒绝而离去。善于运用内外之术与君王周旋的人，必须通晓事物发展变化的规律，预测其未来趋势，遇到疑端能够作出决断，使策略的运用不会出现失误，从而建功立业、积累德行，使朝廷君臣有序，人民安居乐业。这就叫作自己制定的计策符合君王之意。君王昏庸不能治理朝政，臣下混乱不能明白各自的职责，如果君王仍执迷不悟，就可能被臣下所控制。那些自以为圣贤、自鸣得意的君王，不能接受贤哲的谏言，而陶醉于一片歌功颂德的欢呼声中。这样，如果朝廷有起用的诏令，就应该欣然受命，以施智展才；如果另有所慕，不愿合作，就要利用社稷大厦将倾之机，将职权还给君王。去就之际，要反复权衡，转圜周严，因情制变，使人搞不清自己的真实意图。这才算是掌握了去就进退的真正秘诀。

[评析]

本篇讲述的是臣子如何向君王进献计策，从而达到取宠于君王的问题。内就是指自己的计策，揵就是设法使自己的计策被君王采纳。这里，我们可以将君王引申为我们游说的对象。

《鬼谷子》首先用辩证的观点分析了向君王献计时的三种情况：第一，要揣度君王的心意，争取使自己的意向、目标和君王的暗中相合，即"有阴德"，能使自己虽身在异处，却使君王感到自己与他"心近"，善解人意；第二，如果自己的心意、志向不能与君王的暗合，那一定要保证自己的计策是合乎事物的实际情况，合乎事物的发展规律，即使暂时君王无法及时采纳，早晚君王会悔而纳之；第三，如果自己的计策既合乎君王的心意，又合乎事物的发展规律，就能被君王欣然接受，从而使自己得到君王的恩宠。

上面讲的第三种情况可以说是历来谋求荣华富贵、高官厚禄的臣子所追求的最高境界。

本篇隐含了摸透对方心意而说服、控制对方的"得情制人术"，让对方"莫知所为"，欲盖弥彰的"环转退却术"，等等。

战国时期触龙说赵威后的故事流传甚广。触龙当时不直言相劝，而是采用迂回之策，借老人共有的爱子情结这一"情"作为突破口，使自己和太后有共同的话题，达到心意的暗合，进而抓住时机，申明主张，在谈话中完全控制了太后，使自己"可出可入"、游刃有余，最后成功说服太后。这为"得情制人术"作了最好的注解。

南北朝刘宋文帝元嘉七年（公元430年），为解除北魏对宋的威胁，文帝命檀道济统军北伐。宋军前部到彦之进军河南，收复洛阳、虎牢等地，但很快又失守，退驻滑台。翌年一月，檀道济率师往救滑台，军至寿张（今山东东平西南），遇魏安平公乙旃眷。檀道济领军奋勇冲击，大破魏军，并乘胜北进，前后二十余日，连战三十余次，宋军多捷，进抵历城（今山东济南）。魏将叔孙建一面督军正面迎击，一面纵轻骑绕出其后，焚烧粮草，致使宋军乏食，不能再进。此时魏军已攻下滑台，数军交攻于檀道济。四面遇敌，军粮又断，檀道济不得不引军南还。魏军乘隙追击，宋军畏惧，檀道济乘夜命军卒唱筹量沙，以少数米粒覆盖于沙上，以迷惑魏军。魏军误以为宋军仍有余粮，不敢再追，只是集结于宋军四周。檀道济又命军卒披甲执锐，自己却乘舆便服，谈笑风生，泰然若定，引军徐徐而还。魏军见状，疑有埋伏，不复进逼。毫发未损的檀道济率军返回京城。

此次北伐，檀道济虽然没有克定河南，但在四面遇敌、军粮已断的危急情况下，镇定自若，全军而返，实属不易。自此之后，魏人惮惧檀道济的威名，不再轻易南犯。文帝嘉其智勇，进位司空，镇守寻阳。

这里檀道济把"环转退却术"用得恰到好处，用假象吸引对方的注意力，迷惑敌军，达到顺利撤军的目的。

抵巇第四

物有自然，事有合离。①有近而不可见②，有远而可知③。近而不可见者，不察其辞也；远而可知者，反往以验来④也。

[注释]

①物有自然，事有合离：意思是自然界的万物都有自己运动的规律，人世间的事物也同样依照自然离合的法则发展变化。②见：看见，这里引申为察知。③知：了解。④反往以验来：意思是反观以往而验证未来。

[译文]

自然界的万物都有自己运动的规律，人世间的事物也同样依照自然离合的法则发展变化。有的虽然彼此很近，却互不了解；有的虽然相距很远，反而了解得很清楚。彼此很近却不相互了解，是因为没有考察其言辞；相距遥远反而了解得很清楚，是因为反观以往而验证未来。

巇者，罅①也。罅者，涧②也。涧者，成大隙也。巇始有朕③，可抵而塞，可抵而却，可抵而息，可抵而匿，可抵而得④，此谓抵巇之理也。

[注释]

①罅：缝隙。②涧：这里指中缝。③朕：征兆。④可抵而塞，可抵而却，

可抵而息，可抵而匿，可抵而得：陶注："自中成者，可抵而塞；自外来者，可抵而却；自下生者，可抵而息；其萌微者，可抵而匿；都不可知者，可抵而得。"意思是当这种征兆从内部出现时，可以堵塞它；从外部出现时，可以击退它；从下层出现时，可以平息它；当这种征兆处于萌芽状态时，可以泯灭它；而当其危机深重、不可救药时，可以通过适当的途径取而代之。

[译文]

所谓巇，就是罅，罅也就是涧，涧天长日久就变成大隙。巇刚刚开始时会出现征兆。当这种征兆从内部出现时，可以堵塞它；从外部出现时，可以击退它；从下层出现时，可以平息它；当这种征兆处于萌芽状态时，可以泯灭它；而当其危机深重、不可救药时，可以通过适当的途径取而代之。这就是抵巇的道理。

事之危也，圣人知之，独保其用①。因②化说事，通达计谋，以识细微③。经④起秋毫⑤之末，挥⑥之于太山⑦之本。其施外⑧，兆萌牙蘖之谋⑨，皆由抵巇。抵巇隙，为道术。

[注释]

①独保其用：意思是发挥自己独特的作用。②因：根据。③细微：这里指危机的征兆。④经：陶注："经，始也。"即开端。⑤秋毫：鸟兽在秋天新长的细毛，比喻微小的事物。⑥挥：陶注："挥，动也。"指事物的发展变化。⑦太山：即泰山。⑧施外：意思是圣人向外推行教化。施，施行，推行。⑨兆萌牙蘖之谋：意思是防范和消除危机萌芽和征兆的计谋。牙，即芽。蘖，被砍去或倒下的树木再生的根芽。

[译文]

当事情出现危机之初，只有圣人才能知道，从而发挥自己独特的作用，进而根据事情的发展变化分析利弊，制定适当的策略，以识别这种危机的征兆。万事开始之初，都如秋毫之末那样微小，一旦任其发展，就会动摇泰山的根基。当圣人教化向外推行之时，防范和消除危机萌芽和征兆的计谋，都是运用抵巇的道理进行创制的。由此可见，堵塞裂痕、漏洞的方法，也是一种道术。

天下纷错[①]，上无明主，公侯无道德，则小人谗贼[②]，贤人不用，圣人窜[③]匿[④]，贪利诈伪者作，君臣相惑[⑤]，土崩瓦解，而相伐射[⑥]，父子离散，乖[⑦]乱反目，是谓萌芽巇罅。圣人见萌芽巇罅，则抵之以法[⑧]；世可以治则抵而塞之，不可治则抵而得之[⑨]。或抵如此，或抵如彼；或抵反之，或抵复之。五帝[⑩]之政，抵而塞之；三王[⑪]之事，抵而得之。诸侯相抵[⑫]，不可胜数。当此之时，能抵为右[⑬]。

[注释]

①错：乱的意思。②谗：谗害。贼：害，危害。③窜：逃跑。④匿：隐匿，这里是隐遁、隐居的意思。⑤惑：迷惑，这里引申为猜疑。⑥射：射箭，这里引申为战斗。⑦乖：违反，背离。⑧抵之以法：意思是运用抵巇的方法予以堵塞。⑨抵而得之：意思是运用抵巇的方法取而代之。⑩五帝：古代传说中的帝王，说法不一，通常指黄帝、颛顼、帝喾、唐尧、虞舜。⑪三王：中国古代三位帝王，即夏禹王、商汤王、周文王。⑫诸侯相抵：指春秋时代，诸侯之间相互攻伐兼并。⑬能抵为右：意思是善于运用抵巇之法的就是强者。右，古代吉礼尚右，右为上位。

[译文]

天下纷乱不止，上无明君，公侯将相丧失道德，于是奸邪小人就会谗害忠良、危害社会，以致贤明之人不被重用，圣人也隐遁起来。贪图利禄、虚伪奸诈之徒胡作非为，导致君臣上下相互猜疑，天下土崩瓦解，相互攻伐，父子离散，反目成仇，这就是裂痕萌发的表现。圣人看到了这些裂痕，就要运用抵巇的方法予以堵塞。世道尚可治理时，就用抵巇的方法加以堵塞；一旦世道不可挽救时，就用抵巇的方法取而代之。或者堵塞它，或者得到它，或者恢复治理，取而代之。五帝之时，世道尚可治理，所以就用抵巇的方法加以堵塞；夏、商、周三王更代之时，世事已无可挽救，于是就用抵巇的方法取而代之。春秋时代，诸侯攻伐兼并不可胜数，这个时候，善于运用抵巇之法的就是强者。

自天地之合离终始，必有巇隙，不可不察也。察之以捭阖，能用此道，圣人也。圣人者，天地之使也。世无可抵①，则深隐而待时，时有可抵②，则为之谋。可以上合③，可以检下④。能因⑤能循，为天地守神。

[注释]

①世无可抵：意思是世道太平，没有出现裂痕不需要堵塞的时候。②时有可抵：意思是当世事发生了裂痕需要加以堵塞时。③上合：陶注："上合，谓抵而塞之，助时为治。"意思是协助君王恢复治道。④检下：陶注："检下，谓抵而得之，束手归己也。"意思是通过堵塞的方法取而代之。⑤因：和下面的"循"都是遵循的意思。

[译文]

自从天地间有了离合、始终的运动变化，万事万物也必然出现裂痕漏洞，这是不可不详加考察的问题。能够巧妙地运用捭阖之术加以考察研究的，就是圣人。所谓圣人，就是天地的使者。世道太平，没有出现裂痕不需要堵塞的时候，就深隐以待时；世事发生了裂痕需要加以堵塞时，就要应时而出，谋划堵塞的策略。这种策略可以协助君王恢复治道，也可以通过堵塞取而代之。能够遵循抵巇之法，就可以立于不败之地，成为天地的守护神。

[评析]

本篇讲述的是如何洞察事物出现的裂痕（漏洞、预兆），同时采取果断措施加以弥补和利用的问题。

《鬼谷子》认为，任何事物都会出现裂痕，而且这种裂痕会由小变大。因此，作为己方在裂痕出现后应该及时分析原因，采取恰当的补救措施：是内部的原因，就要堵塞；是外部的原因，就要消除；是刚刚开始，就及时补救；是到了难以补救的程度，就加以改造重新获得机会。如果自己对出现的裂痕听之任之，不施以措施，就会被对方利用，自己就会惨遭失败。

相对而言，如果我们发现了对方的裂痕，就要充分利用，果断出击，达到自己的目的。而在裂痕出现之前，我们要有耐心，静观其变，不可莽撞。在接下来的《飞箝》中，《鬼谷子》曾并有说服他人三法——重累法、利诱法、量能立势法，其实这三法实施的关键就是"抵巇"，即要抓住对方或思想迟钝，或重财色，或不明世情的性格弱点，否则是不会成功的。

本篇隐含了善于发现并抓住对方漏洞或及时补救己方漏洞的"抵巇之术"，在裂痕出现前不要蛮干而要等待时机的"深隐待时术"，等等。春秋战国时期，秦国政客出使楚国，一举破坏齐楚联盟，堪称使用"抵巇之术"的经典案例。

秦国为了破坏齐楚联盟，实现统一霸业，派张仪出使楚国。张仪一到楚国就宣布："奉我秦王之命，只要贵国拒绝和齐国的闭关之约，秦愿奉献商於之地六百里给贵国。"张仪的这个请求，真是出乎楚怀王意料。他原本疑神疑鬼地以为拥有策士之名的秦宰相张仪特地造访楚国必定会提出无理要求为难他，没想到是要送土地给他。楚怀王欣然接受了张仪的请求。

当群臣争相赞美楚怀王的决定时，只有陈轸一人提出强烈的反对意见："秦之所以重视楚，理由很简单，无非是想以楚为后盾去对抗齐国。若和齐国断交，楚必孤立，秦国不会给楚国六百里的商於之地。张仪一回到秦国，必定不承认和您的约定。一旦楚和齐断交，秦也会借题发挥，与齐国联合攻打楚。所以，依臣之见，不如表面上伪装与齐国断交，再派人去监视张仪为上策。等到从秦国获得土地之后，再完全和齐国断交也不迟。也就是说，在得到秦国土地之前，避免和齐国实质上的断交，这是很重要的一点。"

怀王却听不进去，立刻和齐国断交，且只派了一位随行将军跟张仪去秦国接受土地。

张仪回到秦国后，又玩弄了一个计谋。他故意松掉马缰从马车上摔下来，以此为借口有三个月没有上朝，欲使齐楚断交已成定局之后，再矢口否认对楚国的承诺。

中了张仪计策的楚怀王不但不怀疑，还特意派遣勇士到齐国骂齐王，让他了解断交不是戏言。齐国也不甘示弱，立刻采取报复措施，和秦联合。这时，张仪才对楚使者说："我的领地六里就给你吧！"楚国使者抗议道："不是六里，你原来说的是六百里。"张仪不予理睬，楚使者悻悻离去，向楚怀王报告。楚王知道骗局后非常愤怒，发兵讨秦，结果战败，被迫割让两个都邑给秦国。

张仪在其中虽然运用的是欺骗手段，但我们不难看出他对抵巇术的绝妙运用。一方面，他破坏了齐楚联盟，使齐楚之间出现小巇，既而是大巇。另一方面，他用一系列手段来"抵"自己造成的"巇"，即原来承认的献地一事，先是装病三个月不上朝，献地之事不予兑现，接着把"六百里"说成"六里"，将"巇"减小，最后不了了之，彻底消除。

飞箝^① 第五

凡度权量能,所以征远来近^②。立势而制事^③,必先察同异之觉,别是非之语,见内外之辞^④,知有无之数^⑤,决安危之计,定亲疏之事^⑥,然后乃权量^⑦之。其有隐括^⑧,乃可征,乃可求,乃可用。引^⑨钩箝之辞^⑩,飞而箝之。

[注释]

①飞箝:陶注:"飞,谓作声誉以飞扬之。箝,谓牵持缄束令不得脱也。言取人之道,先作声誉以飞扬之,彼必露情竭志而无隐,然后因其所好,牵持缄束令不得转移。"意思是运用诱导对方说话的辞令,获知对方内心的真实感情,再用褒扬的方法控制对方。②征远来近:意思是感召和吸引或远或近的人才。征,征召。来,使动用法,使……来。③立势而制事:意思是确立相应的制度,以便考察和甄别人才的优劣。④见内外之辞:意思是分析对内对外言辞的真伪。⑤知有无之数:意思是了解有无之智数。⑥亲疏之事:指用人时哪些人可以亲近任用,哪些人必须疏远排斥。⑦权量:权衡和裁量。⑧隐括:把物的屈曲注入模型中加以矫正。⑨引:用的意思。⑩钩箝之辞:指诱导对方说话的辞令,目的是获知对方的心理。

[译文]

大凡揣度人的权谋、衡量人的才能,是为了感召和吸引或远或近的人才。确立相应的制度,以便考察和甄别人才的优劣,必须首先考察彼此之间的同与异,辨别言论的是与非,分析对内对外言辞的真伪，了解有无之智数，决断安危之大计，确定亲疏之大事，然后权衡彼此的轻重，裁量彼此的长短。一旦时势需要时，就可以征召他们，可以依靠他们、任用他们。要运用诱导他们说话的辞令，获知他们内心的真实感情，再用褒扬的方法控制对方。

钩箝之语，其说辞也，乍同乍异①。其不可善者②：或先征之，而后重累③；或先重以累，而后毁之；或以重累为毁；或以毁为重累。其用，或称财货、琦玮④、珠玉、璧帛、采色⑤以事之；或量能立势⑥以钩⑦之；或伺候见涧而箝之⑧。其事用抵巇。

[注释]

①乍同乍异：意思是时而赞同对方，时而不赞同对方。②其不可善者：指那些不为游说辞令所动的人。③重累：意思是历数其才能，反复试探和感化。④琦玮：琦和玮都是美玉的一种。⑤采色：采邑声色。⑥量能立势：陶注："量其能之优劣，然后立去就之势。"意思是衡量对方的实力，然后确立相应的制度，立赏罚去就之势。⑦钩：钩取，意思是了解其内心的真实感情和才能之高下。⑧或伺候见涧而箝之：陶注："谓伺彼行事，见其涧而箝持之，以知其勇怯也。"意思是等待其遇到艰难困苦之时进行控制，以了解其智愚勇怯。

[译文]

诱导对方说话进而控制对方的语言，作为一种游说辞令，时而赞同对方，时而不赞同对方。对于那些不为游说辞令所动的人，或者先征召他们，然后历数其才能，反复试探和感化；或者先历数其才能，进而进行试探和感化，然后再对其才术之短进行诋毁；或者借历数其才能之名行诋毁其不足之实；或者借诋毁其不足之名行褒扬其才能之实。如果他们被感化，行将重用，或者用财货、琦玮、珠玉、璧帛、采邑、声色打动和引诱他们，以观察其贪廉；或者确立相应的制度，立赏罚去就之势，以了解其内心真实感情和才能之高下；或者等待其遇到艰难困苦之时进行控制，以了解其智愚勇怯。这些都要运用抵巇的方法。

将欲用之于天下①，必度权量能。见天时之盛衰，制②地形之广狭，岨险之难易，人民货财之多少，诸侯之交孰亲孰疏、孰爱孰憎；心意之虑怀，审其意③，知其所好恶，乃就说其所重④，以飞箝之辞钩其所好，以钳求之。用之于人，则量智能，权⑤材⑥力，料⑦气势，为之枢机⑧，以迎之随之，以箝和之，以意宜之。此飞箝之缀⑨也。用之于人，则空往而实来⑩，缀而不失，以究其辞。可箝而从⑪，可箝而横⑫；可引而东，可引而西；可引而南，可引而北；可引而反，可引而覆。虽覆，能复，不失其度。⑬

[注释]

①用之于天下：陶注："用之于天下，谓用飞箝之术辅于帝王。"意思是用飞箝之术辅佐君王治理天下。②制：控制，掌握。③审其意：意思是了解其人的心意、情怀、志向。④就说其所重：陶注："就其所最重者而说之。"意思是投其所重与所好而进说辞。⑤权：权衡。⑥材：才能，才干。⑦料：估计。⑧枢机：事物的机关和枢纽。⑨缀：联结，这里指结交诸侯。⑩空往而实来：陶注："但以声誉扬之，故曰'空往'，彼则开心露情，归附于己，故曰'实来'。"意思是用好听的空话，褒扬对方，从而使其敞开心扉，讲出真实的情况。⑪从：同"纵"，合纵的意思。⑫横：连横。⑬虽覆，能复，不失其度：陶注："虽有覆败，必能复振，不失其节度，此箝之终也。"意思是运用飞箝之术，虽然也可能覆败，但一定能转败为胜，不致丧失其度。

[译文]

如果想用飞箝之术辅佐君王治理天下，就必须揣度人的权谋，衡量人的才能，观察天时的盛衰，考察地形的广狭，山川险阻的难易，人民财货的多少，以及与各方诸侯的亲疏、爱憎关系，还要了解其人的心意、情怀、志向，知晓其好恶，然后投其所重与所好，用具有诱惑性的说辞，求得采纳和重用，进而控制对方。如果要把飞箝之术用于诸侯，就要裁量其智能，权衡其权力，估计其气势，这就如同控制了事物的机关和枢纽一样，以此迎合他、追随他，以此控制并亲和他，以此达成和议，促成合作。这就是运用飞箝之术，结交诸侯的办法。如果把飞箝之术用于他人，就要用好听的空话褒扬对方，从而使其敞开心扉，讲出真实的情况，以此结交他而不失欢，以进一步探究其言辞的真伪。这样，就可以实现合纵，也可以实现连横；可以引而向东，也可以引而向西；可以引而向南，也可以引而向北；可以引而返还，也可以引而复去。运用飞箝之术，虽然也可能覆败，但大多能转败为胜，不致丧失其度。

[评析]

本篇讲述的是如何用褒扬之词抓住对方喜恶欲求的心理，从而达到钳制对方之目的的问题。要想控制对方，首先要摸清他的底细，掌握他的心意。如何摸清对方的底细呢？要"空往实来"，大肆宣扬对方的优点和长处，甚至违心地说一些对方足智多谋、英明非凡的话，使对方得意忘形、晕晕乎乎，觉得自己是他的知心朋友，是在真心真意地帮他，促使他敞开心扉，把他的想法、爱好、隐私向我们和盘托出。

在我们知道了对方的底细后，就要投其所好，抓住对方的心理，对喜欢财色的贪婪之人，用利诱法；对于思维迟钝之人，我们用重累法，大胆指出对方决策的缺陷，使对方猛然醒悟，顺从自己的决策；对不明世情、性格懦弱之人，我们用量能立势法，衡量敌我双方的实力，分析双方的形势，指出自己决策的合理性，使被游说者欣然接受我们的建议。合理运用这三法，或以财色引诱，或以对方的隐私威胁，使他乖乖地任我们摆布，牢牢地钳制住他。

本篇隐含了摸清对方底细，然后以褒扬之词而钳制之的"飞箝术"；摸清对方底细后，抓住对方的弱点而迫其就范的"钩箝术"；

制人三法：重累法、引诱法、量能立势法。这里，我们举一个传说乃鬼谷子高徒的张仪出道之初的故事。

战国时期，张仪带了几位同乡跑到楚国去求富贵。因找不到登龙途径，他们在楚国穷困潦倒，生活异常困难，同去的人忍耐不下去了，便怨气冲天地嚷着要回家去。张仪就说："你们是不是因为穷了，享受不到什么就要回去？那根本不成问题。这样吧，再等几天，不是我夸口，只要能见到楚王，我包管大家吃穿不尽，否则的话，你们可以敲碎我张仪的门牙！"

那时候，楚王正宠爱着两个美人，一个是南后，一个是郑袖。

张仪那天见到了楚王，对楚王说："我到这里相当久了，大王还没有给我一点事做，如果大王真的不想用我的话，请准我离开这里，去晋国跑一趟，到那边碰碰运气！"楚王巴不得他快些离开，便一口答应了。

张仪又说："当然，不管那边有没有机会，我还是要回来一次的。但请问大王，需要从晋国带些什么？譬如那边的土特产，您若喜欢，我可顺便带一些回来！"

楚王冷眼向他扫了扫，淡淡地说："金银珠宝，象牙犀角，本国多的是，对于晋国的东西没什么可稀罕的。"

"大王就不喜欢那边的美女吗？"

楚王眼前一亮，连忙问："什么？你说什么？"

"我说的是晋国的美女。"张仪假装正经地说，还做起手势向楚王解释，"晋国的女人漂亮极了，哪一个不似仙女一样！粉红的脸蛋儿，雪白的肌肤，头发黑得发亮，走起路来如风吹杨柳，说起话来比银铃还清脆，正所谓比花花枯谢，对月月无光，云鬓压衡岳，裙带系湘江……"

楚王越听兴致越高："对对对！本国是一个荒僻地区，我从未见过晋国的那些美女，那你就给我去办，多带些这样的名贵'土特产'回来吧!"

楚王立即给了张仪很多银子,叫他从速去办。

张仪故意把这消息传开,直传到南后和郑袖的耳朵里。两人听了,非常恐慌,连忙派人去向张仪疏通,告诉他说:"我们听说张先生奉楚王之命到晋国去买'土特产',特地送上盘缠,给先生做路费!"这样,张仪又捞了一把。

张仪要向楚王辞行了,他说:"我这一次到晋国去,路途遥远,交通不便,不知哪一天可以回来,请大王赐我几杯酒,给我壮壮胆吧。"

"行!"楚王客气地叫人赐酒给张仪。

张仪饮了几杯,再次拜请楚王,说:"这里没有别的人,敢请大王特别开恩,叫最信得过的人出来,亲手再赐我几杯,给我更大的鼓励和勇气。"

楚王看在"土特产"份上,把最宠爱的南后和郑袖请了出来,轮流给张仪敬酒。

张仪一见,连酒都不敢饮了,"扑通"一声跪在楚王面前,说:"请大王把我杀了吧,我欺骗大王了。"

"为什么?"楚王惊讶不已。

张仪说:"我走遍天下,从未遇见有哪个女人长得比大王这两位贵妃漂亮。过去我对大王说过要去找'土特产',那是没有见过贵妃之故。现在见了,觉得已把大王欺骗了,真是罪该万死!"

楚王松了口气,对张仪说:"我以为什么呢!那你不必起程了,也不必介意。我明白,天下就根本没有谁比得上我的爱妃的。"

从此,楚王改变了对张仪的态度,张仪也落得岁岁平安。

张仪的成功,主要是抓住了楚王的好色心理和虚荣心理,从而牢牢钳制住了楚王,不仅从楚王、南后和郑袖那里取得了大量的好处,而且取得了楚王的欢心,把"飞箝之术"运用得绝妙至极。

忤合[①] 第六

凡趋合倍反[②]，计有适合。化转环属[③]，各有形势。反复相求，因事为制[④]。是以圣人居天地之间，立身御世，施教扬声明名[⑤]也，必因[⑥]事物之会[⑦]，观天时之宜，因之所多所少[⑧]，以此先知之，与之转化[⑨]。

[注释]

①忤合：忤，忤逆，反忤。合，趋合。②趋合倍反：指有关联合或对抗的行动。趋，小步快走。合，联合。"趋"和"合"指有关联合的行动。倍，通"背"，背叛。反，这里指与对方之意相反。"倍"和"反"指有关对抗的行动。③化转环属：陶注："言倍反之理，随化而转，如连环之属。"意思是分合的变化就如同连环之物，根据情况的变化而转换。④反复相求，因事为制：陶注："或反或复，理自相求，莫不因彼事情为之立制。"意思是彼此循环往复，互相依赖，需要根据实际情况的变化进行定夺。⑤明名：显名。明，这里是使动用法，使……明。⑥因：根据。⑦会：时机，机缘。⑧所多所少：陶注："所多所少，谓政教所宜多，所宜少也。"指行政教化应该多、应该少的地方。⑨转化：陶注："转化，谓转变以从化也。"意思是根据情况的不同及其变化作出相应的调整和增减。

[译文]

大凡有关联合或对抗的行动，都会有适宜的计谋。分合的变化就如同连环之物，根据情况的变化而转换，各有不同的形势。彼此循环往复，互相依赖，需要根据实际情况的变化进行定夺。所以，圣人在天地之间立身行事，施行教化，扩大和宣扬自己的名誉和声望，都必须根据事物发展的机缘，观察天时变化的合宜与否，从而了解行政教化应该多、应该少的地方。因为预先了解了这些情况，所以才能根据情况的不同及其变化作出相应的调整和增减。

世无常①贵，事无常师。圣人常无为无不为，无所听无不听，成于事而合于计谋，与之为主②。合于彼而离于此，计谋不两忠③，必有反忤④。反于是，忤于彼；忤于此，反于彼。

[注释]

①常：永恒的，永远的。②成于事而合于计谋，与之为主：陶注："于事必成，于谋必合，如此者，与众立之，推以为主也。"意思是如果料定事情必然会成功，计谋也合乎实际，正确可行，那么就与众人一起推举他作为君主。③计谋不两忠：意思是任何计谋都不可能忠实于彼此双方。④必有反忤：意思是其中一定有顺应和合、背反忤逆的情况。

[译文]

世界上没有永恒的尊贵，做事也没有令人永远师法的榜样。圣人无所作为而无所不为，无所兼听而无所不听。如果料定事情必然会成功，计谋也合乎实际，正确可行，那么就与众人一起推举他作为君主。与这一方顺合，就必然与另一方背离，任何计谋都不可能忠实于彼此双方，其中一定有顺应和合、背反忤逆的情况。要顺合此方，就要背逆彼方；要背逆此方，就要顺合彼方。

其术也，用之于天下，必量①天下而与②之；用之于国，必量国而与之；用之于家，必量家而与之；用之于身③，必量身材能④气势而与之。大小进退，其用一也。⑤必先谋虑，计定而后行之以飞箝之术⑥。

[注释]

①量：度量，衡量。②与：这里是实施、施行的意思。③身：自身，自己。④材能：即才能。⑤大小进退，其用一也：陶注："所行之术，虽有大小进退之异，然而至于称事扬亲则一，故曰：'其用一也。'"意思是反忤之术的运用，虽然有大小进退的区别，但其或顺合或反逆，其道理是一贯的。⑥行之以飞箝之术：这里指施用飞箝之术作为辅助手段。

[译文]

这种反忤之术，如果要运用到经营天下上，就必须度量天下的实际情况，决定顺合或者反逆；如果要把这种反忤之术运用到经营封国上，就必须度量封国的实际情况，以决定顺合或者反逆；如果要把这种反忤之术运用到治理家族事业上，就必须度量家族事业的实际情况，以决定顺合或者反逆；如果要把这种反忤之术运用到个人的事业上，就必须度量个人的才能气势，以决定顺合或者反逆。反忤之术的运用，虽然有大小进退的区别，但其或顺合或反逆，其道理是一贯的。一定要首先思谋考虑，确定计谋策略之后，再施用飞箝之术作为辅助手段。

古之善背向者①，乃协②四海③、包④诸侯，忤合之地而化转之⑤，然后以之求合⑥。故伊尹⑦五就⑧汤⑨，五就桀⑩，然后合于汤。吕尚⑪三就文王⑫，三人⑬殷⑭，而不能有所明，然后合于文王。此知天命之箝，故归之不疑也⑮。

[注释]

①善背向者：指善于运用背向之理、反忤之术的人。②协：协和。③四海：古人认为我国疆土四面濒海，因此称全国、国内为"四海"。④包：包举，联合。⑤忤合之地而化转之：陶注："驱置忤合之地，然后设法变化而转移之。"意思是驱置于忤合之地，然后再设法感化人心、转换形势。⑥以之求合：陶注："众心既从，乃求其真主，而与之合也。"意思是使天下归心，求得英雄之主，开创新朝。⑦伊尹：商初名相，名挚。⑧就：靠近，这里是臣服

的意思。⑨汤：商朝开国之君，他重用伊尹消灭了夏桀，开创了商王朝，推行善政。⑩桀：夏末暴君，被商汤王所灭。⑪吕尚：即姜尚，钓于渭水，遇文王，相语，文王大悦，拜为军师。封太公望。⑫文王：姓姬名昌，周武王父，为武王灭商奠定了基础。⑬入：进入，这里是入事的意思。⑭殷：即商，商朝曾定都于殷，故称。这里指殷纣王，纣是商末暴君。⑮此知天命之箝，故归之不疑也：陶注："以天命系于殷汤、文王，故二臣归二主不疑也。"意思是他们二人都知晓天命的归宿，所以最终义无反顾，归顺了明主。天命之箝，即天命所归。古人认为朝代兴衰乃天命所系。归，这里是归顺的意思。

[译文]

古代善于运用背向之理、反忤之术的人，能够协和天下四方、联合诸侯各国，驱置于忤合之地，然后再设法感化人心、转换形势，使天下归心，求得英雄之主，开创新朝。所以，伊尹五次臣服商汤，五次臣服夏桀，最后顺合于商汤。吕尚三次臣服周文王，三次入事殷纣王，无法施展自己的抱负，最后终于顺合了周文王。他们二人都知晓天命的归宿，所以最终义无反顾，归顺了明主。

非至圣①达奥②，不能御世；非劳心苦思，不能原事③；不悉心见情④，不能成名；材质⑤不惠⑥，不能用兵⑦；忠实无真⑧，不能知人。故忤合之道，己必自度材能、知睿⑨，量长短、远近⑩、孰不如，乃可以进，乃可以退，乃可以纵，乃可以横。

[注释]

①至圣：指非凡的圣人。②达奥：指达到了深奥的境界。③原事：指了解事物的本来面目。原，追究根源。④悉心见情：意思是尽心努力洞见世情。悉，全，尽。情，这里指世情。⑤材质：才能和素质。材，才能。⑥惠：聪慧。⑦用兵：这里指进行军事运筹。兵，指军事。⑧忠实无真：意思是如果不能诚心忠实。⑨知睿：聪明睿智。知，同"智"，聪明。⑩量长短、远近：意思是度量自己技能的长短和见识的远近。

[译文]

假如不是非凡的圣人、达到了深奥的境界,就不能治理世事;如果不费心苦思,就不能了解事物的本来面目;如果不尽心努力洞见世情,就不可能成就声名;如果没有聪慧的素质才能,就不能进行军事运筹;如果不能诚心忠实,就不能知人善任。所以忤合之术的法则,一定要估量自己的才干能力、聪明睿智,度量自己技能的长短和见识的远近,哪一方面不如别人。这样才可以知己知彼,可以前进,可以后退,既可以纵,亦可以横,达到随心所欲、运用自如的境界。

[评析]

本篇讲述的是分合、向背的问题,强调要善于把握这两种状态之间相互转化的态势,顺势而行,纵横自如。

《鬼谷子》认为,联合和对立都有相应的决策,而且它们之间是可以相互转化的。那么如何掌握这一规律,实施忤合之术呢?事物不但有共性,而且有其个性,那么实施的计谋不可能千篇一律,生搬硬套。决策时要从实际出发,要适合社会的实际情况,要适合解决问题的需要。要想决策被游说对象采纳,还要适合他的口味,因人而异,或利诱,或恫吓,或软硬兼施。有了正确的决策,有了切实可行的实施方案,再去"趋合倍反",合纵连横,就能够翻手为云、覆手为雨。

那么我们如何才能具备制定正确的决策和实施方案的素质,也就是怎样才能做到一切从实际出发呢?《鬼谷子》告诉我们,要注意从五个方面加强训练:一是"至圣达奥",就是要加强理论学习,学习先贤哲人的教诲,丰富自己的思想;二是"劳心苦思",就是要善于琢磨学得的思想,积极训练和提高自己的思维能力;三是"悉心见情",就是注重调查,通过调查掌握事情的本质;四是"材质不惠，不能用兵"，就是要有聪明灵活、明于事理的素质，能够抓住关键，不拘小节；五是"忠实无真，不能知人"，就是具备辨别真伪的能力，不被一些表面现象所蒙蔽。

本篇隐含了根据事物的实际情况制定相应计策的"因事立制术"，根据实际情况和对方的计谋制定相应之策的"反忤之术"，看透形势而选择明主的"向背之术"等，对后人决策行事有积极的指导意义，可以说是一个强大的理论武器。东周初期，蔡侯与息侯互施"向背术"，最终两败俱伤的故事，更能让我们看清"向背术"的运用之要。

蔡国和另一小国息国关系很好，蔡侯、息侯都是娶的陈国女子，经常往来。但是，有一次息侯的夫人路过蔡国，蔡侯没有以上宾之礼款待，气得息侯夫人回国之后，大骂蔡侯，息侯对蔡侯有一肚子怨气。

势力日盛的楚文王听到这个消息，非常高兴，认为灭蔡的时机已到，于是派人与息侯联系。息侯想借刀杀人，向楚文王献上一计：让楚国假意伐息，他就向蔡侯求救，蔡侯肯定会发兵救息。这样，楚、息合兵，蔡国必败。楚文王一听，何乐而不为？他立即调兵，假意攻息。蔡侯得到息国求援的请求，马上发兵救息。可是兵到息国城下，息侯竟紧闭城门。蔡侯正准备退兵，楚军赶到，将他们围困起来，最后蔡侯也被俘虏了。

蔡侯被俘之后，痛恨息侯，对楚文王说：息侯的夫人息妫是一个绝代佳人。他这话意在刺激好色的楚文王。楚文王击败蔡国之后，以巡视为名率兵到了息国都城。息侯亲自迎接，设盛宴为楚王庆功。楚文王在宴会上，趁着酒兴说："我帮你击败了蔡国，你怎么不让夫人敬我一杯酒呀？"息侯只得让夫人息妫出来向楚文王敬酒。楚文王一见息妫，果然天姿国色，马上魂不守舍，决定一定要据为己有。第二天，他举行答谢宴会，早已布置好伏兵，席间将息侯绑架，轻而易举地灭了息国。

息侯、蔡侯同施背向术，息侯为报私仇主动献计给楚国，让楚国灭蔡，却不料蔡侯也是实施向背术的老手，抓住楚王这个老色鬼的嗜好，竟使楚国顺手将息国消灭。

揣①篇第七

古之善用天下②者，必量③天下之权④，而揣诸侯之情⑤。量权不审，不知强弱轻重之称⑥；揣情不审，不知隐匿变化之动静⑦。何谓量权？曰：度⑧于大小，谋于众寡。称⑨货财之有无，料人民之多少、饶乏⑩、有余不足几何，辨地形之险易孰利、孰害⑪，谋虑孰长、孰短⑫，君臣之亲疏孰贤、孰不肖⑬，与宾客之知睿⑭孰少、孰多，观天时之祸福孰吉、孰凶，诸侯之亲⑮孰用、孰不用，百姓之心去就⑯变化，孰安、孰危、孰好、孰憎，反侧⑰孰便，能知如此者，是谓权量。

[注释]

①揣：揣度，揣摩。②用天下：这里指统治天下，治理天下。③量：度量，衡量。④天下之权：这里指天下的形势。⑤情：这里指实情。⑥强弱轻重之称：这里指天下诸侯强弱轻重的形势。⑦隐匿变化之动静：这里指天下诸侯隐蔽变化的动静。⑧度：度量。⑨称：这里是衡量的意思。⑩饶：富足。乏：贫乏。⑪孰利、孰害：意思是对谁有利，对谁有害。⑫孰长、孰短：意思是哪一方高明，哪一方拙劣。⑬不肖：即不贤，没有才能。⑭知睿：聪明睿智。知，同"智"，聪明。⑮诸侯之亲：这里指与诸侯之间关系的亲疏远近。⑯去就：离开和靠近，这里指人心向背。⑰反侧：反叛的意思。

[译文]

上古时代，善于治理天下的人，必定要权衡天下的形势，揣度诸侯的实情。如果权衡天下形势不够准确，就不能准确掌握天下诸侯强弱轻重的形势；如果揣度诸侯实情不细致周密，就不可能知道天下诸侯隐蔽变化的动静。什么叫作权衡天下形势？回答是：度量大小，谋划多少。衡量物质财富的有无与数量的多少；估料民众的多少及其富足还是贫乏、有余还是不足的程度如何；辨别地形的险要与平易，以及对谁有利，对谁有害；谋略运筹方面，哪一方高明，哪一方拙劣；考察君臣之间的亲疏关系如何，以及谁更贤能，谁更不肖；还有宾客幕僚的智慧，哪一方少，哪一方多；观察天时的祸福，何时吉利，何时凶险；与诸侯之间的关系亲疏远近，哪些诸侯可以效力，哪些诸侯不能利用；天下百姓的人心向背变化，哪些地方平静，哪些地方有危机，哪些人拥戴，哪些人憎恶。如果发生反叛，如何察知。掌握了以上这些情况，就可以称得上是权衡天下的形势。

揣情者，必以其甚喜之时，往而极①其欲也，其有欲也，不能隐其情；必以其甚惧之时，往而极其恶也，其有恶也，不能隐其情。情欲必出其变。②感动③而不知其变者，乃且错④其人勿与语，而更问其所亲，知其所安⑤。夫情变于内者，形见⑥于外。故常必以其见者，而知其隐者。此所谓测深揣情⑦。

[注释]

①极：极点，尽头，这里是使动用法，使……达到极点。②情欲必出其变：意思是人的情欲必定能在其甚喜、甚惧之时表露出来。③感动：情感受到触动。④错：通"措"，安置，安放。⑤更问其所亲，知其所安：陶注："徐徐更问斯人之所亲，则其情欲所安可知也。"意思是了解其所亲近的人，从而从侧面了解其外表不为所动、处之泰然之时的内心真实情感。⑥见：通"现"，表现。⑦测深揣情：意思是探测人们内心深处的真实情感。深，这里指内心深处。

[译文]

揣度诸侯的实情,一定要在他们最高兴的时候去刺激他们的欲望,使其达到极点,这样他们有了强烈的欲望,就不容易隐瞒其真实的情感;还要在他们最恐惧的时候去刺激他们厌恶的心理,使其达到极点,这样他们内心有着强烈的厌恶情绪,就难以隐瞒其真实的情感。这是因为,人的情欲必定能在其甚喜、甚惧之时表露出来。如果遇到其情感受到触动却不能体现其内心善恶、好恶变化的人,就暂且搁置起来,不与他交谈,而应该去了解其所亲近的人,从而从侧面了解其外表不为所动、处之泰然之时的内心真实情感。一般来说,内心的情感发生变化,必然会在外在形态上表现出来。所以人们必须常常根据其外在的表现,来察知他们内心的隐情。这就是所谓的探测人们内心深处真实情感的方法。

故计①国事者,则当审权量;说人主,则当审揣情;谋虑情欲必出于此②。乃可贵,乃可贱,乃可重,乃可轻,乃可利,乃可害,乃可成,乃可败,其数一也③。故虽有先王之道、圣智之谋,非揣情,隐匿④无所索⑤之。此谋之大本⑥也,而说之法⑦也。常有事于人,人莫先事而至,此最难为。故曰揣情最难守司⑧,言必时有谋虑⑨。故观蜎飞蠕动⑩,无不有利害,可以生事美⑪。生事者,几之势也。⑫此揣情饰言成文章⑬,而后论之也。

[注释]

①计:谋划。②谋虑情欲必出于此:意思是要探测人们内心的谋划思虑、情感欲望,都必须采用这种方法。③其数一也:意思是其规律都是一样的,也就是说以上所言均由自己决定和控制,其奥妙就在于揣度之术的运用。数,规律。④隐匿:这里指对方内心隐藏的真实情感。⑤索:求。⑥谋之大本:谋略的根本原则。⑦说之法:游说君主的基本方法。⑧守司:掌管、把握的意思。守,掌管。司,主管,掌管。⑨言必时有谋虑:意思是向人进言必须把握好对

方谋虑的时机。⑩蜎飞蠕动：这里泛指小飞虫的运动。蜎，即孑孓，蚊子的幼虫。蠕，这里作名词，指蠕形动物。⑪生事美：意思是根据利害顺逆的道理成就事业。⑫生事者，几之势也：意思是事业的成就，往往在最初表现出一种微弱的趋势。几，隐微，不明显。⑬揣情饰言成文章：意思是这些揣测实情的说辞要修饰成华丽的文章。饰，修饰。

[译文]

因此，谋划国家大事的人，就应当缜密地权衡天下的形势；向君主游说陈情献策时，就应当仔细地揣度君主的内心情感。要探测人们内心的谋划思虑、情感欲望，都必须采用这种方法。这样精于揣度之术，就可以富贵，也可以贫贱，可以权倾一时，也可以微不足道，可以获取利益，也可以招致祸害，可以成事，也可以坏事，均由自己决定和控制，其奥妙就在于揣度之术的运用。所以，虽然有古圣先王的法则，圣哲智士的谋略，如果不通过揣测实情的权术，就无法探知对方内心隐藏的真实情感。这是谋略的根本原则，是游说君主的基本方法。常常有新的事情不断发生在人们的面前，而人们都不能在事先预料到，这是很难做得到的。所以说，揣测实情最难把握，向人进言，必须把握好对方谋虑的时机。所以我们观察小飞虫的运动，可以想见世间没有不具备利害之心的东西，以此观之，可以根据利害顺逆的道理成就事业。事业的成就，往往在最初表现出一种微弱的趋势。这些揣测实情的说辞要修饰成华丽的文章，然后进行论述。

[评析]

本篇讲述的是如何揣摩人的心意，从对方表现出来的情况去了解他所掩饰的一面。

揣情分两个方面，一个是了解世情，就是衡量整个社会的形势，了解对方所处国家国力的强弱和这个国家与其他国家的对比情况；二是具体探知对方的实际情况，了解其内心世界和性格特点。了解了世情和"人情"，就得到了第一手的资料，就可以制定出具体的切实可行的游说之策。

那么如何才能做好"揣情"这个至关重要的游说环节呢？《鬼谷子》强调了两方面的内容：一是要充分认识到揣情过程的艰巨性和复杂性，不断加强自身修养（包括知识修养的养成和性格的历练），提高观察事物的能力和预知能力，坚持不懈，多法并用，最后揣得真情，摸清对方底细。二是要善于把握时机，对方高兴时眉飞色舞，最易得意忘形，露出马脚，而揣情者就要投其所好，令对方高兴，从而使对方在不经意中透出真情；对方恐惧时，内心恐慌，语无伦次，也会忘记掩饰自己，而揣情者就要设法探得对方害怕什么，给他以恫吓、威慑，从而使他在极度紧张中透出真情。

有了切实可行的游说之策，把握住了游说的时机，还要有具体的揣情方法，要眼耳并用，从对方的言辞中，从对方的表情变化上，细细揣摩，加以思考，同时要在谈话过程中注意诱导和试探，使对方的表现朝着自己需要的方向深入。

本篇隐含了决策前要了解世情和"人情"的"量权揣势术"，做事情要善于筹划，在神不知鬼不觉中加以实施的"隐己成事术"，等等。齐国大将田忌与齐威王在一次赛马过程中，得到好友孙膑的鬼谷妙计相助，反败为胜，充分印证了"量权揣势术"在处理某些问题时的重要作用。

有一回，田忌和齐威王约定，要进行一场比赛。他们商量好，把各自的马分成上、中、下三等，比赛的时候，要上马对上马、中马对中马、下马对下马。由于齐威王每个等级的马都比田忌的马强得多，所以比赛了几次，田忌都失败了。

田忌觉得很扫兴，比赛还没有结束，就垂头丧气地离开赛马场。这时，田忌抬头一看，人群中有个人，原来是自己的好朋友孙膑。孙膑招呼田忌过去，拍着他的肩膀说："我刚才看了赛马，威王的马比你的马快不了多少呀。"

孙膑还没有说完，田忌瞪了他一眼："想不到你也来挖苦我！"孙膑说："我不是挖苦你，我是说你再同他赛一次，我有办法让你赢他。"田忌疑惑地看着孙膑："你是说另换一匹马来？"孙膑摇摇头说："连一匹马也不需要更换。"田忌毫无信心地说："那还不是照样得输！"孙膑胸有成竹地说："你就按照我的安排办事吧。"

齐威王屡战屡胜，正在得意扬扬地夸耀自己马匹的时候，看见田忌陪着孙膑迎面走来，便站起来讥讽地说："怎么，莫非你还不服气？"田忌说："当然不服气，咱们再赛一次！"说着，"哗啦"一声，把一大堆银钱倒在桌子上，作为他下的赌钱。齐威王一看，心里暗暗好笑，于是吩咐手下，把前几次赢得的银钱全部抬来，另外又加了一千两黄金，也放在桌子上。齐威王轻蔑地说："那就开始吧！"

一声锣响，比赛开始了。孙膑先以下等马对齐威王的上等马，第一局输了。齐威王站起来说："想不到赫赫有名的孙膑先生，竟然想出这样拙劣的对策。"孙膑不去理他。接着进行第二场比赛。孙膑拿上等马对齐威王的中等马，获胜了一局。齐威王有点心慌意乱了。第三局比赛，孙膑拿中等马对齐威王的下等马，又战胜了一局。这下，齐威王目瞪口呆了。比赛的结果是三局两胜，当然是田忌赢了齐威王。

只要正确分析面临的局势，依据敌我双方力量的实际对比制定策略，就能够稳操胜券。孙膑正是正确分析了赛马场上的具体情况，依据齐威王和田忌双方马匹的等级，灵活调换了马匹的出场顺序，还是用同样的马匹，就得到了转败为胜的结果。

摩篇第八

摩者，揣①之术也。内符②者，揣之主也。用之有道③，其道必隐。微摩之以其所欲④，测而探之，内符必应；其应也，必有为之⑤。故微而去之⑥，是谓塞窌⑦、匿端⑧、隐貌、逃情⑨，而人不知。故成其事而无患。摩之在此，符应在彼。从而应之，事无不可。

[注释]

①揣：揣摩，揣度，这里指揣摩内心情感。②内符：内心情感与其外在表现。符，符验，这里指内心情感的外在表现。③道：一定的法则。④微摩之以其所欲：根据其情感欲望稍微进行揣度。以，根据。⑤其应也，必有为之：陶注："内符既应，必欲为其所为也。"意思是内外既然相呼应，就会在行动上有所作为。⑥微而去之：意思是稍加揣度，便排除其外在表现。去，这里是排除的意思。⑦塞窌：堵塞漏洞。窌，地窖，这里指漏洞。⑧匿端：隐匿头绪。端，端绪，头绪。⑨隐貌、逃情：均指隐蔽实情。

[译文]

摩，是揣摩内心情感的一种权术；内心情感与其外在表现，是揣情之术的主体。运用揣情之术有一定的法则，而且这一法则要以隐秘的方法来进行。根据其情感欲望稍微进行揣度，再进一步探测其中的奥妙，这样其内心情感与外在表现就必然会相呼应。内外既然相呼应，就会在行动上有所作为。所以稍加揣度，便排除其外在表现，就称作堵塞漏洞、隐匿头绪、隐蔽实情，他人就无从知晓。这样，事业得以成功而又不会留下后患。隐秘的揣情之术在此处运用，而显著的表现却应在彼处，如此互相呼应，就没有什么事情不会成功。

古之善摩者，如操钩而临深渊，饵而投之①，必得鱼焉。故曰：主事日成②而人不知，主兵③日胜而人不畏也。圣人谋之于阴④，故曰神；成之于阳⑤，故曰明。所谓主事日成者，积德也，而民安之，不知其所以⑥利；积善也，而民道之⑦，不知其所以然，而天下比之神明也。主兵日胜者，常战于不争、不费⑧，而民不知所以服，不知所以畏，而天下比之神明。

[注释]

①饵而投之：即投下鱼饵。②主事日成：意思是所做的事情每每取得成功。日，每天，这里是常常的意思。③主兵：用兵打仗。④谋之于阴：意思是谋事于隐秘之中。阴，暗中，暗地里。⑤阳：公开地。⑥所以：表示"……的原因"。⑦道之：可以理解为"从其道"，意思是人民乐于顺从其道。⑧战于不争、不费：意思是不经过激烈争斗、不耗费财用，从而战胜于无形之中。

[译文]

在古代，善于运用揣情之术的人，运用起来就如同拿起钓鱼竿在深水潭边，投下鱼饵，一定能钓到鱼。所以说，所进行的事情每每取得成功，而别人却不知道其中的奥秘；用兵打仗每每取得胜利，而别人却不感到畏惧。圣人谋事于隐秘之中，所以被称作神；谋略的成功法却处于光天化日之下，所以被称作明。所谓谋事每每取得成功，首先在于广积德政，而人民得以安居乐业，却不知道为何会如此顺利；其次在于多行善事，而人民乐于顺从，却不知道为什么会这样，普天之下都把他们比作神明。所谓用兵打仗每每取得胜利，其原因则在于主持其事的人常常不经过激烈争斗、不耗费财用，从而战胜于无形之中，而人民却不知道之所以能威慑征服对手的原因，不知道有什么畏惧，普天之下都把他们比作神明。

其摩也，有以平，有以正，有以喜，有以怒，有以名，有以行，有以廉，有以信，有以利，有以卑。平者，静也。正者，直也。喜者，悦也。怒者，动①也。名者，发②也。行者，成也。廉者，洁也。信者，明也。利者，求也。卑者，谄也。故圣人所独用者，众人皆有之，然无成功者，其用之非③也。故谋莫难于周密，说莫难于悉听④，事莫难于必成，此三者，唯圣人然后能之。故谋必欲周密，必择其所与通者⑤说也，故曰或结而无隙⑥也。夫事成必合于数⑦，故曰道数与时相偶⑧也。说者听必合于情，故曰情合者听。

[注释]

①动：鼓动。②发：陶注："名贵发扬，故曰'发也'。"③用之非：意思是运用的方法不得当。④悉听：指对方全部听从。悉，全，都。⑤其所与通者：指那些可以沟通的志同道合者。⑥结而无隙：意思是结交朋友要亲密无间。⑦数：天数，即自然规律。⑧道数与时相偶：意思是天道、术数与天时相配合才可以保证成功。偶，偶合，配合。

[译文]

揣摩的方法，可以有平、正、喜、怒、名、行、廉、信、利、卑等多种。所谓平，就是平静。所谓正，就是正直。所谓喜，就是喜悦。所谓怒，就是鼓动。所谓名，就是名誉。所谓行，就是成功。所谓廉，就是廉洁。所谓信，就是明了。所谓利，就是求取。所谓卑，就是谄媚。所以，圣人善于运用的方法，众人也都能够运用，然而却不能取得成功，是因为运用的方法不得当。因此，谋划方略最难莫过于周详缜密，向人游说最难莫过于对方全部听从，做人行事最难莫过于一定成功。这三点，只有圣人才能够做得到。所以说，谋略要做到周详缜密，就必须选择那些可以沟通的志同道合者进行论证，所以说结交朋友要亲密无间。事情要取得成功，就一定要合乎天数即自然规律，所以说天道、术数与天时相配合才可以保证成功。向人游说要想使对方全部听从，说辞就必须与人情相合，所以说情意相合才能够被人听从。

故物归类①，抱薪②趋③火，燥者先燃；平地注水，湿者先濡④。此物类相应⑤，于势⑥譬犹是⑦也。此言内符之应外摩⑧也如是。故曰：摩之以⑨其类，焉有不相应者？乃摩之以其欲，焉有不听者？故曰：独行之道⑩。夫几者不晚⑪，成而不抱⑫，久而化成⑬。

[注释]

①物归类：意思是世上万事万物各归其类。②薪：柴火。③趋：趋向，奔向。④濡：浸润，沾湿。⑤物类相应：意思是事物如果是同类就会相互呼应。⑥势：指揣摩的情势。⑦譬犹是：意思是就像前面说的那样。譬，比喻，比方。是，这样。⑧内符之应外摩：意思是内心的情意表现于外在行色上，与外在的揣摩之术相呼应。⑨以：根据，依据。⑩独行之道：指志向高洁、不随流俗的人才能运用的方法。⑪几者不晚：意思是通晓细微的征兆和趋势而果断行动的人，不会失去良机。几，指事情的苗头或预兆。⑫成而不抱：意思是取得成功而不居功自傲。抱，这里有守功、居功的意思。⑬化成：意思是成功地使教化行之于天下。

[译文]

所以说，世上万事万物各归其类。抱着柴薪走向大火，干燥的部分首先燃烧；往平地上倒水，潮湿的地方就首先被浸润。这就是事物同类相应的道理。至于揣摩的情势，也是相同的。也就是说，内心的情意表现于外在行色上，与外在的揣摩之术相呼应。所以说，根据事物的类别运用揣摩之术，哪有不相呼应的道理？依据其内心欲望揣摩其真实情感,哪有不听从的道理?所以说这是志向高洁、不随流俗的人才能运用的方法。通晓细微的征兆和趋势而果断行动的人,不会失去良机,取得成功也不会居功自傲,这样持之以恒,就能够逐步使教化行之于天下。

[评析]

本篇实际是《揣篇》所讲"揣情"的继续,但上篇侧重的是掌握世情和"人情",获得与游说对象有关的外部信息,而本篇侧重将通过"揣情"得到的外部信息进行分析、归类、推度、反验,得出这些外部信息产生的内因,从而把握对方的好恶欲求。

在这一过程中,首先要根据获得的外部信息判定对方的心性类型,以人类心理活动的共性推知对方对事物的处理方式。平静之人,处理事情比较冷静客观;正直之人,做事循规蹈矩;易喜之人,目光短浅,胸无大志;易怒之人,做事莽撞,缺乏思考;重名之人,喜欢搞形式主义,好大喜功;重信之人,一诺千金,做事雷厉风行、光明正大;贪婪之人,惟利是图,做事重小利而缺乏大局观念;廉洁之人,洁身自好,做事怕担风险,缺乏献身精神;卑鄙之人,反复无常,诡诈多变,往往为达目的不择手段。

大致了解了对方的心性类型,初步判断出对方对事物的处理方式,下面就要根据获得的外部信息,由古推今,由己推人,逐步推度出对方的真实意图,以提高摩意的准确性。

推度出对方的真实意图后,还要进行反验,验证所推的结果是不是正确的。《鬼谷子》认为,试着根据对方的好恶期望,提出建议和言辞,对方的内心反应通常会在言语、行为等上有所表现;如有反应,再顺势诱导,对方的内心世界就会暴露出来。

通过揣情、摩意、反验,你所得的外部信息便经过扬弃和梳理,从而为正确决策找到了充分的依据。

本篇隐含了琢磨对方，设下诱饵，钓出实情的"操钩临渊术"；一切悄无声息，事成之后对方才恍然大悟的"谋阴成阳术"；杀一儆百的"燃燥濡湿术"，等等。这里，我们通过一正一反两个例子来充分认识"操钩临渊术"的运用要点。

唐高宗永隆年间，突厥酋长阿史德温傅起兵造反，管内二十四州皆响应，叛军有数十万之众，唐朝北疆频频告急。朝廷派遣单于都护府长史萧嗣业率军讨伐，先胜后败，情势危急。无奈，高宗任命裴行俭为定襄道行军大总管，领军十八万，与西军程务挺、东军李文暕合兵三十余万，进剿阿史德温傅。唐军连亘千里，都受裴行俭的节制，史官赞曰："唐世小师之盛，未之右也。"

裴行俭率军到达朔州（今山西朔县），得知萧嗣业因为运粮车被劫以至大败，决定将计就计。伪装运粮车300辆，每辆车中潜伏壮士五人，手持陌刀（长柄两刃刀）、劲弩，由老弱士兵押送粮车，精锐士兵尾随其后。突厥人果然中计，冲过来攻打运粮车队，老弱士兵弃车而逃。突厥人见不费吹灰之力获取了这么多粮草，大喜过望，也不追赶唐军，赶着粮车前往有水草的地方，解鞍牧马，准备取粮。突然，唐军壮士从运粮车上一跃而起，伏兵也同时杀到，内外夹击，痛快淋漓地解决了敌人，抢粮的突厥人几乎无一幸免。从此，突厥人再也不敢靠近唐军的运粮车队。

裴行俭将军的这一策略，正是运用了"操钩临渊术"，抓住突厥人节节胜利之后必定得意忘形这个特点，设下300辆运粮车这个"大钩"，在他们进攻时故意伪装败逃，使他们更加肆无忌惮，无所忌怕，轻松吞下"大钩"，全军溃败。

我们再举个反面的例子。三国时期周瑜想以刘备娶亲为诱饵，使刘备老老实实地把向东吴"借"来的荆州交回来，结果"赔了夫人又折兵"。这个故事至今广为流传，可以说妇孺皆知，家喻户晓。周瑜之所以使用"操钩临渊术"未获成功，反而丢了"鱼饵"，正是因为这一策略有一个重要的前提，就是摸透对方，使对方在上钩之前一无所知，然而，诸葛亮的技高一筹，刘备的不为女色所动，是周瑜没有认识到的。

权①篇第九

　　说者，说之也②；说之者，资③之也。饰言④者，假⑤之也；假之者，益损也。应对者，利辞⑥也；利辞者，轻论⑦也。成义⑧者，明⑨之也；明之者，符验⑩也。难言⑪者，却论⑫也；却论者，钓几⑬也。佞言⑭者，谄而干忠⑮；谀言⑯者，博而干智⑰；平言⑱者，决而干勇⑲；戚言⑳者，权而干信㉑；静言㉒者，反而干胜㉓。先意承欲㉔者，谄也；繁称文辞㉕者，博也；策选进谋者，权也；纵舍不疑㉖者，决也；先分不足而窒非㉗者，反也。

[注释]

①权：权变。②说者，说之也：意思是游说别人就是为了说服别人。③资：资助。④饰言：对说辞加以修饰。⑤假：借助，这里指借助说辞打动对方。⑥利辞：指悦耳的巧辩辞令。⑦轻论：指轻视论说的外交辞令。⑧成义：指具有义理的言论。⑨明：意思是明辨真伪。⑩符验：意思是符合和验证自己的内心情感。⑪难言：指向别人发难的指责之辞。⑫却论：意思是诘难、商榷事情。⑬钓几：诱导、探求事物的精妙之处。钓，诱取。几，隐微。⑭佞言：指花言巧语。⑮谄而干忠：通过谄媚以求得忠诚之名。干，求取。⑯谀言：指谄媚的言辞。⑰博而干智：意思是通过繁博的虚浮之辞以求得智慧之名。⑱平言：指平实的言辞。⑲决而干勇：意思是通过果断不疑的言辞以求得刚勇之名。⑳戚言：指忧愁的言辞。㉑权而干信：意思是通过运用智谋以求得信任。㉒静言：指镇静的言辞。㉓反而干胜：意思是通过反攻别人以求得胜利之名。

㉔先意承欲：意思是曲意奉承以满足对方的欲望。㉕繁称文辞：意思是文辞繁复虚浮。㉖疑：犹疑，犹豫不决。㉗先分不足而窒非：陶注："己实不足，不自知而内讼，而反攻人之过，窒他谓非。"意思是自己先分不足反而指责他人的过失。窒，阻塞。

[译文]

游说，就是为了说服别人；而说服别人，就是为了对别人有所资助。对说辞加以修饰，目的是假借这些说辞打动对方；假借经过修饰的说辞，是因为遇事要有所损益。应承对答的辞令，是一种悦耳的巧辩辞令；巧辩辞令，是一种轻视论说的外交辞令。具有义理的言论，目的在于明辨真伪；而明辨真伪，目的在于符合和验证自己的内心情感。向别人发难的指责之辞，意在诘难、商榷事情；而诘难、商榷事情，意在诱导、探求事物的精妙之处。花言巧语，是通过谄媚以求得忠诚之名；而谄媚之言，是通过繁博的虚浮之辞以求得智慧之名；平实之言，是通过果断不疑的言辞以求得刚勇之名；忧愁之言，是通过运用智谋以求得信任；镇静陈说，是通过反攻别人以求得胜利之名。曲意奉承，满足对方欲望，就是谄；文辞繁复虚浮，就是博；策划选择，运用智谋，就是权；纵使舍弃也毫不犹豫，就是决；掩饰自己之不足，反而指责他人的过失，就是反。

故口者，几关①也，所以②关闭情意③也。耳目者，心之佐④助也，所以窥瞷⑤奸邪。故曰："参调而应，利道而动。⑥"故繁言而不乱⑦，翱翔而不迷，变易⑧而不危⑨者，睹要⑩得理⑪。故无目者，不可示以五色⑫；无耳者，不可告以五音⑬。故不可以往者，无所开之也；⑭不可以来者，无所受之也。⑮物有不通者，故不事也。⑯古人有言曰："口可以食，不可以言"，言者有讳忌也；"众口铄⑰金"，言有曲⑱故也。

[注释]

①几关：即机关。②所以：表示"用来……的东西"。③关闭情意：意思是宣布和封锁内心的情意。④佐：辅助，帮助。⑤窥瞯：窥视。⑥参调而应，利道而动：意思是口、耳、目三者相互协调和呼应，从而向着有利的道路发展。"参"与"叁"在古代通用。动，这里是发展的意思。⑦不乱：这里指思绪并不紊乱。⑧易：改变。⑨不危：这里指不发生危机。⑩要：要旨。⑪得理：意思是把握了规律。理，道理，规律。⑫五色：即青、黄、赤、白、黑五种颜色。⑬五音：指五声音阶中的宫、商、角、徵、羽五个音级。⑭不可以往者，无所开之也：陶注："此不可以往说于彼者，为彼暗滞无所可开也。"意思是不能前去游说君王，是由于他们昏聩不开窍，没有可以启发的基础。往，这里指前去游说君王。开，开导，启发。⑮不可以来者，无所受之也：陶注："彼所不来说于此者，为此浅局无所可受也。"意思是别人不到这里前来游说，是由于这里没有接受游说的基础。来，这里是使动用法，使……来。受，接受。⑯物有不通者，故不事也：陶注："夫浅局之与暗滞，常闭塞而不通，故圣人不事也。"意思是大凡事物有不通达的，圣人就不会去从事。通，通达。⑰铄：熔化金属。⑱曲：曲解。

[译文]

所以说，口是人体的一个机关，可以用来宣布和封锁内心的情意。耳朵和眼睛是心灵的助手，是用来察知、发现奸诈邪恶的。所以说口、耳、目三者相互协调和呼应，从而向着有利的道路发展。因此，言辞繁复而思绪并不紊乱，自由翱翔而并不迷惑，改易变化而不发生危机，关键在于抓住了要旨、把握了规律。所以没有眼力的人，不能展示五彩给他看；没有听力的人，不能弹奏五音给他听。因而不能前去游说君王，是由于他们昏聩不开窍，没有可以启发的基础；别人不到这里前来游说，是由于这里没有接受游说的基础。大凡事物有不通达的，圣人就不会去从事。古人有句话说，"口可以用来吃东西，却不可以用来说话"，这是因为说话有很多顾忌和隐讳。"众口一致的言辞可以把金属熔化"，这是因为言语有所偏差和曲解的缘故。

人之情，出言则欲听①，举事②则欲成。是故智者不用其所短，而用愚人之所长；不用其所拙，而用愚人之所工③，故不困④也。言其有利者，从其所长也；言其有害者，避其所短也。故介虫⑤之捍⑥也，必以坚厚⑦。螫虫之动也，必以毒螫⑧。故禽兽知用其长，而谈者⑨亦知用其用也。

[注释]

①听：这里是使动用法，使……听从。②举事：这里指办理事情。③工：工巧。④困：意思是陷于困窘的境地。⑤介虫：即甲虫。⑥捍：抵御。⑦坚厚：这里指其坚厚的外壳。⑧毒螫：指蜜蜂、胡蜂等尾部的毒刺。⑨谈者：指靠言谈游说的人。

[译文]

人之常情，说出话来就希望让对方听从，办理事情就希望获得成功。因此，聪慧的人就不用自己的短处，而宁肯用愚笨之人的长处；不用自己笨拙的方面，而宁肯用愚笨之人工巧的方面。这样做就不会陷于困窘的境地。这就是说，于我有利的，就顺从其所长的一面；于我有害的，就回避其所短的一面。所以甲虫抵御外来的侵害，必定要依靠自己坚厚的外壳；螫虫采取行动时，必定要用自己的毒刺。禽兽之类尚且知道运用其长处，而靠言谈游说的人也就更应运用自己该用的方法。

故曰：辞言有五，曰病，曰怨，曰忧，曰怒，曰喜。病者，感衰气而不神①也；怨者，肠绝而无主②也；忧者，闭塞而不泄③也；怒者，妄动而不治④也；喜者，宣散而无要⑤也。此五者，精则用之，利则行之。故与智者言，依于博；与拙者言，依于辩；与辩者言，依于要；与贵者言，依于势；与富者言，依于高；与贫者言，依于利；与贱者言，依于谦；与勇者言，依于敢⑥；与过者⑦言，依于锐⑧。此其术也，而人常反之⑨。是故与智者言，将以此明之；与不智者言，将以此教之，而甚难为也。故言多类⑩，事多变。故终日言，不失其类，故事不乱。终日不变，而不失其主⑪，故智贵不妄⑫。听贵聪，智贵明，辞贵奇。

[注释]

①感衰气而不神：意思是言谈时感到气力衰竭而没有精神。②肠绝而无主：意思是言谈时情伤断肠而没有主见。绝，断的意思。③闭塞而不泄：意思是言谈时忧郁闭塞而不能宣泄。泄，宣泄。④妄动而不治：意思是言谈草率妄动而没有条理。治，与"乱"相对，有条理，有秩序。⑤宣散而无要：意思是言谈飘然宣散而不得要领。要，要领。⑥敢：果敢。⑦过者：进取的人。⑧锐：坚决。⑨反之：意思是反其道而用之。⑩言多类：言谈的方法很多。类，种类，类别。⑪主：主旨。⑫智贵不妄：意思是聪慧之人的可贵之处就是不致紊乱。妄，胡乱。

[译文]

所以说，游说辞令有五种情况，即病言、怨言、忧言、怒言、喜言。病言，就是言谈感到气力衰竭而没有精神；怨言，就是言谈情伤断肠而没有主见；忧言，就是言谈忧郁闭塞而不能宣泄；怒言，就是言谈草率妄动而没有条理；喜言，就是言谈飘然宣散而不得要领。以上这五种情况，精通而后可用，有利而后可行。所以与聪慧之人交谈，依靠的是知识渊博；与笨拙之人交谈，依靠的是雄辩；与巧辩之人交谈，依靠的是得其要领；与尊贵之人交谈，依靠的是气势；与富有之人交谈，依靠的是高雅；与贫穷之人交谈，依靠的是利益；与卑贱之人交谈，依靠的是谦和；与勇敢之人交谈，依靠的是果敢；与进取之人交谈，依靠的是坚决。这些都是言谈的方法，而人们常常会反其道而用之。因此，与聪慧之人交谈，就运用这些方法阐明道理；与不够聪慧的人交谈，就运用这些方法加以教诲。然而，实际上是很难做到的。所以言谈的方法很多，而事物也是千变万化的。因而整日言谈而不失其基本方法，做事也不会出现混乱。终日言谈不加变化，就不会失去主旨，所以聪慧之人的可贵之处就是不致紊乱。听言贵在聪敏，智慧贵在高明，言辞贵在奇妙。

[评析]

本篇论述的是在游说过程中如何依据对方的才智、性格以及反应，随机应变，选择恰当的说辞。

《鬼谷子》首先把说辞分为佞言、谀言、平言、戚言和静言五种，并讲明了具体的要求和目的。佞言就是在摸透对方意图的基础上，运用巧妙自然的语言，替对方出主意想办法，使对方感到自己对他忠心耿耿，逐步缩小与对方的心理距离；谀言就是了解了对方的真实意图后，选择迎合、赞美之词，一味赞美对方，进一步拉近与对方的距离，同时在对方心目中落个"足智多谋"的美名；平言就是在取得对方信任之后，理直气壮地说出自己的主张；戚言就是说出自己的主张后，为了让对方采纳，再说一些和对方套近乎的话，让对方感觉这个主张完全是站在他的立场上考虑的；静言就是先找出对方计谋的不足，予以辩驳，让对方理屈词穷，从而使对方认同自己的观点。

在游说过程中，面对对方的发问诘难，自己还要选择恰当的辩辞。《鬼谷子》给我们总结了五种方法：一是借助对方的话头或论据进行辩驳，即资言法；二是对对方的言语进行文饰、取舍，选择有利于自己的语言进行辩论，即饰言法；三是对对方随机提出的一些问题，要用巧妙而无足轻重的语言，以为自己接下来的辩论留出余地，即应对法；四是用自己掌握的史实或事实来辩解，即成义法；五是切中要害，用反问之词进行发难，即难言法。

《鬼谷子》在告诉我们选择说辞和辩辞的方法的同时，还讲述了选择过程中的五种禁忌：一忌语言乏力，给人以理不直、气不壮之嫌；二忌语无伦次，不着要领；三忌吞吞吐吐，结结巴巴；四忌说话无条理，缺乏逻辑性；五忌胡言乱语，东一榔头西一棒。

总而言之，在游说过程中，要学会随机应变，处处主动，说话要主题明确、重点突出、条理清晰、语气连贯有力，这样才能有感染力、说服力、震慑力，达到自己游说的目的。

本篇隐含了善于发现并利用别人优点的"取长补短术"，在纷杂的环境中无论事态如何变化而恪守一种主旨和信念去应对的"多变不变术"，既要学会慎言又要学会用舆论杀人的"众口铄金术"，等等。

两千多年前的孟子就是一个善于运用游说技巧的雄辩家。他为推行自己的"仁政"、"王道"主张，曾仿效孔子，带领门徒游说各国。在《孟子·梁惠王上》中，记载有他劝谏齐宣王的一次游说活动，其中所记他与齐宣王的对话，充分展现了其高超的游说技巧。

齐宣王有志于效仿春秋五霸中的齐桓公、晋文公，称霸于诸侯，于是他向孟子询问关于齐桓公、晋文公武力攻伐的历史经验、方略，孟子很巧妙地避开了这个话题，他说："孔子的弟子不谈论齐桓公、晋文公的事，所以有关他们的'霸道'后世没有流传，我也没有听说过。如果您非要让我讲的话，那就谈谈'王道'吧。"他在这里明确地表示自己对"霸道"不感兴趣，转而将话题引导到"王道"上来了。齐宣王顺着孟子的思路又询问怎样才能"王天下"，孟子以此为契机，亮出自己的论点："只要能做到安民，就是不可战胜的。"

齐宣王问："像我这样的人，可以做到安民吗？"

孟子回答："可以呀。"

齐宣王追问："你怎么知道我可以呢？"

此时，齐宣王已经被孟子引入彀中。孟子便以在以牛衅钟这件事情上齐宣王不忍看到牛觳觫发抖为例，说明他的"不忍"就是仁慈之心，以此鼓起齐宣王行王道、施仁政的兴趣和信心。接下来，孟子便顺理成章地纵谈起了自己的政治主张："老吾老，以及人之老；幼吾幼，以及人之幼：天下可运于掌。""推恩足以保四海，不推恩无以保妻子。"

孟子的游说技巧就在于能摸准对方的心理，巧设机巧，寻求共同语言。摸准了对方心理就能获得共同语言，有了共同语言就能营造谈话的环境氛围，有了谈话的环境氛围就能一步一步使对方入其彀中。

谋篇第十

　　为人凡谋有道①。必得其所因②，以求其情③。审④得其情，乃立三仪。三仪者，曰上，曰中，曰下⑤。参以立焉，以生奇⑥。奇不知其所壅⑦，始于古之所从⑧。故郑人之取玉也，载司南之车⑨，为其不惑⑩也。夫度材、量能、揣情者，亦事之司南也。故同情而相亲者，其俱成者也；同欲而相疏者，其偏害⑪者也；同恶⑫而相亲者，其俱害⑬者也；同恶而相疏者，偏害者也。故相益则亲，相损则疏，其数行也⑭。此所以⑮察同异之分，其类一也。故墙坏于其隙，木毁于其节，斯⑯盖其分也。故变生事，事生谋，谋生计，计生议，议生说⑰，说生进⑱，进生退⑲，退生制⑳，因以制于事㉑。故百事一道㉒，而百度一数㉓也。

[注释]

①道：规律，法则。②得其所因：意思是求得事情的因由。③求其情：意思是掌握其实际情况。④审：审察，弄清楚。⑤上：上智。中：中才。下：下愚。⑥参以立焉，以生奇：意思是三者综合分析，就可以产生奇谋。⑦奇不知其所壅：陶注："奇计既生，莫不通达，故不知其所壅蔽。"意思是奇谋运用起来是没有什么可以壅弊的。壅：壅弊。⑧始于古之所从：意思是这是从古代的事例中得到的启示。⑨司南之车：即指南车，车上装有磁石，指以南方，古人常以此为基准作为行军时的向导。⑩惑：迷失方向。⑪偏害：一方获得成

功而另一方受到损害。⑫恶：这里是被动用法，指被厌恶，被憎恨。⑬俱害：意思是两败俱伤，同受损害。⑭其数行也：意思是这是符合事物的规律而经常发生的情况。数，法则，规律。⑮所以：表示"用来……的根据"。⑯斯：这。⑰说：指解决问题的主张和办法。⑱说生进：意思是有了解决问题的主张和办法就将其正确地进行采用。⑲进生退：意思是如果发现这些主张和办法有不完善的地方就要退回来加以补充完善。⑳制：规章，制度，法则。㉑因以制于事：意思是将这些制度、法规用来指导和制约事物的发展。㉒百事一道：意思是万事万物都具有同样的道理。百事，指世间的万事万物。㉓百度一数：意思是各种法度都有着一定的法则。百度，指各种法度。

[译文]

大凡为人策划谋略，都有一定的规律和法则。一定要先求得事情的因由，然后才能掌握其实际情况。考察并掌握了实际情况之后，才可以确立三仪。所谓三仪，就是上智、中才和下愚。三者综合分析，就可以产生奇谋。奇谋运用起来是没有什么可以壅弊的，这是从古代的事例中得到的启示。郑国人入山采玉石，要带着指南之车，为的是不致迷失方向。而揣度才干、衡度能力、揣测实情，也就好比是谋划事情的指南之车。情意相同而关系密切的人，谋划事情都会很成功；愿望相同而又关系疏远的人，则会有一方获得成功而另一方受到损害；同受憎恨而又关系密切的人，则必然会两败俱伤，同受损害；同受憎恨而又关系疏远的人，则必然只有一方受到伤害。所以说，相互有益则相亲近，相互有害则相疏远，这是符合事物的规律而经常发生的情况，也是用来判断同异的根据，同类事物的道理是一样的。墙壁的损坏是从裂缝开始的，树木的损坏是从节疤处开始的，这大概就是事物的共同规律。所以，有了事物的发展变化就会产生事端，有了事变就会产生谋略，有了谋划才会产生解决事端的计划，有了计划就要通过详细的论证，经过论证才会产生解决问题的主张和办法，如果这些主张和办法是正确的就加以采用，如果发现有不完善的就要退回来加以补充完善，从而确立正确的法则，可以用来指导和制约事物的发展。万事万物都具有同样的道理，而各种法度也都有着一定的法则。

夫仁人轻货，不可诱以利，可使出费；勇士轻难，不可惧以患①，可使据危②；智士达于数③，明于理④，不可欺以不诚，可示以道理，可使立功。是三才也。故愚者易蔽⑤也，不肖者⑥易惧也，贪者易诱也。是因事而裁之⑦。故为强者积于弱也，为直者积于曲也，有余者积于不足也，此其道术行也。

[注释]

①惧以患：意思是用祸患相恐吓。惧，这里是使动用法，使……惧怕。患，祸患。②据危：据守危险之地。③达于数：通达数术。④明于理：明晓物理。⑤蔽：这里是被动用法，被蒙蔽。⑥不肖者：品行不端的人。⑦因事而裁之：意思是要根据具体情况加以裁断。因，根据。

[译文]

有仁义之心的人轻视财货，不能以利益相引诱，而可以让他们捐助财物；勇敢的壮士轻视危难，不能用祸患相恐吓，而可以让他们据守危险之地；有智慧的人通达数术、明晓物理，不能用不诚实的言行相欺骗，而可以向他们说明道理，使他们去建功立业。这是三种有才干的人。所以愚笨的人容易被蒙蔽，品行不端的人容易被恐吓，贪婪的人容易被利诱，所有这些都要根据具体情况加以裁断。所以强大是由弱小发展而来的，正直是由弯曲积累而成的，有余是由不足积累而成的。这就是道术的具体表现。

故外亲而内疏者说内①，内亲而外疏者说外②。故因其疑以变之，因其见③以然④之，因其说以要⑤之，因其势以成之，因其恶⑥以权⑦之，因其患⑧以斥⑨之。摩而恐之⑩，高而动之⑪，微而证之⑫，符而应之⑬，拥而塞之，乱而惑之，是谓计谋。计谋之用，公不如私⑭，私不如结⑮，结，比⑯而无隙者也。正不如奇⑰，奇，流而不止者也⑱。故说人主者，必与之言奇⑲；说人臣者，必与之言私⑳。

[注释]

①说内：意思是用得当的说辞打动其内心。②说外：意思是要从外部着手进行游说。③见：同"现"，表现。④然：对其加以肯定。⑤要：概括，总结。⑥恶：这里指缺陷。⑦权：权衡。⑧患：忧患。⑨斥：排除。⑩摩而恐之：意思是运用揣摩的方法予以恐吓。⑪高而动之：意思是用高远的言论予以感动。⑫微而证之：意思是稍微采取一些行动印证自己的说辞。⑬符而应之：意思是运用内符之术加以验证。⑭公不如私：意思是公开策划不如隐秘筹谋。⑮私不如结：意思是秘密筹谋不如同心相结。⑯比：亲密无间。⑰正不如奇：意思是循常规不如用奇计。⑱奇，流而不止者也：意思是奇计的运用如同流水般奔腾而不可阻止。⑲言奇：意思是进献奇策。⑳言私：意思是要说关乎其切身利益的言辞。

[译文]

因此，对于表面亲近而内心疏远的人，游说者要用得当的说辞打动其内心；对于内心亲近而表面疏远的人，游说者要从外表着手，从而达到表里如一。所以，要根据对方的疑惑改变说辞，根据对方的表现加以肯定，根据对方的说法加以总结，根据对方所处的趋势予以成就，根据对方的缺陷加以权衡，根据对方的忧患予以排除。要运用揣摩的方法予以恐吓，用高远的言论予以感动，稍微采取一些行动印证自己的说辞，运用内符之术加以验证，制造障碍予以堵塞，制造混乱使之迷惑，这些都是运用计谋。计谋的运用，公开策划不如隐秘筹谋，而秘密筹谋不如同心相结，同心相结就亲密无间，可以做到无隙可乘。循常规不如用奇计，奇计的运用如同流水般奔腾而不可阻止。所以游说君主，一定要向他进献奇策；游说大臣，一定要关乎其切身利益。

其身内、其言外者疏①,其身外、其言内者危②。无③以人之近所不欲,而强④之于人;无以人之所不知,而教之于人。人之有好也,学而顺之;人之有恶也,避而讳之;故阴道⑤而阳取⑥之也。故去⑦之者纵⑧之,纵之者乘⑨之。貌者不美,又不恶,故至情托焉。⑩可知者,可用也;不可知者,谋者所不用也。

[注释]

①其身内、其言外者疏:陶注:"身在内,而言外泄者,必见疏也。"意思是身处亲密地位而说话却虚伪而见外,就会逐渐被疏远。疏,这里是被动用法,被疏远。②其身外、其言内者危:陶注:"身居外,而言深切者,必见危也。"意思是身处疏远地位而说话却深切内情,毫无顾忌,就会非常危险。③无:同"毋",不,不要。④强:强加。⑤阴道:意思是通过隐秘的方式。⑥阳取:意思是公开地获取。⑦去:祛除。⑧纵:放纵。⑨乘:乘机,这里的意思是乘机采取行动。⑩貌者不美,又不恶,故至情托焉:陶注:"貌者,谓察人之貌以知其情也。谓其人中和平淡,见善不美,见恶不非,如此者可以至情托之,故曰'至情托'焉。"意思是通过考察人的形貌以知其真情,如果其人中和平淡,见善不美,见恶不非,就可以深情相托。

[译文]

身处亲密地位而说话却虚伪而见外,就会逐渐被疏远;身处疏远地位而说话却深切内情,毫无顾忌,就会非常危险。不要把别人所不愿接受的事情强加于人,不要用别人所不知道的事情去教诲别人。别人有所喜爱,就可以学习并迎合顺从;别人有所厌恶,就可以加以回避以免引起不快。所以通过隐秘的方式进行,而公开地获取效果。因此,要想祛除,就先放纵,放纵之后再乘机采取行动。通过考察人的形貌以知其真情,如果其人中和平淡,见善不美,见恶不非,就可以深情相托。可以知心的人,就可以重用;不可以知心的人,善于谋划的人是不会重用他的。

故曰:"事贵制人,而不贵见①制于人。"制人者,握权②也;

见制于人者，制命③也。故圣人之道阴④，愚人之道阳⑤。智者事易，而不智者事难。以此观之，亡不可以为存，而危不可以为安，然而无为而贵智⑥矣；智用于众人之所不能知，而能用于众人之所不能见。既⑦用见可否，择事而为之，所以自为也；见不可，择事而为之，所以为人也。故先王之道阴，言有之曰："天地之化，在高与深，圣人之制道⑧，在隐与匿。非独忠信仁义也，中正⑨而已矣。"道理达于此义者，则可与言。由能得此，则可与縠远近之义。⑩

[注释]

①见：表示被动，相当于"被"。②握权：意思是掌握了事情的主动权。③制命：意思是命运掌握在别人手中。④阴：暗中，暗地里。⑤阳：公开地，这里指做事张扬。⑥无为而贵智：陶注："今欲存其亡、安其危，则他莫能为，惟智者可矣，故曰'无为而贵智'矣。"意思是精通谋略的智者就能够有所作为。⑦既：表示"……之后"。⑧制道：处世的法则。制，致事，处事。⑨中正：这里指合于事理的中正之道。⑩由能得此，则可与縠远近之义：陶注："縠，养也。若能得此道之义，则可与居大宝之位，养远近之人，诱于仁寿之域也。"意思是可以以道义感召远近四方，从而成就天下事业。

[译文]

所以说，行事贵在控制别人，而不是被别人所控制。所谓控制别人，就是掌握了事情的主动权；所谓被人控制，就是命运掌握在别人手中。所以圣人立身处世的法则是隐秘谋划，而愚笨之人立身处世的法则是事事张扬。聪慧的人行事容易，而愚笨的人行事就很困难。由此看来，国家一旦灭亡就很难复兴图存，国家一旦处于危难之中就很难转危为安，然而精通谋略的智者就能够有所作为。智慧可以运用到普通大众所不能知晓的地方，而才能可以运用到普通大众所不能发现的地方。智慧和才能运用到实际中后，就可以发现可行或者不可行。如果可行，就选择事情去做，这是为了自己去做；如果不可行，也选择事情去做，这是为了别人去做。所以古圣先王行事的法则隐秘，有这样一句话说："天地自然的造化，在高深玄妙；圣人处世的法则，在隐秘藏匿。不仅仅是忠、信、仁、义，而是寻求合于事理的中正之道罢了。"只有通达了这一境界道理的人，才可以同他谈论大事。能够掌握这一法则，就可以以道义感召远近四方，从而成就天下事业。

[评析]

本篇讲述了有关计谋的产生、使用和特点，说明如何献计献策和利用他人即交友的问题。

事物的变化是事物本身的发展产生的，这种变化会促使一些人产生一些能够诱使事物朝有利于自己的方向发展的意图，进而产生解决问题的方案，之后就要付诸实践，并在具体的环境口合理调整，最后达到自己的目的。这是一个环环相扣的系统工程。在这一过程中，要贯穿一条实事求是的思想主线，一切从实际出发，从人情出发。这是最基本的谋划决策原则。

计策在实施的过程中，要把握几个原则：一是因人主决策的原则，就是要按对方的意图或想要解决的问题去制定策略，否则你的决策再完美也是白搭，因为对方不感兴趣。二是因亲疏关系决策的原则，关系近者可以简言、直言，关系远者要细说，有耐心，多说一些得体的话，使对方感到亲切。三是因人主品行决策的原则，贪婪者以金钱诱之，愚蠢者可用欺诈之术，不肖者可给予恐吓，而对于贤良之人，这些均行不通，所以要看人下菜、对症下药。

本篇《鬼谷子》还告诉了我们交友的一些原则：一是要了解对方，先要摸透对方的心性品行，根据其志趣爱好、知识技能、性格脾气等决定交与不交；二是性情平和之人才可交往，因为他们往往心胸坦荡，能够在处理问题的时候互相照应；三是庸才不可交，因为他无法与你互相帮助，共谋发展。交了朋友后应如何保持朋友的友谊呢？要做到利害一致、荣辱与共、一致对外、共同进步，这样才能不断巩固这份友谊。

本篇隐含了对付不同性格的人要用不同的手段的"因性制人术"，取信、阻塞、迷惑的"三步制君术"，想要除掉对方而要先纵容他的"欲除故纵术"，暗里用功夫，明里得报答的"阴道阳取术"，做事要善用智谋的"为事贵智术"，处于劣势的弱者要善于调动一切积极因素，从弱变强的"积弱为强术"，等等。西晋名将石勒为除掉比自己地位高的幽州都督王浚，便运用了"欲除故纵术"。

西晋末年，天下扰攘，幽州都督王浚企图谋反篡位，石勒闻讯后，打算消灭王浚的部队。王浚势力强大，石勒恐一时难以取胜。他决定先麻痹王浚，派门客王子春带了大量珍珠宝物，敬献王浚，并写信向王浚表示愿拥戴他为天子。信中说，现在社稷衰败，中原无主，只有你威震天下，有资格称帝。王子春又在一旁添油加醋，说得王浚心里喜滋滋的，信以为真。正在这时，王浚有个部下名叫游统的，伺机谋叛王浚。游统想找石勒做靠山，石勒却杀了游统，将游统首级送给王浚。这一着，使王浚对石勒绝对放心了。

314年，石勒探听到幽州遭受水灾，老百姓没有粮食。王浚不顾百姓生死，苛捐杂税有增无减，民怨沸腾，军心浮动。于是，石勒决定亲自率领部队攻打幽州。这年四月，石勒的部队到了幽州城，王浚还蒙在鼓里，以为石勒来拥戴他称帝，根本没有准备应战。等到他突然被石勒的将士捉拿时，才如梦初醒。

俗话说，欲速则不达，面对势力强大的王浚，石勒巧妙利用了"欲除故纵"中的"除"和"纵"这对矛盾，先以宝物和"拥立"为诱饵，取得王浚的信任，最终使王浚身首异处，天子美梦成了泡影。

决篇第十一

为人凡决①物，必托于疑者，善其用福，恶其有患②。善至于诱③也，终无惑，偏有利焉；去其利，则不受④也，奇⑤之所托。若有利于善者，隐托于恶⑥，则不受矣，致疏远。故其有使失利⑦者，其有使离⑧害者，此事之失。

[注释]

①决：决断，决策。②善其用福，恶其有患：陶注："凡人之情，用福则善，有患则恶，福患之理未明，疑之所由生，故曰'善其用福，恶其有患'。"意思是人之常情是有了福祉就高兴，有了祸患就厌恶。③诱：这里指诱导对方透出实情。④受：这里是被动用法，被接受。⑤奇：这里指奇谋妙策。⑥隐托于恶：意思是这种利益隐藏在表面不利，甚至有祸患的形式在里面。⑦失利：丧失利益。⑧离：遭受。

[译文]

大凡为人决断事物疑难，一定是根据对事物的疑问。人之常情是有了福祉就高兴，有了祸患就厌恶。善于决断的人，首先诱得实情，然后加以定夺，自然不会产生困惑而只会使其受益；如果这种决断不能带来利益，就不会被接受，这就需要凭借这种情况制定奇谋妙策。这种决策尽管可以给人们带来福祉和利益，但这种利益是隐藏在表面不利甚至有祸患的形式里面的，对方自然不予理解和接受，还会导致关系逐渐疏远。所以对事物的决断，有的会使人丧失利益，有的会使人招致祸害，这都是行事失败的表现。

圣人所以能成其事者有五：有以阳德之^①者，有以阴贼之^②者，有以信诚之^③者，有以蔽匿之^④者，有以平素之^⑤者。阳^⑥励于一言^⑦，阴^⑧励于二言^⑨，平素枢机以用四者，微而施之^⑩。于是^⑪度以往事，验之来事，参之平素，可则决之；公王大人之事也，危而美名^⑫者，可则决之；不用费力而易成者，可则决之；用力犯勤苦^⑬，然不得已而为之者，可则决之；去患者，可则决之；从福^⑭者，可则决之。故夫决情定疑^⑮万事之机^⑯，以正乱治决成败，难为者。故先王乃用蓍龟^⑰者，以自决也。

[注释]

①以阳德之：意思是以正面手段进行道德教化。德，这里作动词用，进行道德教化的意思。②以阴贼之：意思是以阴谋诡计进行残害。贼，残害。③以信诚之：意思是以诚信仁义相感召。诚，这里作动词用，可以解释为感召。④以蔽匿之：意思是以隐蔽的手段藏匿真心。⑤以平素之：意思是平和沉静，遵循常理。⑥阳：即君道。⑦励于一言：以一言相勉励，一言就是无为。⑧阴：即臣道。⑨励于二言：以二言相勉励，二言就是有为。⑩微而施之：意思是将四者微妙配合以进行决断。⑪于是：在这个时候。⑫危而美名：意思是事业崇高，由此可得美名。⑬用力犯勤苦：劳心费力而又辛勤劳苦。犯，触犯，这里引申为劳用。⑭从福：追求、获致幸福。⑮定疑：解决疑难。⑯机：关键，要点。⑰蓍龟：蓍草和龟甲，都是古人用来占卜的工具。

[译文]

圣人之所以能够成就事业，其途径和方法有以下五种：有的正大光明，以道德进行教化；有的阴谋诡计，以权术进行残害；有的诚信仁义，以诚心相感召；有的隐蔽掩饰藏匿真心；有的平和沉静，遵循常理。"阳"即君道，以一言相勉励，一言就是无为；"阴"即臣道，以二言相勉励，二言就是有为。一言、二言、平素、枢机四种方法参验使用，微妙配合，决断就会合于事理。在这个时候，揣度往事，推演未来，再参考往常的情况，如果可行就作出决断；王公大臣的事情，如果事业崇高，由此可得美名，可行的话就可以作出决断；不用花费太多精力就可以获得成功的事情，可行的话就可以作出决断；劳心费力而又辛勤劳苦，却又不得不做的事情，可行的话就可以作出决断；消除祸患的事情，可行的话就可以作出决断；追求、获致幸福的事情，可行的话就可以作出决断。所以说，判断实情、解决疑难是成就万事的关键，可以用来拨乱反正、决定兴衰成败，然而却是很难做到的。所以古圣先王在重大行动之前要借蓍草、龟甲进行占卜，也是为了帮助自己作出决断。

[评析]

本篇讲述的是关于决策的原则、方法以及决策的意义等问题，篇幅虽短，但对后人的科学决策具有重要的指导意义。

决策前首先要选择一个目标，一个可以名利双收的目标：一是对决策的事物要上下联系，选择有把握的；二是选择对方急欲解决且棘手的问题；三是不费劲，轻而易举就能解决的；四是极耗精力但必须完成的，同时有胜算的把握；五是可以消除灾害而且自己可以完成的；六是能够为自己带来好处且有把握的。总之，要在实事求是的基础上，选择在充分发挥主观能动性的前提下能够完成的目标。

决策过程中的一个很重要的原则就是趋利避害。想让别人采纳你的建议，就得从对方的立场出发，让对方觉得有利可图，这样才容易被他采纳。

有了原则，还要根据目标的不同，制定不同的决策方法："阳德术"用于事理明显的问题，即公开的方式；"阴贼术"用于不太光明正大的问题，即背地里做手脚；"蔽匿术"用于暂时吃亏但其后必有大利的问题，即以退为进；"信诚术"用于明显占理但需第三方支持的问题，靠信誉结交盟友而解决问题；"平素术"用于一般性的问题，即利用对方的思维定式而打破常规解决问题。这五种解决问题的方法可以说有很强的现实指导意义。

三国蜀主刘备堪称使用"阳德术"的楷模，他与关羽、张飞桃园三结义，形成刘备集团的核心，接着三顾茅庐请来军师诸葛亮，拉拢赵云、马超、姜维、黄忠等大将，皆是用"仁、德、诚心"感化他们的结果，显示了他用人的高明之处。

明朝武宗时王守仁与叛乱的宁王朱宸濠对阵，因当时对方实力强大，同时风向又不顺，两军交战，略有小挫。王守仁心生一计，在两军交战正酣时，命人竖起一块大牌子，上写"宁王已被擒获，我军切勿滥杀"。明军见到此牌，士气大振，叛军见了无心恋战，被明军打得四处逃散。这里王守仁则是运用"平素术"，利用人们的思维定式来制造假象壮我军威，灭敌士气，从而扭转了战局。

符言①第十二

安徐正静②,其被节无不肉③。善与④而不静⑤,虚心平意,以待倾损⑥。有主位。

[注释]

①符言:陶注:"发言必验有若符契,故曰'符言'。"符,古代朝廷传达命令或征调兵将用的凭证,双方各执一半,以验真假。②安:安详。徐:从容。正:正直。静:沉静。③被节无不肉:陶注:"被,及也。肉,肥也,谓饶裕也。言人若居位能安、徐、正、静,则所及人节度,无不饶裕。"意思是为人处世就可以左右逢源,游刃有余。④与:交际,交往。⑤静:沉静无为。⑥以待倾损:意思是以防备倾覆和损害。待,这里是防备的意思。

[译文]

一个人如果能达到安详、从容、正直、沉静的境界,那么他为人处世就可以左右逢源,游刃有余。要善于交际而不沉静无为,内心谦虚、意志平和,以防备倾覆和损害。以上所说是君王安于本位的道理。

目贵明,耳贵聪,心贵智。以天下之目视①者,则无不见;以天下之耳听者,则无不闻;以天下之心虑者,则无不知。辐辏②并进,则明不可塞③。有主明。

[注释]

①以天下之目视:意思是以天下人的眼睛去看。②辐辏:意思是像车轮

的辐条都集向车毂一样。③明不可塞：意思是君王的视听如日月照临，不会被阻塞和蒙蔽。

[译文]

眼睛贵在明亮，耳朵贵在聪敏，心灵贵在智慧。以天下人的眼睛去看，就没有看不到的东西；以天下人的耳朵去听，就没有听不到的声音；以天下人的心灵去思考，就没有不知道的事情。这样，就可以像车轮的辐条都集向车毂一样天下归心，君王的视听如日月照临，不会被阻塞和蒙蔽。以上所说的是君王明察秋毫的道理。

听之术，勿坚而拒之。许之则防守①，拒之则闭塞②。高山仰之可极③，深渊度之可测④。神明之听术，正静其莫之极⑤欤！有主听。

[注释]

①许之则防守：意思是采纳进言，民众就会拥护和捍卫君王。②拒之则闭塞：意思是拒绝进言，君王就会闭目塞听。③极：看到其顶点。④度：度量。测：测量。这里"度"表示行为，"测"表示结果。⑤莫之极：达不到其顶点。

[译文]

听取别人进言的方法是：不要固执己见而拒绝对方。采纳进言，民众就会拥护和捍卫君王；拒绝进言，君王就会闭目塞听。山峰虽高，但仰而望之就会看到其顶点；深渊虽深，但经过测量仍可以获知其深度。神明的君王，其听言之术正直沉静，高深玄妙，是深不可测的。以上所说的就是君王端正视听的道理。

用赏贵信，用刑贵正。赏赐贵信，必验耳目之所见闻。其所不见闻者，莫不暗化①矣。诚②畅于天下神明，而况奸者干③君？有主赏。

[注释]

①莫不暗化：没有不自然而然地为人民所认可和接受的。暗，默默地。②诚：表示假设，果真，如果确实。③干：冒犯，这里引申为加害。

[译文]

施行奖赏，贵在坚守信用；施行刑罚，贵在公正无私。奖赏和赐予贵在坚守信用，就必须以耳目所闻见的情况加以验证，即使没有经过耳闻目睹的情况，也会自然而然地为人民所认可和接受。如果确实能够做到奖赏守信，刑罚公正，从而畅行于天下，如有神明保佑，那么奸邪之人加害君王的企图，怎么会得逞呢？以上所说的就是君王赏必守信的道理。

一曰天之，二曰地之，三曰人之。①四方、上下、左右、前后，荧惑②之处安在？有主问。

[注释]

①一曰天之，二曰地之，三曰人之：陶注："天有逆顺之纪，地有孤虚之理，人有通塞之分，有天下者宜皆知之。"意思是君王要上知天时、下知地利、通晓人事。②荧惑：指象征吉凶祸福的荧惑之星。

[译文]

一是上知天时，二是下知地利，三是通晓人事。这样，四方、上下、左右、前后，各种因素都通晓明白，那么象征吉凶祸福的荧惑之星又会在何处呢？以上所说的就是君王不耻下问、全面了解情况的道理。

心为九窍①之治②，君为五官③之长。为善者君与之赏，为非者君与之罚。君因其政之所以求④，因与之，则不劳⑤。圣人用之，故能掌之。因之循理⑥，固能长久。有主因。

[注释]

①九窍：人之口、两耳、两眼、两鼻孔、两便孔为九窍。②治：统治，

这里引申为主宰的意思。③五官：即司徒、司马、司空、司士、司寇，或谓司徒、司马、司空、司寇、宗伯，泛指百官。④因其政之所以求：意思是根据百官行政的具体情况。⑤不劳：不费心力。⑥循理：遵循事理。

[译文]

心是九窍运行的主宰，君王是五官的首领。做善事，君王就予以奖赏；做恶事，君王就予以刑罚。君王根据百官行政的具体情况，给予赏赐或处罚，就不会大费心力。圣人运用这种方法，所以能够掌握他们。这样因势利导、遵循事理，统治才能够长久。以上所说的就是君王因循事理、驾驭臣民的道理。

人主不可不周。人主不周，则群臣生乱。家于其无常也①，内外不通②，安知所开？开闭不善，不见原③也。有主周。

[注释]

①家于其无常也：意思是国家发生祸乱，群臣执掌无常。②内外不通：意思是君臣上下之间无法沟通。③原：事物的本原。

[译文]

做君王的不可不缜密周详，不缜密周详，群臣就会发生祸乱。国家发生祸乱，群臣执掌无常，君臣上下之间无法沟通，怎么知道事情的开启闭藏呢？不善于用开启闭藏之术，就不能发现事物的本原。以上所说的就是君王缜密周详的道理。

一曰长目①，二曰飞耳②，三曰树明③。千里之外，隐微之中，是谓洞④。天下奸，莫不暗变更⑤。有主恭。

[注释]

①长目：意思是君王要用天下人的眼睛去看东西。②飞耳：意思是君王要用天下人的耳朵去听声音。③树明：意思是君王要用天下人的心灵去洞察问题。④洞：洞察。⑤变更：这里是弃恶从善、更改前非的意思。

[译文]

做君王的首先要长目,即用天下人的眼睛去看东西;其次要飞耳,即用天下人的耳朵去听声音;再次要树明,即用天下人的心灵去洞察问题。千里之外的地方,隐藏、细微之中,就叫作"洞"。天下的奸邪之徒,没有不暗中弃恶从善、更改前非的。这里所说的就是君王应耳聪、目明、心灵的道理。

循①名而为,实安而完;名实相生②,反相为情③。故曰:名当则生于实,实生于理,理生于名实之德④,德生于和⑤,和生于当。有主名。

[注释]

①循:顺,依照。②相生:互为依托而生存。③反相为情:意思是反过来又合乎情理。④名实之德:名实相符的道德。⑤和:协和。

[译文]

君王根据名分去采取实际行动,就会安全而完好。名与实互为依托而生存,反过来又合乎情理。所以说名分恰当是从实践中产生出来的,而实践则是由事理产生,事理又产生于名实相符的道德之中,道德产生于协和,协和产生于适当。以上所说的就是君王应循名求实的道理。

[评析]

本篇实际上是为君王设计的一套御臣术,以防作为一国之君被别人左右;同时也是一套领导艺术。

本篇共讲述了九种御臣术:一是"主位术",君王外表要安定从容,内心要胸有成竹,有王者风范;二是"主明术",能够充分调动臣子的积极性,让他们及时汇报下情,做到明察天下;三是"主听术",要广开言路,广纳众谏,博采众议;四是"主赏术",

明察秋毫，赏罚得当；五是"主问术"，要广泛询问，了解各方面情况；六是"主因术"，依法管理臣子，赏罚分明，调动其积极因素；七是"主周术"，做事要口风严实，注意保密；八是"主参术"，安插耳目监察外臣，在近臣中建立互相举报制度；九是"主名术"，有一套严格的官吏考核制度，奖优罚劣。

本篇所讲的君王御臣术，既不像《孟子》那样主张君臣平等，也不像《韩非子》所讲君臣是虎狼，以利害联结，它主张君王要使用计谋，既充分发挥臣子的聪明才智，各司其职，又要有驾驭臣子的能力，以免生祸乱。

十六国时期，是我国历史上分裂割据的时代。北方各少数民族趁西晋末年的"八王之乱"，纷纷起兵反晋，先后建立了16个割据政权，进行了长达130多年的混战，出现了70多位君主。但是，真正有所作为，并统一了整个北方的明君，还是常被后世称道的前秦皇帝苻坚。他推贤良，励精图治；劝农桑，修水利；勤俭治国，洁身自律，开创了前秦盛世。然而遗憾的是，苻坚在对外用兵上，未能始终虚心听取群臣的意见，从而导致了英雄末路，遗恨千古。

建元十八年，苻坚在太极殿召见群臣说："我从继承大业以来，将近三十年了，四方大致平定，只有东南一角，还没有蒙受君王的教化。我粗略计算了一下兵力，能有九十七万。我准备亲率大军东伐。你们以为如何？"面对苻坚的主张与发问，除秘书监朱肜表示赞成外，其余大臣都纷纷反对，久议不决。苻坚很生气地说："算了吧，还是由我自己决断好了。"群臣退朝后，苻坚又留下弟弟苻融商议。

苻融也不同意伐晋。他认为当时伐晋有三难：一是从星象看，天意不顺；二是东晋上下安和，没有灾祸和挑衅行为，无隙可乘；三是我们多年征战，士卒疲惫，人民厌战。再说被征服的鲜卑、羌、羯等贵族也未诚心臣服。然而，苻坚听不进去。苻融又劝谏说：我们的意见不听也可以，难道连丞相王猛临终不可贪图东晋的遗言也忘了吗？此后，爱妾张夫人、太子苻宏也都劝苻坚不要伐晋。

苻坚非常失望和烦恼，他想到自己多年来精勤治国，已拥兵百万，资杖如山，为什么不可以乘统一北方的胜势征服东晋呢，以至于夜睡不宁，食不甘味。

这时，怀有二心的前燕宗室将军慕容垂和羌族贵族姚苌，都希望苻坚伐晋失败，以便趁机恢复故国的统治，所以竭力怂恿苻坚南伐，"圣心独断"。结果，苻坚在君臣认识不一的情况下，于建元十九年（383年）五月下达了进攻东晋的命令。随后调集九十多万兵力，陆续向东晋进发，大军旗鼓相望，绵延千里。东晋孝武帝虽然昏庸，但其宰相谢安是很有才望的政治家。在前秦大军压境的情况下，东晋内部矛盾得到缓和，出现了上下齐心、同仇敌忾的局面。他们趁前秦大军尚未完成集结之际，主动在淝水决战。交战前，苻坚急于求胜，在未经核实敌情、不明东晋意图的情况下，不听部将的劝阻，盲目同意退军决战。结果，中了东晋的圈套，一退而不可收拾，导致淝水惨败，不仅前锋统帅苻融被杀，苻坚自己也被流矢射中，落荒而逃。

淝水战后，前秦大伤元气。先前被征服的各部族酋豪，纷纷背叛苻坚，建立割据政权。其中，前燕宗室慕容垂在384年称帝，建立后燕；羌帅贵族姚苌也于385年缢杀苻坚称帝，建立后秦。前秦遂告瓦解，北方重新陷入分裂与战乱之中。

转丸第十三 （佚）

胠箧第十四 （佚）

本经阴符七篇

盛　神

　　盛神①法②五龙③。盛神中有五气④，神为之长，心为之舍，德为之人⑤。养神之所⑥，归诸⑦道。道者，天地之始，一其纪⑧也，物之所造，天之所生，包宏无形化气⑨，先天地而成，莫见其形，莫知其名，谓之神灵。故道者，神明之源，一其化端，是以德养五气，心能得一⑩，乃有其术。术者，心气之道所由舍者，神乃为之使。九窍、十二舍⑪者，气之门户，心之总摄⑫也。生⑬受之天，谓之真人。真人者，与天为一。而知之者，内⑭修炼而知之，谓之圣人。圣人者，以类知之⑮。故人与生一⑯，出于化物⑰。知类在窍，有所疑惑，通于心术。术必有不通。其通也，五气得养，务在舍神⑱，此之谓化。化有五气者，志也，思也，神也，德也，神其一长也。静和者，养气，养气得其和。四者不衰，四边威势，无不为⑲，存而舍之，是谓神化归于身⑳，谓之真人。真人者，同天而合道㉑，执一㉒而养产万类，怀天心㉓，施德养㉔，无为以包志虑、思意，而行威势者也。士者，通达之，神盛乃能养志。

[注释]

①盛神：使人们的意志和精神旺盛。②法：效法。③五龙：五行中的龙仙。我国古代有五行之说，认为金、木、水、火、土是构成万事万物的元素。④五气：即神气、魂气、魄气、精气、志气。一说指心、肝、脾、肺、肾五脏之气。⑤德为之人：意思是德能扶正祛邪，是人之所以为人的根本。⑥所：途径。⑦诸：之于。⑧纪：丝的头绪，引申为开端。⑨包宏无形化气：意思是包容着多种无形的化育万物之气。⑩心能得一：意思是人心能得其纯一。⑪十二舍：指目、耳、鼻、舌、身、意、色、声、香、味、触、事。⑫摄：统摄，统领。⑬生：同"性"，本性。⑭内：自身。⑮以类知之：意思是通过类推、举一反三，悟得道术。⑯人与生一：意思是人生在天地之间，最初的天性是一样的。⑰出于化物：意思是诞生之后随事物、环境不同而变化。⑱舍神：意思是使神气留驻身体之内。舍，这里作动词，安置住宿。⑲无不为：意思是无所不能为。⑳神化归于身：意思是得道存养本性于自身。㉑同天而合道：意思是与天同体，与道合一。㉒执一：意思是秉执纯一的道术。㉓天心：天道自然之心。㉔施德养：意思是布施道德以滋养五气。

[译文]

要使人们的意志和精神旺盛，就得效法五龙。旺盛的意志和精神之中包含着五气即神气、魂气、魄气、精气、志气。其中，神气是居于首位的，心是五气活动的家园，而德能扶正祛邪，是人之所以为人的根本。培养神气的途径，在于道。所谓道，就是天地万物生成的初始，一是道的开端。事物的创造，天地的生成，都是从道中衍生出来的。其中包容着多种无形的化育万物之气。这种气是在天地生成之前就形成的，没法知道其形状，没法知道其名称，于是称作神灵。由此可见，所谓道，是神明的源泉，一是其变化的开端。因此，德能够滋养五气，人心能得其纯一，那么术也就是培养神明的方法就会自然产生。所谓术，是心气运行的通道和所居住的地方，而神气则是心的使者。人体中的九窍和十二舍是五气出入的门户，而心则为之总管。人的本性由上天传授，就称为得道存养本性的真人。所谓真人，也就是与天地自然融为一体了。而那些得道之人，是通过自身的修炼而获知道术的，这就被称为圣人。所谓圣人，是通过类推、举一反三，悟得道术的。所以人生于天地之间，最初的天性是一样的，只是诞生之后随事物、环境不同而变化。人认识事物首先是通过九窍，如果还有疑惑，就需要心术来沟通。如果内心没有适当的方法，必然会有无法沟通的情况。九窍一旦与心术沟通，人体的五气得以滋养，并努力使神气留驻身体之内，这就称为化育。化育五气，是指志、思、神、德而言，而神气则是五气的主宰。所谓静和，关键在于养气，养气才能使身心安静和顺。志、思、神、德四种气不衰竭，那么四边都形成了威势，就无所不能为，保有并把五气存留身体之内，这就称为得道存养本性于自身，也就是真人。所谓真人，与天同体，与道合一，秉执纯一的道术以养育万物，怀有天道自然之心，布施道德以滋养五气，无为自然而包容志、虑、思、意，从而施行威盛之势。士人必须通达此道，保持意志和精神旺盛，才能够培养心志。

养　志

养志①法灵龟。养志者，心气之思不达也。有所欲，志存而思之。志者，欲之使也。欲多则心散，心散则志衰，志衰则思不达也。故心气一则欲不徨②，欲不徨则志意不衰，志意不衰则思理达矣。理达则和通③，和通则乱气不烦于胸中。故内以养志，外以知人，养志则心通矣，知人则职分明矣。将欲用之于人，必先知其养气志。知人气盛衰，而养其气志，察其所安④，以知其所能。志不养则心气不固，心气不固则思虑不达，思虑不达则志意不实⑤,志意不实则应对不猛⑥,应对不猛则志失而心气虚,志失而心气虚则丧其神矣。神丧则仿佛⑦,仿佛则参会不一⑧。养志之始,务在安⑨己;己安则志意实坚;志意实坚,则威势不分。神明常固守,乃能分之⑩。

[注释]

①养志:培养心志。②徨:多。③和通:和顺畅通。④察其所安:意思是考察他心理是否安详。⑤实:坚实。⑥应对不猛:意思是应对事物不果敢气壮。⑦仿佛:意志恍惚。⑧参会不一:指志气、心气、神气三者交会就不纯一。"参"和"叁"古代通用。⑨安:这里是使动用法,使……安静。⑩分之:意思是分散和动摇对方的威势。

[译文]

培养心志要效法灵龟。培养心志,是由于心神之气不通达的缘故。凡人有所欲望,就会充满心志并不时去思想。心志,是会被欲望所役使的。欲望多,心意就散漫;心意散漫,志气就会衰弱;志气衰弱,思虑就不通达。所以心气专一,欲望就不多;欲望不多,意志就不会衰弱;意志不衰弱,思绪就会通达;思绪通达,就会和顺畅通;和顺畅通,杂乱之气就不会烦扰胸中。因此,对自身应培养心志,对外则应该了解他人。培养心志则心气畅通,了解他人则职分明确。如果要把培养心志之术运用到识人用人方面,就必须首先了解他培养心志的功夫,知道他人气的盛衰,然后培养其人气和心志,考察他心理是否安详,从而了解他的才能如何。不培养心志,心气就不能巩固;心气不巩固,思虑就不能通达;思虑不通达,意志就不坚实;意志不坚实,应对事物就不果敢气壮;应对不果敢气壮,就会丧失心志而使心气虚弱;丧失心志而又心气虚弱,那么神气也就随之丧失;神气丧失,就会意志恍惚;意志恍惚,志气、心气、神气三者交会就不纯一。培养心志的第一步,务在使自己安静;自己安静了,就会意志坚实;意志坚实,威势就不会分散。神明经常固守,才能分散和动摇对方的威势。

实 意

实意①法螣蛇②。实意者,气之虑也。③心欲安静,虑欲深远。心安静则神明荣④,虑深远则计谋成;神明荣则志不可乱,计谋成则功不可间⑤。意虑定则心遂⑥安,心遂安则其所行不错,神自得矣,得则凝⑦。识气寄⑧,奸邪得而倚⑨之,诈谋得而惑之,言无由心矣。故信心术⑩,守真一⑪而不化,待人意虑之交会,听之候之也。计谋者,存亡之枢机⑫。虑不会,则听不审矣,候之不得。计谋失矣,则意无所信,虚而无实。故计谋之虑,务在实意,实意必从心术始。无为而求安静五脏⑬,和通六腑⑭,精神魂魄固守不动,乃能内视⑮、反听⑯、定志,思之太虚⑰,待神往来。以观天地开辟,知万物所造化,见阴阳之终始,原⑱人事之政理⑲,不出户而知天下,不窥牖⑳而见天道㉑,不见而命㉒,不行而至,是谓道。知以通神明,应于无方㉓而神宿㉔矣。

[注释]

①实意:坚定充实意志。②螣蛇:古代传说中的一种神蛇,能腾云驾雾,在云中飞舞。③实意者,气之虑也:意思是所谓坚定充实意志,就是要使心气平和,思虑详明。④神明荣:意思是精神充满生机。神,精神,神志。明,聪明。荣,繁茂,旺盛。⑤间:间隔,隔断,这里引申为抹杀的意思。⑥遂:顺。⑦得则凝:意思是神气自得,事业才会随之成功。⑧识气寄:意思是心气有所依附而不集中。识气,智识,心气。寄,陶注:"寄,谓客寄,言气非真,但客寄耳。"⑨倚:靠,这里引申为乘虚而入。⑩信心术:使心术诚明。⑪守真一:保持纯真专一。⑫枢机:关键。⑬五脏:指心、肝、脾、肺、肾。⑭六腑:中医称胃、胆、三焦、膀胱、大肠、小肠为六腑。⑮内视:内自省察。⑯反听:外听他人意见。⑰思之太虚:意思是思绪进入虚幻境界。⑱原:推究。⑲政理:指治国安邦的道理。⑳牖:窗户。㉑天道:自然变化。㉒命:为事物

命名，即辨别事物。㉓应于无方：应对各方面。无方，没有极限。㉔神宿：使心神之气永驻。

[译文]

坚定充实意志，要效法螣蛇。所谓坚定充实意志，就是说使心气平和，思虑详明。心气要安静稳重，思虑要深沉久远。心气安静，精神才充满生机；思虑深远，计谋才能成功。精神充满生机，心志才不会紊乱；计谋成功，功绩才难以抹杀。意志思虑安定，心绪才会随之而安；心绪安定，所行之事也就不会出错，神气自得，事业才会随之成功。心气有所依附而不集中时，奸邪就会乘虚而入，诈谋也就会迷惑人心，言语也就不会发自内心。所以要保持心术诚明、纯真专一而没有变化，待人接物诚心诚意，上下交流，倾听建言，获知详情，筹划计谋。计谋的优劣，是存亡的关键。思虑不进行交流，所听到的情况就不详明，等待也不能得知。计谋一旦失误，意志无所依托和信赖，就会成为虚而不实的东西。所以计谋的思虑筹划，务必充实，思虑充实又必须从心术纯真专一开始。自然无为要求安静五脏，和通六腑，精神魂魄固守不动，才能内自省察、外听他人意见，安定心志。思绪进入虚幻境界，就要等待神明往来。达到这种境界，就可以此观察天地开辟的神奇，了解万事万物的创造化育，发现阴阳变化的兴衰，推究人世间治国安邦的道理，足不出户而通晓天下事，目不出窗而了解自然变化，目不亲见就可以为事物命名，足虽不行就可以达到目的，这就叫作"道"。通晓"道"，就能通于神明，应对各个方面，使心神之气永驻。

分　威

分威①法伏熊②。分威者，神之覆也。③故静固志意④，神归其舍⑤，则威覆盛矣。威覆盛，则内实坚；内实坚，则莫当⑥；莫当，则能以分人之威，而动其势，如其天⑦。以实取虚，以有取无，若以镒⑧称铢。故动者必随，唱⑨者必和⑩。挠⑪其一指，观其余次⑫，动变见形⑬，无能间⑭者。审于唱和，以间见间⑮，动变明而威可分。将欲动变，必先养志，伏意⑯以视间。知其固实者，自养也。让己者⑰，养人⑱也。故神存兵亡⑲，乃为之形势⑳。

[注释]

①分威：分布威势、蓄积待发。②伏熊：熊在搏击时先趴下然后突然出击，故名。③分威者，神之覆也：意思是所谓分布威势，就是要使神气覆盖，也即涵养和充沛精神。④静固志意：使自己思虑镇静、志向坚固。静和固在这里都是使动用法。⑤神归其舍：使神气凝聚于心中。舍，这里指人的躯体。⑥莫当：意思是势不可当，无往而不胜。当，抵挡。⑦如其天：如天之覆盖四野。⑧镒：古代重量单位，一镒等于二十四两，一两等于二十四铢。⑨唱：同"倡"，倡导。⑩和：应和，附和。⑪挠：弯曲。⑫余次：剩下的，其他的。⑬动变见形：意思是所有的运动和变化都能够体现出来。形，表现，表露。⑭间：离间。⑮以间见间：意思是以离间的方法发现其可乘之机。前一个"间"意思是离间；后一个"间"意思是可乘之机。⑯伏意：隐藏自己的意图。⑰让己者：自知谦虚礼让的人。让，谦让。⑱养人：这里指可以养他人之气。⑲兵亡：这里指对抗消失。⑳为之形势：意思是形成自己的威势。

[译文]

分布威势、蓄积待发要效法伏熊。所谓分布威势，就是要使神气覆盖，也即涵养和充沛精神。所以要使自己思虑镇静、志向坚固，从而使神气凝聚于心中，那么其威势就更为强盛。威势强盛，那么内在意志就更坚实；内在意志坚实，就势不可当，无往而不胜；势不可当，就能使威势分布，而发动其威势，就会如天之覆盖四野。这样以实取虚，以有取无，就好比用镒来称量铢一样。所以威势所及，有所行动，就必然有人依随；有所倡导，登高一呼，就必然有人附和。弯曲一指，稍有动作，以观察其他，那么所有的运动和变化都能够体现出来，无可离间。审慎地分析彼此唱和的情况，以离间的方法发现其可乘之机，这样运动变化就能明了，威势就可分布和壮大。如果有所行动和变化，必须首先培养心志、隐藏自己的意图，以观察对方的漏洞，寻找行动的时机。自知巩固充实意志的人，就能够自我养气修炼。自知谦虚礼让的人，就可以养他人之气。所以对抗就会逐渐消失，于是就可以形成自己的威势。

散　势

散势①法鸷鸟②。散势者，神之使也。③用之，必循④间⑤而动。威肃、内盛，推间⑥而行之，则势散⑦。夫散势者，心虚志溢⑧。意衰威失，精神不专，其言外⑨而多变。故观其志意为度数⑩，乃以揣说图⑪事，尽圆方⑫，齐长短⑬。无间则不散势，散势者，待间而动，动而势分矣。故善思间者⑭，必内精五气，外视虚实，动而不失分散之实⑮。动则随其志意，知其计谋。势者，利害之决，权变之威。势败者，不以神肃察⑯也。

[注释]

①散势：散发自己的威势。②鸷鸟：凶猛的鸟。③散势者，神之使也：意思是向外散发威势，是由精神驱使的。④循：顺，遵循。⑤间：间隙，引申为时机，可乘之机。⑥推间：寻找有利的时机。⑦势散：威势向外分散发挥。⑧溢：满，这里是饱满的意思。⑨言外：意思是言辞外露。⑩度数：揣度的标准。⑪图：谋划。⑫尽圆方：尽圆方自然之理。⑬齐长短：使长短各有其用。⑭思间者：善于研究间隙、时机的人。⑮分散之实：散发威势的实效。⑯以神肃察：以神明和严肃的态度去观察。

[译文]

散发自己的威势,要效法凶猛的鸷鸟。向外散发威势,是由精神驱使的。运用散发威势的方法,必须寻找到有利的可乘之间隙与时机,然后采取行动。威势整肃,内气旺盛,寻找有利的间隙、时机而采取行动,那么威势就可以向外分散发挥。向外散发威势的人,内心谦虚,意志饱满。意志衰微、精力不专一,其言辞就易于外露而且多变化。所以观察其意志作为揣度的标准,就可以据此揣摩和游说,进而图谋行事,尽圆方自然之理,使长短各有其用。如果没有间隙、时机可乘,就不可散发威势。向外散发威势,一定要等待间隙、时机而采取行动,这样的行动就能使威势发挥。所以善于研究间隙、时机的人,一定要自身精通蓄积五气,对外探察虚实,采取行动而不失散发威势的实效。采取行动就要根据其志意所向,了解其计谋。威势,决定利害关系,也是权变的威力所在。威势衰败,是不以神明和严肃的态度去观察的缘故。

转　圆

转圆①法猛兽。转圆者,无穷之计也。无穷者,必有圣人之心,以原②不测之智,以不测之智而通心术。而神道③混沌为一④,以变论万类⑤,说义⑥无穷。智略计谋,各有形容⑦,或圆或方,或阴或阳,或吉或凶,事类不同。故圣人怀此之用,转圆而求其合⑧。故兴造化者,为始,动作无不包大道⑨,以观神明之域⑩。天地无极,人事无穷,各以成其类。见其计谋,必知其吉凶、成败之所终也。转圆者,或转而吉,或转而凶。圣人以道⑪先知存亡,乃知转圆而从方。圆者,所以合语⑫;方者,所以错事⑬;转化者,所以观计谋;接物者,所以观进退之意。皆见其会,乃为要结,以接其说也。⑭

[注释]

①转圆:意思是使智慧如转动的圆一样无穷无尽。②原:推究,这里引申为探测。③神道:神奇的自然之道。④混沌为一:浑然成为一体。混沌,原指宇宙形成前模糊一团的景象,这里引申为浑然一体的意思。⑤变论万类:即论万物之变,意思是论析万事万物的变化。⑥说义:阐发义理。⑦形容:形象和状态。⑧转圆而求其合:像转动圆体那样以求得合乎事理。⑨包大道:意思是合乎自然之道。包,包容。⑩域:境域。⑪以道:指根据自然之道。⑫圆者,所以合语:意思是转圆是为了使言语变化合乎需要。⑬方者,所以错事:意思是转方是为了使行动安稳以便处置事体。错,同"厝",安置,安放。⑭皆见其会,乃为要结,以接其说也:陶注:"谓上四者,必见会之变,然后总其纲要而结之,则情伪之说可接引而尽矣。"意思是以上这些行为,都只有了解其交会融通,才可以得其要领,以沟通和接续其学说。

[译文]

要使智慧如转动的圆一样无穷无尽,就要效法猛兽威力无穷。所谓转圆,就是计谋像圆体旋转那样无穷无尽。计谋无穷,一定要有圣人的博大胸怀,去探测深不可测的智慧,再以不可测度的智慧去沟通心术。神奇的自然之道浑然一体,可以用来论析万事万物的变化,阐发无穷无尽的义理。智慧谋略计策,各有其形象和状态,或圆或方,或阴或阳,或吉或凶,事物差别各不相同。所以圣人怀有这种计谋,像转动圆体那样以求得合乎事理。所以圣人兴起创造教化之始,其行动、作为无不合乎自然之道,借以观察神明的境域。天地没有终极,人事没有穷尽,各自归于不同的类别。观察其计谋,就一定能知道其吉凶成败的结果。转圆的方法,有的转而成吉,有的转而成凶。圣人可以根据自然之道预先推知存亡之理,所以能够转圆而成方,转凶而成吉。转圆,是为了使言语变化合乎需要;转方,是为了使行动安稳以便处置事体。转化,是为了观察计谋的得失;接物,是为了观察事物的进退是非。以上这些行为,都只有了解其交会融通，才可以得其要领，以沟通和接续其学说。

损　兑

损兑①法灵蓍②。损兑者，几危之决③也。事有适然④，物有成败。几危之动，不可不察。故圣人以无为待有德，言察辞合于事⑤。兑者，知之也。损者，行之也。损之说之，物有不可者，圣人不为辞也。故智者不以言失人之言⑥，故辞不烦⑦，而心不虚⑧；志不乱，而意不邪。当其难易，而后为之谋，因⑨自然之道以为实。圆者⑩不行⑪，方者⑫不止⑬，是谓大功。益之损之，皆为之辞。用分威散势之权⑭，以见其兑⑮威其机危⑯，乃为之决。故善损兑者，譬若决水于千仞⑰之堤，转圆石于万仞之谷。

[注释]

①损兑：损益。②灵蓍：用来预测吉凶的蓍草。③几危之决：用来判断和决定事物的细微征兆和是否危险的根据。几，隐微，特指事情的迹兆。④适然：偶然。⑤言察辞合于事：意思是考察其言辞，以及是否与事体相合。⑥不以言失人之言：意思是不以自己擅长言谈就抛弃他人的言论。⑦烦：烦琐。⑧虚：虚伪。⑨因：根据。⑩圆者：周全的计谋。⑪不行：意思是令其不能实行。⑫方者：难以成功的计谋。⑬不止：意思是令其不能停止。⑭权：权变。⑮见其兑：观察和抓住有利时机。⑯威其机危：威势发挥于对方的危机之时。⑰仞：古时八尺或七尺叫作一仞。

[译文]

要想知道损益得失，就要效法用来预测吉凶的蓍草。所谓损兑，即损益，是用来判断和决定事物的细微征兆和是否危险的根据。凡事都有偶然，凡物都有成败，预示事物发展和成败的细微征兆，不可不明察。所以圣人以自然无为对待有德之士，考察其言辞，以及是否与事体相合。兑，就是考察了解事物；损，就是排除其他观念，从而能够实行。排除之后再行说服，事物仍有不可行，圣人就不再多加辩说。所以有智慧的人从不以自己擅长言谈就抛弃他人的言论，因而言辞得当而不烦琐，内心充实而不虚伪，心志坚定而不迷乱，思虑纯正而无邪念。当事物发展到难易成败的关键时刻，为之设定计谋，以事物发展的自然规律作为基础。对方用圆的也即周全的计谋，令其不能实行；对方用方的也即难以成功的计谋，令其不能停止，这就称为大功。计谋的增减损益及其得失，都要通过言辞来论说。运用分威、散势的权变方法，以观察和抓住有利时机，威势发挥于对方的危机之时，从而决定事物的成败。所以善于运用损益方法的人，就好比在千仞堤防上掘开洪水，又好像在万仞深谷推转圆石，其威势锐不可当。

[评析]

《鬼谷子》对谋人策士的素质提出了一系列的要求，要求他们思维敏捷、反应迅速、知识渊博、智谋裕如。那么如何练就这些基本素质呢？我们在本篇便能找到答案——通过盛神、养志、实意三个内养项目和转圆、损兑、分威、散势四个外练项目的锻炼，就能成为一个好的谋士。

《盛神》、《养志》、《实意》三篇说明如何涵养精神。盛神就是主张合道炼神，使神气旺盛，从而体魄健壮，精神饱满。养志主张精力集中、寡欲少动，从而反应敏捷，思理通达。实意主张通过收集丰富的信息充实自己的意念，明知大道，保障计谋无失。

转圆就是训练出谋划策的速度，要熟知事物原委，熟悉各类计谋的形态，并能变通应用，明辨事物的普遍性和特殊性的关系，通过事物的基本原则找到解决具体矛盾的方法，从而提高决策能力；损兑就是训练变换言辞的速度，把握事态的发展，以不变应万变，拨动事物朝着有利于自己的方向发展，这是选择、改换言辞的基础和出发点，学会把握这个出发点，就能随机应变。分威和散势训练的是提高对付别人的技能，自己精力集中、知识丰富，便能挫败对方的威气；寻找并抓住对方的漏洞，实施有效的攻击，就能使对方的形势转化为对我方有利的态势。

只要通过以上几个项目内养外练，就能时刻保持旺盛的精力和敏捷的思维，从而在决策中随机应变，为游说的成功打下坚实的基础。

本篇隐含了分散敌手的威势时要像猛熊扑人前那样静伏的"分威伏熊术"，分散敌手的威势时要像凶猛的鸷鸟那样抓住时机的"散势鸷鸟术"，等等。

秦昭王时期，范雎的远交近攻策略不仅使秦国实现了一统天下的梦想，而且也给中华民族的外交奇计宝库增添了光彩。我们不妨再次走进这段历史，看看范雎是如何运用"散势鸷鸟术"的。

前270年，秦在丞相魏冉的坚持下跨越韩、魏去攻打齐国的刚、寿二地。自秦昭王即位后，以宣太后为中心，形成了穰侯、华阳君、泾阳君和高陵君等宗亲贵族势力，他们专权专利，其私家富有甚至超过了王室，使昭王如芒刺在背，有苦难言。此次出战，也并非出自昭王本心。入秦一年多却一直没有机会觐见昭王的范雎抓住这个时机，基于对昭王内心世界的分析判断，向昭王上书，直刺宗室专权，紧紧抓住了昭王的心病，同时又信誓旦旦地保证自己有治国的良策，这样使秦王不得不召见他。范雎费尽心机，终于叩响了成功的大门。

范雎颇通语言的艺术，他抓住当政者大都喜听恭维之词的心理，在与秦昭王的对话中，首先从对秦的优势入手开始自己的分析。范雎认为秦"四塞以为固，利则出攻，不利则入守"，地理条件优越，经过变法图强，秦得"以秦卒之勇，车骑之众，霸之业可致也"。果然，昭王面露喜色，缓和了谈话的气氛。接着，范雎批评了当前秦国的政策，造成"闭关十五年，不敢窥兵于山东"，而这一切都归罪于为人臣者的失职。这里巧妙地为昭王开脱了罪责，果然昭王很诚恳地说："寡人愿闻失计。"

范雎考虑到自己初涉秦廷，羽翼未丰，不敢言内，便先谈外事，借以观察秦王的态度。他说："夫穰侯越韩、魏而攻齐刚、寿，非计也。少出师则不足以伤齐，多出师则伤秦。"为了增强说服力，范雎还举出齐缗王远征楚国，导致内部空虚，因而被韩、魏袭击的史实。这里，范雎提出了自己的看法："王不如远交而近攻，得寸则王之寸也，得尺亦王之尺也。"

范雎在"远交近攻"的策略指导下，进一步阐明了具体的措施。他说，韩国和魏国处于中原地区的枢纽位置，秦若想成得霸业，必先控制这一地区，然后使赵、楚归附，这样齐国必然会畏惧，一时不敢与秦争锋。在秦的国势强大到压倒各国的情势下，便可一个个消灭魏、韩等，最后灭齐，一统天下。

昭王很赞赏范雎的战略原则和具体布置，遂拜他为客卿，参与国家大政，主持兵事，积极贯彻远交近攻的战略思想。经过几代的努力，秦国终于统一了全国，建立了我国历史上的第一个封建王朝。

持 枢

持枢①，谓春生、夏长、秋收、冬藏，天之正②也，不可干③而逆④之。逆之者，虽成必败。故人君亦有天枢⑤，生养成藏⑥，亦复不可干而逆之。逆之者，虽盛必衰。此天道，人君之大纲⑦也。

[注释]

①持枢：掌握事物发展变化的关键。②天之正：四时运行的自然法则。③干：干预，干犯。④逆：违背。⑤天枢：指天下治乱变化的关键。⑥生养成藏：人民的生长、养育，事业的成功与收获。⑦纲：本意是提网的总绳，引申为纲领。

[译文]

持枢，也就是掌握事物发展变化的关键，说的是春天播种、夏天生长、秋天收获、冬天贮藏，四时运行的自然法则。不可干预和违背四时运行的自然规律。违背了这种规律，即使居于成功之位，最终也必然招致失败。所以做君王的人也掌握着天下治乱变化的关键，人民的生长、养育，事业的成功与收获，也同样不可干预和违背。违背了这些自然的规律，即使处在盛世，也必然会走向衰亡。这是自然规律，也是做君王的人所应该遵循的根本纲领。

[评析]

　　本篇讲述的是君王如何利用自然和社会规律，推动社会良好运转的学问，提出君王应该顺应民意治理社会，同时强调要主动调动人民群众的积极性。篇幅很短，系部分文字，因此今天看来不够系统完整。

　　本篇体现了天人合一的指导思想，认为自然规律和社会规律本质上是一致的，君王治理国家只有合民情，顺民意，才能得天下。同样，官员治理地方，只有体恤民情，造福百姓，才能得到人民的肯定。这里，我们不妨看看明代著名清官海瑞是如何赢得百姓口碑，得到后人景仰的。

　　海瑞虽然出生于官僚家庭，但童年时期的家境并不殷实，在他仅四岁时父亲不幸病逝，他和母亲相依为命，生活异常清苦。母亲很刚强，勤俭持家，教子有方，"苦针裁，营衣食，节费用，督瑞学"。在她的亲自督导下，海瑞自幼即诵读《大学》、《中庸》等书，加上母亲为他所请良师的指点及严格要求，海瑞得到了良好的家教与文化教育，这使海瑞很早就有了报国爱民的思想。

　　明朝隆庆三年，即1569年，海瑞升任右佥都御史、钦差总督粮道、巡抚应天十府。应天十府即现在长江下游两岸，包括南京、苏州、常州等地，是非常富庶的地方。但海瑞到任后却发现，人民在重赋和恶吏贪官的压迫下生活极为困苦。如果赶上当年发生涝灾，直到冬至的时候，还有一半田地被淹在水里，粮价飞涨，百姓不去讨饭就会饿死。于是，海瑞决定将治水与救灾一起解决，既为当前又为将来谋利。后来，终于弄清受灾原因是连接太湖、通达东海的吴淞江淤塞所致，海瑞便召集饥民，趁冬闲季节开工，疏浚吴淞江及其支流。又经上书请求，将应该上缴的粮食留下一些解决灾民吃饭问题。这样就调动了百姓的积极性，工程很快完成，当地的百姓都很感激海瑞。

　　为了维护农民的利益，海瑞进一步惩罚恶霸，归还被强夺的土地。但是，当时对自己有恩的徐阶在当地占有的土地最多。徐阶知道一点不退也不行,于是就象征性地退了一些。海瑞则写信劝他应该作出表率,多退一些田,同时劝说他的儿子也改正错误。许多京官纷纷为已经告老还乡的徐阶说情,但海瑞还是联合一些官员,迫使徐阶退了二分之一的田地。同时,海瑞依照法律将徐阶两个违法的儿子充了军。其他地主们见此情景,赶忙将多占的田依数退还。

海瑞还在赋税方面减轻了人民负担。当时江南的赋税很混乱,有田的地主往往不纳或少纳,地少的农民却要负担很重的赋税。其实,加重的部分都是替地主所交的,由地方官平摊到每个百姓头上。这无疑加重了人民的负担。于是,海瑞组织人清查二地,简化赋税制度,减轻百姓负担。

海瑞担任应天巡抚时,不但爱民抚民,还为民除害谋利,但他自己却生活得很俭朴。他规定所到之处不许鼓乐迎送,也不住豪华的住宅。地方上为迎接他大摆宴席,他却规定物价高的地方每顿饭不能超过三钱银子,物价低的地方不超过二钱银子。他一生很多时间闲居家中,只靠祖上留下的一点土地过活。他没有置买田产,只在母亲去世后靠别人帮助买了一块坟地,将母亲安葬了。

海瑞去世前几天,还退还了兵部多送来的七钱银子。海瑞的妻子、儿子早已去世,他的丧事只好由别人料理,而他的遗物只有八两银子、一匹粗布和几套旧衣服。靠同僚的帮助,他的灵柩才得以运回故乡。送灵柩的船在江上行驶时,两岸的百姓自动穿孝来哭送他,店铺也停了业,送行的队伍长达百里。

如今,在人民心中海瑞和包拯一样是正义的象征,是古代清官的典型代表。他们之所以得到人民的爱戴和景仰,就是因为他们明白水可以载舟,也可以覆舟的道理,明白人民群众才是历史的主宰。为官只有察民情、顺民意,才会得到拥护。

中　经

　　中经，谓振穷趋急①，施之能言厚德之人。救拘执②，穷者不忘恩也。能言者，俦善博惠③；施德者，依道；而救拘执者，养使小人④。盖士，当世异时，或当因免阗坑⑤，或当伐害能言⑥，或当破德为雄⑦，或当抑拘成罪，或当戚戚自善⑧，或当败败自立⑨。故道贵制人，不贵制于人也；制人者握权，制于人者失命。是以见形为容，象体为貌，闻声和音，解仇斗郄⑩，缀去，却语，摄心，守义。本经纪事者纪道数⑪，其变要⑫在《持枢》、《中经》。

[注释]

　　①振穷趋急：拯救陷入窘境的人、保护处于危机之时的人。振，救济，这里是拯救的意思。趋，快步走，这里引申为保护的意思。②拘执：这里指身陷囹圄的人。③俦善博惠：与人为善而博施恩惠。俦，同类。④救拘执者，养使小人。陶注："言小人在拘执，而能救养之，则小人可得而使也。"意思是解救人于囹圄之中，即使是小人，救而养之，亦可供驱使。⑤因免阗坑：在乱世中幸免于转死沟壑。⑥伐害能言：能言善辩却遭谗害。⑦破德为雄：抛弃文德拥兵自雄。⑧戚戚自善：忧郁孤独而自善其身。⑨败败自立：意思是在天下危败之中仍能自立于世。⑩郄：敌人内部的裂隙。⑪道数：这里指原理。⑫变要：临机权变的要领。

[译文]

所谓中经,就是指拯救陷入窘境的人、保护处于危机之时的人的方法,而这必然是那些能言善辩、品德厚道的人所实施的。解救身陷囹圄的人,被救的这些处于窘境的人就不会忘记恩德。能言善辩之人,与人为善而博施恩惠;施行德义之人,所作所为必合乎自然之道;解救人于囹圄之中,即使是小人,救而养之,亦可供驱使。大凡士大夫遭逢世事变化、时局危难,有的在乱世中幸免于转死沟壑,有的能言善辩却遭谗害,有的抛弃文德拥兵自雄,有的身陷囹圄被罗织罪名,有的忧郁孤独而自善其身,有的在天下危败之中仍能自立于世。所以立身处世之道贵在控制他人,而不被别人所控制;控制他人就掌握了主动权,而被他人所控制就不能把握自己的命运。因此,这里介绍一些为人处世的技巧,也就是"见形为容,象体为貌"、"闻声和音"、"解仇斗郄"、"缀去"、"却语"、"摄心"、"守义"等七种具体的方法。《本经阴符七篇》所记载的只是一些道数即原理,而临机权变的要领则在《持枢》、《中经》之中。

见形为容,象体为貌者,谓爻为之生①也,可以影响②、形容③、象貌④而得之也。有守⑤之人,目不视非,耳不听邪,言必《诗》、《书》⑥,行不僻淫⑦,以道为形,以德为容,貌庄色温,不可象貌而得⑧也。如是隐情塞郄⑨而去之。

[注释]

①爻为之生:见到爻象就能推知吉凶。爻,组成卦的符号,分阴爻和阳爻。②影响:指人的声音影像。③形容:指人的外部形象。④象貌:指人的容貌举止。⑤守:操守。⑥《诗》:即《诗经》。《书》:即《尚书》。⑦僻淫:邪僻淫乱。⑧不可象貌而得:意思是不可能从相貌上看透其内心世界。⑨隐情塞郄:隐瞒实情、堵塞漏洞。

[译文]

所谓"见形为容,象体为貌",犹如人们见到爻象就能推知吉凶一样。可以从一个人的声音影像、外部形象、容貌举止去推知其内心世界、精神风貌。那些有操守的人，非礼的东西不看，奸邪的东西不听，说话必定引用《诗经》、《尚书》中的章句，行为正直而毫无邪僻淫乱之处，以道为外形，以德为面容，体貌端庄，神色温和，不可能从相貌上看透其内心世界。在这种情况下，就要隐瞒实情、堵塞漏洞，离他而去。

闻声和音，谓声气不同①，则恩爱不接②。故商、角不二合，徵、羽不相配③。能为四声主者，其唯宫乎？④故音不和则悲，是以声散伤丑害⑤者，言必逆于耳也。虽有美行盛誉，不可比目⑥，合翼⑦相须⑧也，此乃气不合、音不调者也。

[注释]

①声气不同：彼此意气不相投合。②恩爱不接：意思是彼此不恩爱友善，在感情上不能相互沟通和接纳。③商、角不二合，徵、羽不相配：陶注："商金，角木，徵火，羽水，递相克食，性气不同，故不相配合也。"这是用五行相生相克的道理来附会五音。五音，或称五声，是古代五声音阶上的五个级，分别是宫、商、角、徵、羽。④能为四声主者，其唯宫乎：陶注："宫则土也，土主四季，四者由之以生，故为五声主也。"意思是：能够作为上述四音之主的，岂不是只有主土的宫音了吗？⑤散伤丑害：四者皆为不和之音。⑥比目：比目鱼，总是两条在水中并游。⑦合翼：比翼鸟，传说中的鸟名，雌雄总在一起飞。⑧相须：彼此互不可分。须，必需，必要。

[译文]

所谓"闻声和音"，就是说彼此意气不相投合，就不会恩爱友善，在感情上不能相互沟通和接纳。所以在五音之中，商主金，角主木，二音相克而不相合；徵主火，羽主水，二音相克而不相配。能够作为上述四音之主的，岂不是只有主土的宫音了吗？所以音调不和谐，听起来就悲切，因此声音出现散、伤、丑、害的情况，言语必然逆耳而不中听。一个人即使有美好行为、盛大声誉，却不能像比目鱼、合翼鸟那样和谐亲密，互相辅助，也不能与人和谐相处，这就是意气不相投合、音韵不相协调的缘故。

解仇斗郄，谓解赢微之仇①。斗郄，斗强也。强郄既斗，称胜者，高其功，盛其势。弱者哀其负，伤其卑，污②其名，耻③其宗。故胜者，斗其功势④，苟⑤进而不知退。弱者闻哀其负⑥，见其伤则强大力倍，死而是⑦也。郄无极大，御无强大，则皆可胁而并⑧。

[注释]

①赢微之仇：微小的仇隙。赢，瘦弱，这里是微小的意思。②污：这里是使动用法，使……受到玷污。③耻：使……蒙受耻辱。④斗其功势：依恃其功高势盛而斗。⑤苟：苟且，这里是只知道的意思。⑥闻哀其负：意思是为其哀伤失败所激励。⑦死而是：意思是一定会死战而胜。⑧胁而并：以武力相威胁，进而予以吞并。

[译文]

所谓"解仇斗郄"，就是说排解微小的仇隙。斗郄，就是攻斗强者的间隙。两强相斗之后，获胜的一方就会炫耀自己的武功，壮大自己的气势。弱小的一方则哀叹自己的失败，感伤自己的卑下，使自己的名声受到玷污，使自己的祖宗蒙受耻辱。所以胜利者依恃其功高势盛，只知一味冒进而不知必要的退却；弱小者反为其哀伤失败所激励，见到自己所受打击而力量大增，一定会死战而胜。敌人内部的裂隙未达极点，守御的力量也不够强大，那么就可以武力相威胁，进而予以吞并。

缀去者，谓缀己之系言①，使有余思也。故接贞信者，称其行，厉②其志，言可为可复，会之期喜③。以他人之庶④，引验以结往⑤，明疑疑而去之⑥。

[注释]

①缀己之系言：意思是对将要离去的人倾诉自己的挽留之意。②厉：激励。③会之期喜：意思是高兴地约定再次相会的日期。④庶：希冀，希望。⑤引验以结往：意思是结合以往的经验。⑥明疑疑而去之：意思是阐明疑虑，疑惑自然消除。

[译文]

所谓"缀去"，就是说对将要离去的人倾诉自己的挽留之意，使其过后仍有余思。所以结交忠贞诚信的人，要称颂他的品行，激励他的志向，言语可以实行，可以回复，并高兴地约定再次相会的日期。这样以他人的希冀，结合以往的经验，阐明疑虑，疑惑自然消除。

却语者，察伺短①也。故言多必有数短之处，议其短验之②。动以忌讳，示以时禁；然后结信③以安其心，收语盖藏④而却之⑤，无见⑥己之所不能于多方之人。

[注释]

①察伺短：探察他人言语中的短处。伺，侦候，探察。②议其短验之：意思是要记住这些短处，作为反驳的证据。③结信：结之以信，以诚信的态度与之结交。④收语盖藏：意思是收回方才的言语，巧妙地掩饰隐藏起来。⑤却之：却对方之意，即批评和劝告对方。⑥见：同"现"，表现，显露。

[译文]

所谓"却语"，就是说要善于探察他人言语中的短处。所以说言语过多就必定会有一些短处，要记住这些短处，作为反驳的证据。这样就可以用其所犯的忌讳触动他，并将当时的禁忌展示给对方，使对方因此而怀有恐惧之心，然后以诚信的态度与之结交，以安抚其恐惧之心。收回方才的言语，巧妙地掩饰隐藏起来，最后再诚恳地批评和劝告对方，不要轻易将自己的短处暴露于众人面前。

摄心者，谓逢好学伎术者，则为之称远①；方验之，警以奇怪②，人系其心于己③。效之于人，验去乱其前④，吾归诚于己。遭⑤淫⑥色酒者，为之术，音乐动之，以为必死，生日少之忧⑦，喜以自所不见之事，终可以观漫澜之命⑧，使有后会⑨。

[注释]

①为之称远：多多称誉，使其声名远播。②警以奇怪：意思是惊叹其记忆神奇怪异以警动对方。③系其心于己：意思是使对方的心归向自己。系，拴，绑。④验去乱其前：意思是将其与先贤相比较进行验证。⑤遭：遇到。⑥淫：过分，无节制，这里引申为沉湎。⑦以为必死，生日少之忧：陶注："以遇于酒色，必之死地，生日减少，以此可忧之事以感动之也。"意思是以沉湎酒色必置之死地、有生之日减少的忧患相感化。⑧观漫澜之命：意思是看到生命充满希望。漫澜，无限遥远的样子。⑨会：相见。

[译文]

所谓"摄心"，就是说遇到好学上进而且有一技之长的人，就要多多称誉，使其声名远播；然后验证其技艺的优劣，再惊叹其记忆神奇怪异以警动对方，那么人心就必然归向于自己了。进一步通过时人的行为和效果进行验证，并将其与先贤相比较验证，这样人们就会从内心归诚于自己。遇到沉湎酒色的人，要用美妙的音乐来触动他，再从反面以沉湎酒色必置于死地、有生之日减少的忧患相感化。用他不曾闻见的事情促其高兴，最终使其可以看到生命充满希望，使得有再见之期。

守义者，谓守以人义①，探心在内以合也。探心深得其主②也。从外制内，事有系由而随也。故小人比人③，则左道而用之，至能败家夺国。非贤智，不能守家以义，不能守国以道。圣人所贵道微妙者，诚以其可以转危为安，救亡使存也。

[注释]

①人义：即仁义。②深得其主：意思是深入了解他的本性。③小人比人：意思是小人以其心来揣度君子之心。

[译文]

所谓"守义",就是说坚守仁义,探求内心意愿以迎合对方。探求其内心情感,就要深入了解他的本性。从外部控制其内心活动,使其心意有所牵系,从而使之顺从于我。所以小人以其心来揣度君子之心,就运用旁门左道,以致于发展到家破国亡。不是贤明智慧之人,便不能以义守家,进而以道守国。圣人之所以重视微妙的道术,确实是因为这种方法可以转危为安,救亡图存。

[评析]

本篇讲述的是在社会上立身处世的各种技巧。掌握了这些技巧,就能在社会上壮大自己,控制对方,在社交中游刃有余。这些技巧具体有以下几种:一是"观人知性术",从对方的外貌和动作探知其内心,推知他的心性品行;二是"美言结人术",用高超的谈话技巧,使对方感到自己可亲、可信、可交;三是"解斗买友术",对两个弱者之间的争斗,要想办法调停,并进行收买拉拢,使他们成为自己的盟友;四是"坐山观斗术",面对两个强者则不要劝解,反而要离间他们,待他们两败俱伤的时候,再拉拢过来;五是"走人留心术",对离开自己的人,不要反目为仇,反而应该好言相送,拴住他的心,说不定日后有用;六是"打拉并用术",抓住对方的把柄以达到控制对方的目的,使他乖乖归附自己;七是"看人买心术",对不同的人要采取不同的收买方式;八是"仁义探心术",用仁义道德律条探知对方的内心世界,判断其是君子还是小人,进而运用权术控制他。

这八条立身处世之法,曾被历代无数权力场上的政客视为至宝,大清重臣曾国藩便是其中之一。

曾国藩创建的湘军与清廷的其他军队完全不同。清廷的八旗兵和绿营兵皆由政府编练。遇到战事,清廷便调遣将领,统兵出征,事毕，军权缴回。湘军则不然，其士兵皆由各哨官亲自选募，哨官则由营官亲自选募，而营官都是曾国藩的亲朋好友、同学、同乡、门生等。由此可见，这支湘军实际上是"兵为将有"，从士兵到营官所有的人都绝对服从于曾国藩一人。这样一支具有浓烈的封建个人隶属关系的军队，包括清廷在内的任何别的团体或个人要调遣它，是相当困难的！

湘军成立后，首先把攻击的矛头指向太平军。在曾国藩的指挥下，湘军依仗洋枪洋炮攻占了太平天国的部分地区。为了尽快将太平天国的起义镇压下去，在清朝正规军无能为力的情况下，清廷于1861年11月任命曾国藩统帅江苏、安徽、江西、浙江四省的军务，这四个省的巡抚（相当于省长）、提督（相当于省军区司令员）以下的文武官员，皆归曾国藩节制。自从有清以来，汉族人获得的官僚权力，最多是辖制两三个省，因此曾国藩是有清以来汉族官僚中获得最大权力的人。

对此，曾国藩并没有洋洋自得，也不敢过于高兴。他头脑非常清醒，时时怀着戒惧之心，居安思危，审时韬晦。

后来，太平天国起义被镇压下去之后，曾国藩因为作战有功，被封为毅勇侯，世袭罔替。这对曾国藩来说，真可谓功成名就。但是，富有心计的曾国藩此时并未感到春风得意，飘飘然。相反，他却感到十分惶恐，更加谨慎。他在这个时候想得更多的不是如何欣赏自己的成绩和名利，而是担心功高招忌，恐遭狡兔死、走狗烹的厄运。他想起了在中国历史上曾有许多身居权要的重臣，因为不懂得功成身退而身败名裂。

他写信给其弟曾国荃，嘱劝其将来遇有机缘，尽快抽身引退，方可"善始善终，免蹈大戾"。曾国藩叫他弟弟认真回忆一下湘军攻陷天京后是如何度过一次次政治危机的。湘军进了天京城后，大肆洗劫，城内金银财宝，其弟曾国荃抢得最多。左宗棠等人据此曾上奏弹劾曾国藩兄弟吞没财宝罪，清廷本想追查，但曾国藩很知趣，进城后，怕功高震主，树大招风，急办了三件事：一是盖贡院，当年就举行乡试，提拔江南人士；二是建造南京旗兵营房，请北京的闲散旗兵南来驻防，并发给全饷；三是裁撤湘军4万人，以示自己并不是在谋取权势。这三件事一办，立即缓和了多方面矛盾，原来准备弹劾他的人都不上奏弹劾了，清廷也只好不再追究。

他又上折给清廷，说湘军成立和打仗的时间很长了，难免沾染上旧军队的恶习，且无昔日之生气，奏请将自己一手编练的湘军裁汰遣散。曾国藩想以此来向皇帝和朝廷表示：我曾某人无意拥军，不是个谋私利的野心家，是位忠于清廷的卫士。曾国藩的考虑是很周到的，他在奏折中虽然请求遣散湘军，但对他个人的去留问题却是只字不提。因为他知道，如果自己在奏折中说要求留在朝廷效力，必将有贪权恋栈之疑；如果在奏折中明确请求解职而回归故里，那么会产生多方面的猜疑，既有可能给清廷以他不愿继续为朝廷效力尽忠的印象，同时也有可能被许多湘军将领奉为领袖而招致清廷猜忌。

其实，太平天国被镇压下去之后，清廷就准备解决曾国藩的问题。因为他拥有朝廷不能调动的那么强大的一支军队，对清廷是一个潜在危险，清廷的大臣们是不会放过这个问题的。如果完全按照清廷的办法去解决，不仅湘军保不住，曾国藩的地位肯定也保不住。

正在朝廷琢磨如何解决这个问题时，曾国藩的主动请求，正中统治者们的下怀，于是下令遣散了大部分湘军。由于这个问题是曾国藩主动提出来的，因此在对待曾国藩个人时，仍然委任他为清廷的两江总督之职。这其实也正是曾国藩自己要达到的目的。

为人处世是一门很深的学问，特别是处在封建社会的官场上，想保住一生荣华，想保住终生名节，更是比登天都难，而曾国藩做到了。曾国藩深研学问和为人为官之道，完全掌握了立身处世的技巧。

图书在版编目(CIP)数据

六韬 鬼谷子/徐玉清,王国民,郭孟春注译.—郑州:中州古籍出版社,2017.1(2020.3重印)
(国学经典典藏版)
ISBN 978-7-5348-6687-6

Ⅰ.①六… Ⅱ.①徐… ②王… ③郭… Ⅲ.①兵法-中国-西周时代②《六韬》-注释③《六韬》-译文④纵横家⑤《鬼谷子》-注释⑥《鬼谷子》-译文 Ⅳ.①E892.24②B228

中国版本图书馆 CIP 数据核字(2016)第 288139 号

出版社:中州古籍出版社
（地址:郑州市郑东新区祥盛街27号6层　邮政编码:450016）
发行单位:新华书店
承印单位:河南瑞之光印刷股份有限公司
开本:640mm×960mm　1/16　印张:18.5
字数:238 千字　印数:5 001-8 000 册
版次:2017 年 1 月第 1 版　印次:2020 年 3 月第 3 次印刷

定价:48.00 元
本书如有印装质量问题,由承印厂负责调换。